DOCTEUR RONALD STEINER | ANNA TRÖKES

YOGA

perfectionnement

éditions la plage

Table des matières

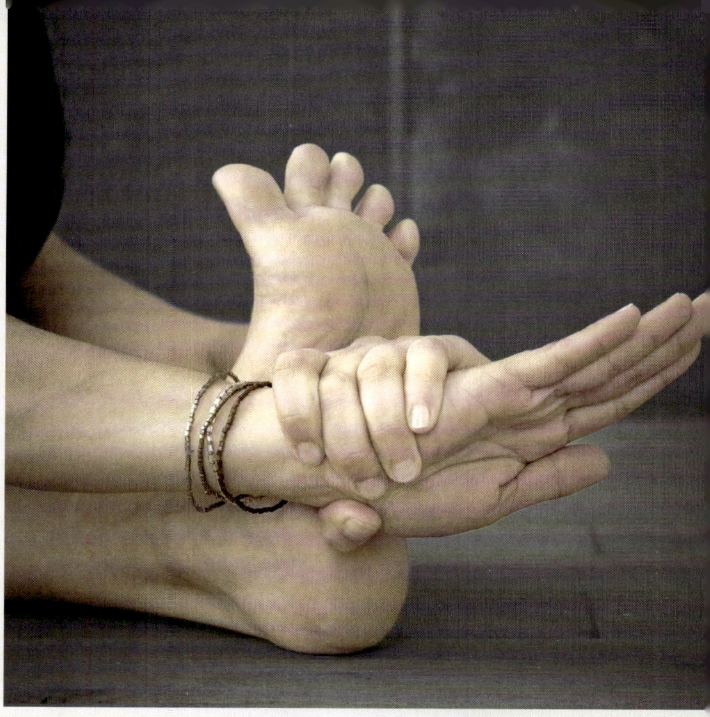

Perfectionner sa pratique mais garder l'esprit du débutant

Que vous évoque le terme « perfectionnement », en matière de yoga ? S'agit-il pour vous de maîtriser des exercices de yoga de plus en plus difficiles, de passer des heures la tête en bas ou de retenir indéfiniment sa respiration ? Êtes-vous déçu si vous n'y parvenez pas rapidement, voire pas du tout ?

En consultant les anciens textes fondateurs, on s'aperçoit bien vite qu'à l'origine, le yoga poursuivait des buts radicalement différents. *« Le yoga consiste à suspendre l'activité psychique du mental. »* (Y.S. I, 2) peut-on lire dans le *Yoga-Sutra de Patanjali*, le traité (*sutra* signifie littéralement « fil conducteur ») du yoga vieux de plus de 2000 ans. Et voici ce que nous dit la *Hatha-Yoga-Pradipika*, le grand traité du hatha-yoga datant du XVe siècle : *« Le yogi en état d'immersion dans le yoga* (samadhi*) ne distingue plus ni chaud ni froid, ni douleur ni plaisir, ni honneur ni déshonneur. Celui qui demeure dans cet état est certainement un être libéré. »* (IV, 111-112). Dans le yoga, il s'agit donc d'apporter à l'esprit clarté, calme et stabilité et ainsi de se sentir tranquille, équanime et libre vis à vis des circonstances extérieures et ce, quelle que soit la violence des vagues qui secouent notre vie.

Depuis ses origines, il y a environ 3500 ans, le yoga se veut un entraînement de l'esprit. Il s'ensuit que ce qui importe avant tout, dans l'acquisition de postures complexes comme la posture sur la tête, c'est la manière dont nous apprenons et les schémas mentaux que nous découvrons en nous-mêmes, comme par exemple le manque de confiance en soi ou les peurs qui nous empêchent de réaliser nos projets.

Celui qui s'engage dans la voie du yoga s'aperçoit bien vite qu'il a accumulé tout au long de sa vie des modes de pensée qui l'encombrent, lui rendent la vie difficile et le mettent sous pression. Vous avez certainement éprouvé ce sentiment, car bien rares sont ceux d'entre nous qui se sentent suffisamment libres intérieurement pour résister aux injonctions d'une société de la performance telle que la nôtre, qui exige que tout aille toujours plus haut, plus vite, plus loin. De plus, on nous rabâche dès l'enfance tout ce dont nous avons encore besoin pour devenir enfin parfaits.

Liberté intérieure plutôt qu'exigence de performance

Comment allons-nous nous débarrasser de tout ce qui masque nos aptitudes naturelles et notre plénitude ? Voilà ce qui intéresse le yoga, qui considère que tout être humain est correctement constitué au départ et que nous pouvons tous, si nous créons les conditions favorables, nous épanouir parfaitement, comme les fleurs des champs. Il s'agit donc plutôt d'une voie de purification et de « lâcher-prise ». Pour nous aider à créer ces conditions favorables, le yoga nous propose d'innombrables exercices à l'efficacité avérée, comme les postures (*asanas*), le contrôle de la respiration (*pranayamas*), le travail de l'énergie (*mudras, bandhas*) et la méditation mais aussi et surtout, une philosophie aussi profonde qu'intemporelle. Elle nous apporte tous les concepts dont nous avons besoin pour notre pratique, et au-delà pour donner une nouvelle orientation à notre vie et intégrer ces concepts dans notre quotidien.

La philosophie du yoga, telle qu'elle est décrite par exemple dans le *Yoga-Sutra* du sage Patanjali, nous donne des lignes directrices de pensée et d'action bénéfiques et nous délivre une sagesse de vie. Ses principes nous fournissent un ancrage solide qui nous permet de conserver notre stabilité et notre calme dans l'agitation de la vie quotidienne et de rester centrés en nous-mêmes.

Attentif et conscient, plutôt qu'acrobate

Pratiquer au niveau avancé ne signifie pas seulement progresser en souplesse et en force, mais surtout développer sa conscience de soi et apprendre à s'écouter plus attentivement. Pour cela, il vaut mieux commencer par des exercices simples. Si nous envisagions trop tôt des séquences complexes, voire acrobatiques, toute notre attention serait mobilisée pour satisfaire aux nombreuses exigences de forme et d'alignement et pour tenter de nous corriger. Certes, nous exercerions ainsi notre attention mais en nous préoccupant essentiellement de la forme extérieure.

En revanche, si nous reprenons des exercices simples, aisément maîtrisés, il nous sera loisible d'observer nos habitudes de mouvement, de respiration, de pensée et de sensation. Nous en apprendrons ainsi davantage sur nous-mêmes et nous trouverons un espace pour appliquer les principes du yoga et les traduire dans notre pratique.

Rester toujours un débutant

Les débutants appréhendent avec fraîcheur et sans idées préconçues tout ce qu'ils découvrent sur la voie du yoga. Ils sont curieux, l'esprit en éveil et ouvert à toute nouvelle impression. Mais plus on répète les exercices, plus on croit les connaître et la routine s'installe. On n'a plus la tête à ce qu'on fait. On s'aperçoit soudain, au beau milieu d'un exercice, que l'esprit vagabonde. Et pourtant, on ne fait jamais exactement deux fois la même chose car on est chaque jour différent. Si vous prenez conscience de ce fait, il vous sera peut-être plus facile de redécouvrir les exercices à chaque fois que vous les pratiquez. Ainsi vous les aborderez en toute conscience et avec toute votre attention.

Selon une traduction du *Yoga-Sutra*, *« Le yoga est la capacité de diriger son esprit exclusivement sur un objet, une question ou un autre élément et de s'y maintenir sans se laisser distraire. »* Cette capacité est le fruit d'une pratique avancée qui consiste à ré-explorer sans cesse les exercices et la philosophie du yoga et à rester sa vie durant en situation d'apprentissage. À chaque fois que nous posons le pied sur notre tapis de yoga, nous découvrons une terre vierge. À chaque fois, nous sommes invités à faire des expériences inédites.

Le but, c'est le chemin... Ce qui compte, c'est notre expérience ici et maintenant, notre présence totale et absolue. Bien plus important que des « résultats » sous la forme d'asanas parfaitement exécutés, c'est le rayonnement de cette présence à travers tout notre être qui est recherché. Faire l'expérience d'« être en yoga » est un moment d'intense communion et de pure joie. La joie éprouvée à travers le yoga est ce qui nous a motivés en tant qu'auteurs. Malgré des parcours très éloignés et des expériences radicalement différentes, nous sommes toujours réunis par notre immense amour pour le yoga.

Nous vous souhaitons à vous aussi de trouver dans les exercices de yoga les plus modestes cette joie dans la communion. Car elle est la preuve que vous êtes sur la bonne voie : celle du yoga.

Anna Trökes

Docteur Ronald Steiner

Hatha-yoga

Le yoga pour le corps, l'esprit et l'âme

LA VOIE DU HATHA-YOGA

« Que l'on soit jeune, d'âge mûr ou vieux, malade ou faible, on atteint la réalisation grâce à la pratique inlassable des exercices et de tous les aspects du yoga. » (Hatha-Yoga-Pradipika I,64)

Le hatha-yoga rassemble les connaissances, la sagesse et les expériences acquises par la pratique du yoga au cours de plusieurs siècles. Il réalise une synthèse d'exercices physiques, de respiration consciente, de travail sur l'énergie, de pratique de la concentration et de la méditation ainsi que d'une éthique de vie, qui s'adresse à l'être humain dans sa totalité et a pour but de l'aider à développer pleinement tout son potentiel.

Le hatha-yoga apparait en Inde vers le VIIIe siècle de notre ère. À cette époque, la culture indienne est traversée par le tantrisme, un mouvement révolutionnaire qui s'oppose avec véhémence aux prêtres, qu'il accuse d'usurper toujours davantage l'exercice des pratiques religieuses et d'entretenir un culte hostile à la vie et au corps.

Le tantra développe alors des techniques variées afin de permettre à l'être humain d'éprouver à nouveau, à travers son corps, son souffle, ses sens et ses sentiments, la présence de Dieu sans intermédiaire, dans sa vie quotidienne. Les maîtres du tantra affirment que chacun peut faire l'expérience du divin, qui n'a besoin ni de forme ni de représentation. Selon leur enseignement, nous pouvons connaître Dieu en nous ouvrant entièrement à la force du vivant et en prenant conscience qu'à travers chaque cellule de notre corps, nous participons de cette énergie appelée *prana* dans le yoga.

Le hatha-yoga est donc un yoga de l'énergie, ou prana-yoga. Toutes les techniques révélées aux hommes, selon la tradition, par le grand dieu Shiva en personne concernent notre perception de l'énergie vitale, dans sa libre circulation autant que dans ses blocages. Toutes les méthodes du hatha-yoga s enracinent dans le mythe tantrique de la création et son approche de la conscience.

La création selon la mythologie tantrique

Toutes les étapes de la pratique du hatha-yoga, sans exception, découlent de ce mythe selon lequel la conscience se serait jadis densifiée pour devenir matière et qui affirme la capacité de l'être humain à retrouver le chemin vers la conscience pure.

De la conscience pure à la matière

Au début des temps la pure conscience divine (*para-shiva*) reposait en elle-même, nous dit le mythe. Sans lieu ni forme, elle était absolument immobile, de toute éternité. Un jour germa en *para-shiva* le désir de faire l'expérience d'elle-même. C'est ainsi que Shakti, la force créatrice, naquit de Shiva. Elle amorça le processus de création de l'univers entier et de l'être humain, donc de la substance matérielle nécessaire pour permettre à la conscience pure d'expérimenter son existence. Le tout premier élément à se manifester lors de ce processus créateur fut le son (*nada*). L'univers, où régnait auparavant un immense silence, se trouva parcouru par la vibration du son primordial, celui-là même qu'on révère encore de nos jours sous la forme du mantra OM. Le son est une énergie pure (*prana*) doublée d'une vibration (*spanda*) qui se propage dans toutes les directions à partir d'un point central.
Shakti s'avisa qu'il fallait à la création un point de départ et elle créa un point (*bindu*), forme primordiale de toutes les matières. Ensuite apparurent le temps (*kala*) et l'espace (*kha*). Comme la conscience pure est infinie, Shakti se mit à la replier pour la rendre tangible. Ainsi naquit l'intelligence supérieure (*buddhi*) qui est la source de tous les savoirs. Ensuite, Shakti créa la conscience de soi (*ahamkara*), qui permet à chaque être humain de se percevoir comme une créature unique, un individu. L'étape suivante fut l'apparition de l'esprit individuel et subjectif (*manas*), formé de l'ensemble de toutes les expériences, impressions et imprégnations que cumule un être humain au cours de son existence. Alors Shakti créa les organes des sens (*indriyas*) : les facultés de l'esprit ou instruments de perception (*jnanendriyas* : l'odorat, l'ouïe, le toucher, la vue, le goût) et les instruments d'action (*karmendriyas* : parler, saisir, marcher, décider, témoigner), auxquels appartiennent les éléments subtils (*tanmatras* : le bruit, le contact, la forme, le goût, l'odeur). Pour finir, Shakti créa les éléments denses (*mahabhutas* : l'éther, l'air, le feu, l'eau et la terre) qui composent la matière. Ainsi s'acheva le processus de la création.

Le chemin inverse

Selon le mythe, la force créatrice se densifia au fur et à mesure de sa matérialisation, tandis qu'elle s'entoura d'un voile (*maya*) tissé à l'aide des matières qu'elle avait créées. À la fin du processus, tant de voiles s'étaient superposés que Shakti ne distingua plus la conscience pure, sans forme, infinie et éternelle dont elle était issue. On dit qu'elle prit alors la forme d'un serpent et qu'elle s'enroula sur elle-même (*kundala*) trois fois et demi avant de s'endormir profondément à la base de la colonne vertébrale de l'être humain. Elle y sommeille depuis sous la forme de la *kundalini*, énergie de conscience inactive, en attendant que nous venions la réveiller grâce au yoga.
Dans la mythologie du hatha-yoga, on connait Shakti sous divers aspects. Elle est la force de l'intelligence qui, sous la forme de *prana*, l'énergie vitale, dirige tous les processus vitaux de notre corps ainsi que les cycles de la nature. Elle est la Grande Mère, qui se soucie sans cesse de sa création, lui procurant soins et nourriture. La force de cette sollicitude maternelle s'exprime dans le désir qu'elle entretient en chaque être humain de retourner

à l'origine de l'être, dans la conscience pure. En outre, elle charge Shiva de mettre à la disposition des humains, sous la forme des techniques du yoga, les outils dont ils ont besoin pour s'engager dans cette voie.
Chacune des techniques du hatha-yoga est un pas sur le chemin qui nous éloigne d'une conscience uniquement attentive aux valeurs matérielles pour nous ramener vers la conscience d'un possible abandon au Divin, libre de tout besoin et de tout attachement.

La création selon la mythologie tantrique

Au commencement était **Para Shiva** – la pure conscience, reposant en elle-même, unique, sans forme et éternelle.
En elle germa le désir de faire l'expérience d'elle-même

Division en

Shiva (aspect de la conscience/masculin) & **Shakti** (aspect de l'énergie/féminin)

Nada – le son

Spanda – la vibration

Bindu – le germe originel/la cellule primordiale

Kala – le temps

Kha – l'espace

Buddhi – l'intelligence supérieure

Ahamkara – la conscience de soi

Manas – l'esprit individuel, avec imprégnations

Indriyas – les organes des sens :
5 instruments de perception (jnanendriyas), 5 instruments d'action (karmendriyas)

5 *Mahabhutas* – Éléments :
l'éther, l'air, le feu, l'eau et la terre (la matière)

Ainsi s'achève le processus de la création.

Kundalini (Shakti s'enroule sur elle-même, et repose comme énergie de conscience inactive)

Yoga – **Éveil**

Involution – Création (matérialisation de l'esprit)

voile de Maya

Evolution – Déploiement (de la conscience)

Laya – Dissolution

D'un chakra à l'autre

Dans la mythologie tantrique, on désigne le processus de création, au cours duquel l'esprit se matérialise, comme l'involution ou le repli. Lorsqu'un être humain, engagé dans la voie du yoga, se spiritualise graduellement, on utilise les termes d'évolution ou de déploiement. Ce qui se déploie, c'est notre conscience. Elle s'amplifie et s'affine lorsque nous commençons à comprendre que nous ne sommes ni seulement un corps, ni seulement des pensées et des sentiments, et que nous nous apercevons de toute l'autonomie et de toute l'intelligence avec lesquelles les forces de vie sont à l'œuvre en nous à chaque instant.

Selon les maîtres du tantra, la conscience s'élève d'un *chakra* à l'autre. Le terme de *chakra*, qui signifie littéralement roue ou volant, désigne une zone du corps qui nous permet de faire l'expérience d'un niveau spécifique de conscience. Dans le « *chakra*-racine », situé à la base du bassin, par exemple, s'éprouvent l'enracinement et le fondement de notre vie, de nos origines et de notre corps. Lorsque la *kundalini*, l'énergie de la conscience endormie, est réveillée par les *asanas*, le *pranayama*, les *bandhas* ou les *mudras* et qu'elle commence à s'élever, elle emplit chaque *chakra* de vie et de conscience sur son passage. Un *chakra* est un espace d'énergie spécifique qui nous donne l'occasion d'explorer un domaine particulier de la vie. Il nous permet ainsi d'y repérer d'éventuels blocages aussi bien que des potentialités à développer. En général, l'élévation de la *kundalini* s'opère graduellement, permettant à nos processus internes d'évoluer tranquillement et d'intégrer tout ce que nous découvrons, mais aussi de gérer l'énergie ainsi libérée.

Il arrive cependant que les exercices de yoga, utilisés d'une certaine façon, agissent sur l'énergie endormie avec beaucoup de force, la réveillant brusquement. La conscience s'amplifie alors d'un seul coup, provoquant une montée de *kundalini* non maîtrisée. Cet incident était assez fréquent avant, car, considérant à tort le hatha-yoga comme une voie de l'effort violent, on le pratiquait avec beaucoup d'orgueil et l'obsession de la performance. Nous savons aujourd'hui qu'un développement progressif et prudent de la conscience est préférable. Il convient donc d'adapter notre pratique du yoga en conséquence et d'avancer pas à pas, avec discernement.

Devenir ouvert et perméable

L'ouverture des *chakras* ne se force pas, car le déploiement de la conscience et de l'énergie vitale suit généralement ses propres règles. D'ailleurs bien souvent, nous ne nous apercevons pas du changement qui s'opère en nous. C'est le comportement, voire les remarques de nos proches qui nous y rendent attentifs.

Pour débloquer l'énergie et la faire circuler, renforcer nos forces physiques et mentales et apprendre à détendre en profondeur chaque partie du corps, la pratique régulière des méthodes du hatha-yoga est suffisante. Il n'y a rien de plus à faire... Depuis des siècles, les maîtres du tantra nous répètent que la « technique » la plus importante consiste à nous ouvrir, à devenir perméable à ce que nous offre la vie, confiants dans le soutien que nous recevrons, qui nous permettra de déployer tout notre potentiel pour le bien de toutes les créatures.

Chaque *asana*, *pranayama*, *bandha* ou *mudra* concerne un chakra en particulier. En principe, une séance de yoga doit être conçue de manière à intégrer les thèmes des chakras de bas en haut pour nous permettre de nous ancrer dans la terre et en nous-mêmes avant de déployer notre conscience vers les sphères supérieures. Tous les *chakras* sont reliés entre eux par les trois nadis (page 17) : *ida*, *pingala* et surtout la *sushumna*.

Sahasrara-chakra – chakra couronne

Conscience supérieure, transcendance, expérience de l'unité, expérience du divin, abandon total à l'entité supérieure

Ajna-chakra – chakra du front

*Discernement (*viveka*) de ce qui compte vraiment dans la vie, intuition, lien avec la connaissance intérieure ; déploiement de l'intelligence émotionnelle, sociale et spirituelle*

Vishuddhi-chakra – chakra de la gorge

Utilisation consciente de la communication à tous les niveaux, dans tous nos échanges avec autrui ; bon usage de la parole

Anahata-chakra – chakra du cœur

Qualités de cœur : bonté, compassion, bienveillance, joie partagée, profonde confiance et amour inconditionnel ; engagement vis-à-vis des exigences de la vie

Manipura-chakra – chakra du nombril

Prise de conscience de ses propres forces ; capacité à prendre des décisions concernant sa propre vie, à mettre en œuvre ses désirs et ses projets ; capacité d'action ; conscience des responsabilités, élucidation de la puissance de l'ego

Svadhisthana-chakra – chakra sacré

Exploration du Soi ; développement d'une personnalité authentique, autonome et libre, centrée en elle-même dans la quiétude

Muladhara-chakra – chakra racine

Enracinement dans notre présence au monde, acceptation de sa propre origine, de son corps ; prise de responsabilité pour la conduite de sa vie, relations avec autrui et la famille

Les vayus : cinq formes de l'énergie vitale

Pour le yoga, le *prana* est l'énergie vitale, la force indépendante, consciente et intelligente qui régit et contrôle tous les processus vitaux de notre corps. Elle se divise en cinq aspects, les *vayus*, ayant chacun ses particularités.

Les cinq *vayus* doivent être actifs tout en restant en équilibre les uns avec les autres. Pour permettre cette régulation, les *asanas* et les *pranayamas* peuvent être mis en correspondance avec des *vayus* bien déterminés.

- Les extensions, les exercices favorisant l'inspiration, de même que *jalandhara bandha* activent *prana-vayu*.
- Les flexions avant, les exercices favorisant l'expiration ainsi que *mula bandha*, activent *apana-vayu*.
- Les torsions, certaines postures d'équilibre, *kapalabhati*, *bhastrika*, les suspensions à plein et

Prana-vayu – la force qui reçoit
Prana-vayu est localisé au niveau du thorax. Il est responsable de tout ce qui pénètre dans le corps : la nourriture, les perceptions transmises par les organes des sens (voir, entendre, sentir, toucher, goûter), l'inspiration et la conception.

Apana-vayu – la force qui donne
Apana-vayu est localisé au niveau du bas-ventre. Il est responsable de tout ce qui sort du corps : l'élimination des résidus de la digestion, la parole, les gesticulations, le contact physique, l'expiration, l'accouchement.

Samana-vayu – la force qui transforme
Samana-vayu est localisé au niveau du nombril. Il est responsable de la digestion sous toutes ses formes : digestion de la nourriture, traitement de l'information et des impressions sensorielles. Il décide de ce qui doit être assimilé ou éliminé.

Udana-vayu – la force qui communique
Udana-vayu est localisé au niveau de la gorge. Il est responsable de la communication sous toutes ses formes et de la manière dont nous nous exprimons.

Vyana-vayu – la force qui distribue
Vyana-vayu circule en permanence dans tout le corps. Il gouverne la circulation de l'énergie qu'il distribue à travers tout le corps par le sang, la lymphe, les influx nerveux et les hormones.

Les *bandhas* éveillent la *kundalini* en rassemblant et reliant les divers aspects de l'énergie vitale.

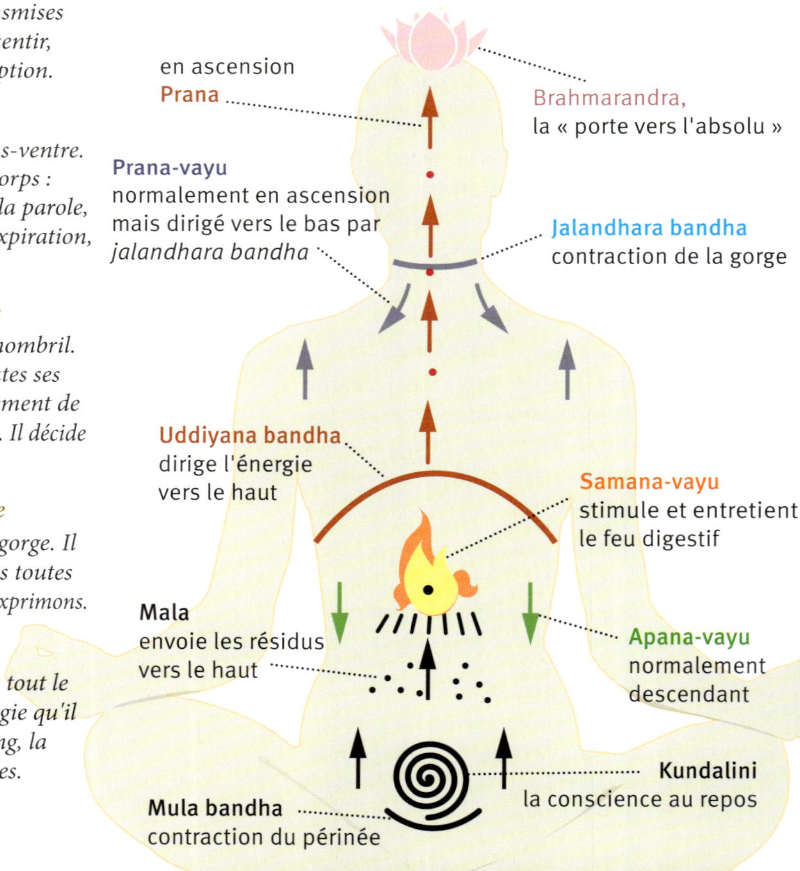

uddiyana bandha activent *samana-vayu*.

- Les *mantras*, les *mudras* et *ujjayi pranayama* activent *udana-vayu*.
- Les postures en dynamique, les enchaînements d'*asanas* et la pratique dynamique du *kundalini* yoga activent *vyana-vayu*.

Samana-vayu *ou* agni, *le feu digestif*

L'activation de *samana-vayu*, également appelé *agni* ou feu digestif, a une importance particulière dans le hatha-yoga car le feu nous aide à brûler tout ce qui nous pèse et nous encombre, qu'il s'agisse sur le plan physique de kilos superflus, ou, au sens figuré, de l'égoïsme, la négativité, l'étroitesse d'esprit, du manque d'assurance, de l'indolence etc.

La pratique des *bandhas*, en particulier, nous permet de raviver notre feu intérieur et ainsi, d'initier un processus de nettoyage et de purification. Selon les textes du hatha-yoga, seul parviendra à sortir la *kundalini* de son sommeil et à la faire monter le long de ses *chakras* pour les déployer, celui qui se sera engagé sur la voie du yoga animé d'une passion « brûlante » et qui se sera « enflammé » pour les changements, les transformations et les développements allant de pair avec ce cheminement.

Les gunas : la vibration de l'énergie vitale

Selon la mythologie tantrique, toute la création est la manifestation de l'énergie primordiale. Sur la base de leur expérience et de leur observation attentive de la nature, les adeptes du tantra faisaient preuve, il y a environ 1500 ans, d'une compréhension étonnamment moderne de la manière dont se constitue la matière. Ils en étaient arrivés à considérer que la matière qui nous paraît solide est composée essentiellement d'énergie (*prana*) et de vibration (*spanda*). Plus la matière est dense, plus ses vibrations sont amples et lentes alors que les vibrations d'une énergie subtile, comme la pensée, sont extrêmement rapides. Ainsi, les maîtres du tantra partaient du principe que la matière n'est pas statique mais qu'au contraire, elle est animée de vibrations et qu'elle se transforme sans cesse. Ceci est aujourd'hui confirmé par la physique des particules.

Afin de décrire un monde basé sur la vibration, ils développèrent le concept des trois formes d'activités de l'énergie vitale, les *gunas* (littéralement, « filaments », dont sont tissées toutes les matières de l'univers). Selon cette théorie, deux forces se font face, représentant deux pôles opposés : le mouvement (*rajas*) et l'inertie (*tamas*). Elles sont à l'œuvre dans chaque matière, dont la densité est déterminée par leur proportion. Si c'est *rajas* (littéralement, « poussière rouge portée par le vent ») qui domine, la matière sera instable et volatile : par exemple, les éléments liquides (comme le sang) et gazeux. Si c'est *tamas*, le « tissage » de la matière étant plus dense, elle sera stable et se déformera difficilement : par exemple les roches et tout ce qui porte (comme les os).

Les propriétés énergétiques de *rajas* et de *tamas* ne peuvent pas exister l'une sans l'autre. En effet, ces deux *gunas* interagissent sans cesse, et dans cette dynamique, elles dominent à tour de rôle. Lorsqu'elles se contrebalancent, naît une troisième qualité : l'équilibre, appelé *sattva*.

Toutes les formes de vie oscillent sans cesse entre ces deux pôles, celui du mouvement et celui du repos, s'approchant tantôt de l'un, tantôt de l'autre. Si l'un d'eux domine pendant trop longtemps, il en résulte un fort déséquilibre des énergies, susceptible à la longue de provoquer des maladies. La pratique du yoga doit nous permettre de percevoir notre orientation énergétique dominante du moment et, à l'aide d'*asanas* et de *pranayamas* bien choisis, de nous rapprocher de *sattva*, l'équilibre intérieur. Ainsi, lorsque nous nous sentons indolents ou lourds, nous opterons pour une séance intensive et dynamique, composée de nombreux enchaînements. En revanche, si nous sommes excités ou agités, il faudra favoriser les exercices de nature à nous apporter calme et stabilité, comme les postures debout et les postures inversées.

Le concept des Gunas

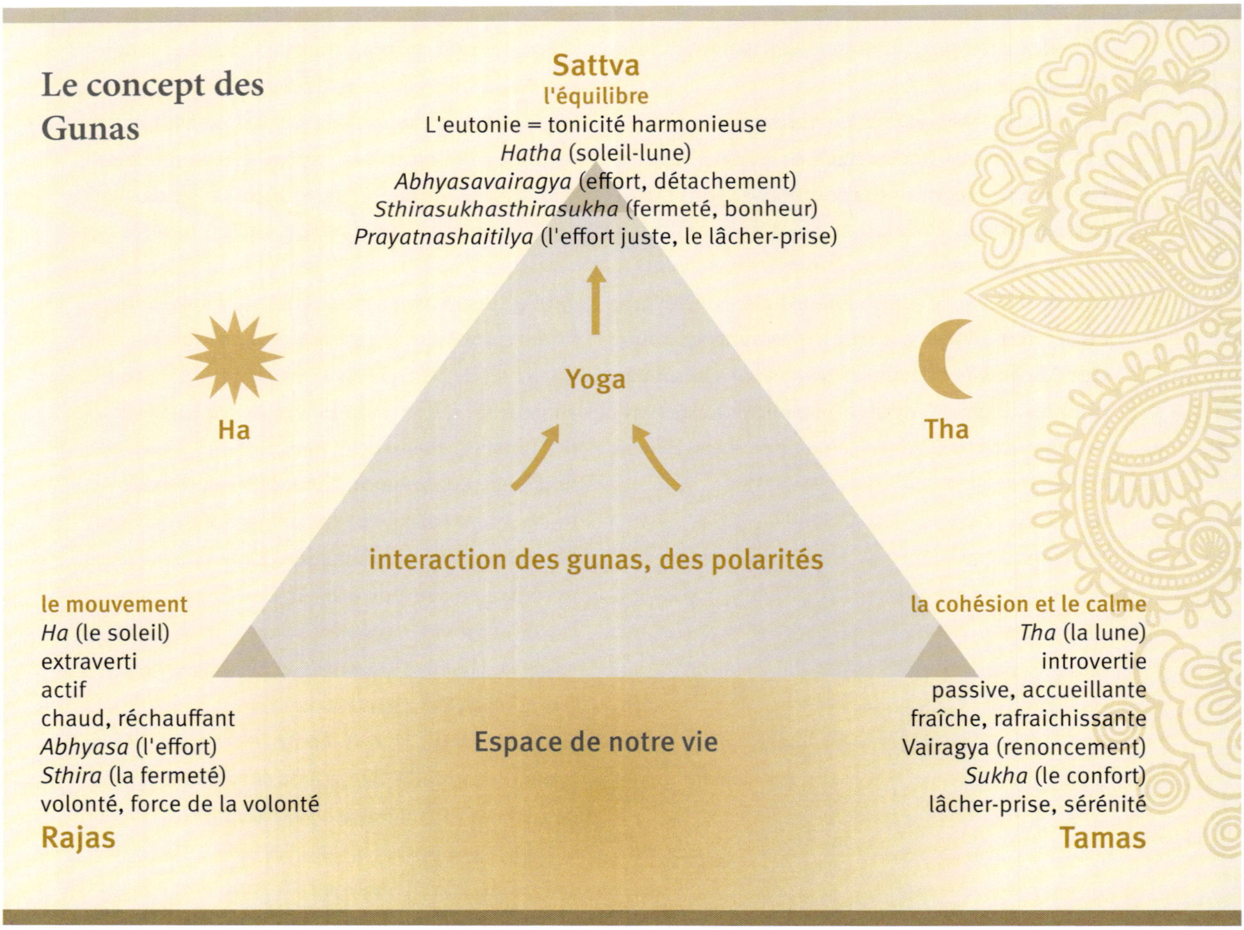

Les nadis : canaux de l'énergie vitale

Selon le hatha-yoga, prana, l'énergie vitale qui parcourt sans cesse notre corps, se déplace le long de canaux appelés *nadis*. Au nombre d'environ 84 000, ces canaux fins, voire très fins, sont comparables aux méridiens de la médecine chinoise. Ils prennent tous naissance dans le *kanda*, une sorte de bulbe localisé dans le bas-ventre. Le hatha-yoga voit dans le *kanda* le centre du corps énergétique (*prana maya-kosha*, page 18). Établis profondément en ce lieu, rien ni personne ne peut nous déstabiliser.

Les *nadis* sont innombrables, mais trois d'entre elles sont considérées comme les plus importantes (voir le schéma page 13).

- ***Ida*** est le canal d'énergie qui concerne le côté gauche du corps et la narine gauche. Elle est le véhicule de l'énergie lunaire, rafraichissante et passive.
- ***Pingala*** est le canal d'énergie qui concerne le côté droit du corps et la narine droite. L'énergie qui y circule est solaire, chaude et dynamique.

Ces deux *nadis* montent en spirale autour de la colonne vertébrale, s'y enroulant trois fois et demie. La *nadi ida* prend naissance sur la gauche du *kanda* et aboutit à la narine gauche, tandis que la *nadi pingala* prend naissance sur la droite du *kanda* et aboutit dans la narine droite.

Ida et *pingala* symbolisent le monde des polarités dans le champ desquelles nous vivons, tiraillés entre les pôles du jour et de la nuit, de l'activité et du repos, de l attraction et la répulsion, de la lumière et de l'obscurité. En raison, par exemple, d'un tempérament plutôt actif ou plutôt placide, nous tendons généralement vers l'un ou vers l'autre de ces pôles et il est rare de se trouver en équilibre entre les deux.

L'un des principaux champs d'action du hatha-yoga est donc la recherche d'équilibre de ces énergies, déjà décrit en pages 15 et 16 dans la présentation des *gunas* : *tamas* (calme), *rajas* (actif) et *sattva* (en équilibre). Alors que l'équilibre entre les *gunas* est perpétuellement instable car leur pulsation rythmique reflète celle de la vie, les yogis s'efforcent, sur un plan subtil, de trouver un moyen de mettre fin aux effets des polarités.

Ils ont développé dans ce but le concept de *madhya*, le milieu, un espace dans lequel les pôles opposés peuvent se dissoudre, grâce à la pratique du yoga.

- Le milieu est également symbolisé par la *sushumna* (littéralement, le très clément), le troisième canal de l'énergie, considéré comme le plus important. Cette *nadi*, qui passe par le centre de la colonne vertébrale, reste inactive tant que nous vivons dans le monde des polarités. Son entrée, située dans le *kanda*, est obstruée par la tête de la *kundalini* (le potentiel de conscience qui sommeille en nous). Lorsqu'au moyen du yoga, nous commençons à comprendre, profondément et de manière intuitive, que chaque polarité ne reflète que les deux faces du Tout, la *kundalini* se réveille et se transforme, quittant sa forme de serpent pour redevenir pure énergie de conscience (*prana shakti*). Elle emprunte alors la *sushumna* pour s'élever de *chakra* en *chakra*. À chaque niveau, elle approfondit et consolide l'expérience de l'unité et la certitude que toute la création a pour origine unique la conscience pure (*para shiva*).

Les Koshas : enveloppes de l'énergie vitale

Comme chacun peut le constater en lui-même, le corps et la personnalité ne sont pas faits que de chair et de sang. Les maîtres du yoga distinguent cinq niveaux d'expérience de l'être, qu'ils appellent les *koshas* (littéralement, enveloppes). Aucune de ces couches ne peut être considérée séparément des autres, car elles interagissent constamment, la couche la plus subtile exerçant toujours son influence sur les couches plus grossières, un peu comme notre état d'esprit conditionne notre état physique. À l'inverse, les yogis savaient aussi qu'en agissant sur le corps et sur la respiration, il est possible d'influencer , la sensibilité de nos corps énergétique et mentale.

Les cinq koshas

Anna-maya-kosha – le corps physique
L'enveloppe composée de nourriture. Elle englobe l'ensemble de notre corps physique.

Prana-maya-kosha – le corps énergétique
L'enveloppe composée d'énergie. Elle englobe tous les processus énergétiques tels la respiration, la circulation sanguine, la digestion, le système endocrinien, le système nerveux.

Mano-maya-kosha – le corps émotionnel
L'enveloppe composée de force mentale. Elle englobe la partie de notre esprit qui s'est formée à l'aide d'influences extérieures et par ce que nous avons appris, c'est-à-dire notre système de valeurs et notre façon d'appréhender les rouages des relations, de la société et de la vie même, comme les capacités de raisonnement et la logique.

Vijnana-maya-kosha – le corps de l'intelligence
L'enveloppe composée de sagesse intérieure. Elle englobe la connaissance intérieure profonde, l'intuition, l'empathie, la sensibilité, toutes les vibrations les plus subtiles de l'esprit.

Ananda-maya-kosha – le corps de félicité
L'enveloppe composée de joie. Elle englobe l'expérience de l'Un, de la participation à la Vie, de la confiance dans une puissance supérieure, peut-être celle de Dieu, de la perception du sens de sa propre existence et de la vie elle-même.

Les cinq koshas de l'intérieur vers l'extérieur : annamaya-kosha, pranamaya-kosha, vijnanamaya-kosha, annandamaya-kosha.

La voie du corps
Kaya Sadhana

Contrairement à de nombreuses voies du yoga plus anciennes, le hatha-yoga intègre délibérément le corps dans la pratique des exercices.

Les maîtres du hatha-yoga estimaient que le corps est notre seul « terrain d'expérience ». Ils voyaient le corps comme le « lieu de la vérité », qui reflète à chaque instant notre disposition énergétique ou mentale et nous permet de savoir dans quelle mesure nous sommes connectés à notre connaissance intérieure, à notre lumière intérieure et à la joie.

Pour eux, le corps est le lieu de l'exploration et de l'expérience de soi qui ne sont possibles qu'au moyen des organes des sens et du traitement à tous les niveaux de l'être, des perceptions du réel. Grâce à ses techniques, le hatha-yoga nous offre quantité de possibilités d'action à chaque niveau, chaque *kosha*.

Tout d'abord, il s'agit de nous débarrasser de tout ce qui nous pèse et nous encombre. Comme bien d'autres voies du yoga, le hatha-yoga est donc essentiellement une voie de purification, qui agit sur tous les *koshas*.

La purification de tous les *koshas*

- Dans **Anna-Maya-Kosha,** il s'agit de brûler tout ce qui encombre le corps et entrave son bon fonctionnement. On y parvient en ravivant le feu digestif à l'aide d'exercices respiratoires bien précis.
- Dans **Prana-Maya-Kosha,** il s'agit de se débarrasser des émotions destructives et malsaines (comme l'envie, la jalousie, la peur) et de les remplacer par des émotions positives et bénéfiques (comme la joie partagée, la tolérance, la confiance).
- Dans **Mano-Maya-Kosha,** il s'agit d'éliminer les schémas de pensée négatifs et malsains qui se manifestent, par exemple, par une tendance à douter de tout, la négativité ou le cynisme. Les pensées bienveillantes et bénéfiques qui viennent les remplacer favorisent un état d'esprit positif et constructif. Les noms symboliques de certains *asanas* ou *pranayamas* soutiennent ce changement (le héros, la respiration *ujjayi*, encore dénommée respiration victorieuse).
- Dans **Vijnana-Maya-Kosha,** il s'agit de nous libérer de tous les doutes qui affectent notre intuition et notre connaissance intérieure. Ils sont remplacés par une profonde confiance en la sagesse et en la lucidité qui résident en chacun de nous, simplement dissimulées par le doute. Le yoga propose diverses méthodes pour nous mettre en contact avec notre être profond, comme par exemple les *mudras*.
- Dans **Ananda-Maya-Kosha,** il s'agit de nous libérer de ce qui nous empêche de vivre dans la joie et dans l'harmonie. Le yoga nous apprend à reconnaître la générosité, la beauté et la perfection qui sont en nous et à diffuser notre bienveillance à tous les êtres qui nous entourent.

Les exercices du hatha-yoga s'adressent toujours aux cinq *koshas*. Il n'existe aucun exercice purement physique, car le corps est considéré dans sa relation avec le souffle, l'esprit et le l'âme. Ces différents plans sont indissolublement liés par notre corps énergétique.

PRATIQUE DU YOGA
Notions et principes de base

Les textes fondateurs du Yoga-Sutra *et de la* Hata-Yoga Pradipika *précisent que pour être réellement efficace, la pratique doit présenter certaines caractéristiques.*

Ces textes font tout d'abord un inventaire complet de tous les facteurs susceptibles de nuire à la pratique ou, au contraire, de lui être bénéfique. Initialement destinés à la pratique du yoga, les conseils qu'ils dispensent peuvent également se révéler utiles dans toutes les entreprises du quotidien. C'est ainsi que pour de nombreux pratiquants, l'observance des règles du yoga dans la vie de tous les jours débouche sur un réel art de vivre, qui se caractérise par une attitude similaire en cours de yoga et dans le quotidien.

Le symbole du Om, le son primordial du monde.

Les trois qualités de la pratique

« Notre pratique du yoga doit réunir trois qualités : l'ardeur, l'étude de soi et l'acceptation de nos limites. » (Patanjali, *Yoga-Sutra* II,1.)

- La première de ces trois qualités est ***tapas*** (littéralement : braise, brûlure, renoncement, ascèse). Il faut sentir brûler en soi le feu intérieur, ressentir une aspiration ardente, pour pouvoir, et vouloir, fixer dans sa vie des priorités de manière à ménager du temps libre pour la pratique. Le terme de « *tapas* » signifie que nous devons décider de ce qui est important dans notre vie et de la direction que nous voulons donner à notre énergie. Une fois ceci tiré au clair, nous « brûlerons de pratiquer le yoga », de telle sorte que nous serons, tout naturellement, prêts à certains renoncements.

Par exemple, nous renoncerons de bon cœur à faire la grasse matinée parce que trouver suffisamment de temps pour la pratique du yoga sera devenu bien plus important.

- La deuxième qualité est ***svadhyaya*** (littéralement, se rapprocher de soi-même, l'étude de soi). En nous intériorisant, en prenant le temps de nous écouter, nous parvenons à déterminer de quelle pratique nous avons besoin (calmante ou tonifiante, par exemple) et à comprendre de quelle manière les exercices agissent en nous. L'étude de soi permet aussi d'identifier certains de nos schémas mentaux habituels que nous retrouvons sur le tapis, comme par exemple les stratégies d'évitement, l'ambition ou la quête de la perfection. Elle permet de ressentir comment ces schémas influencent l'esprit, le corps et la respiration. En devenant notre propre terrain d'exploration, nous nous rapprochons de nous-mêmes, nous apprenons à mieux nous connaître et nous développons et affinons cette qualité si importante, tant dans le yoga que dans la vie, qu'est la conscience de soi, grâce à laquelle nous saurons, de manière de plus en plus précise, ce qui nous fait du bien et ce qui nous fait du tort. Il sera alors possible de mettre en place une pratique en adéquation avec nos besoins du moment, qui nous aide sur tous les plans et nous nourrit.
- La troisième qualité est ***ishvara pranidhana*** (littéralement, l'action de s'abandonner, l'abandon à un principe supérieur). En adressant nos actes à un principe supérieur, comme pour dire « Que ta volonté soit faite », nous prenons conscience qu'il est impossible d'appréhender totalement la véritable dimension de ce qui nous arrive. Nous acceptons ainsi de meilleure grâce nos propres limites. Cette qualité est utile lorsque certaines parties du corps s'avèrent difficiles à mobiliser, malgré nos efforts constants. Nous parvenons alors à admettre que cette rigidité contribue peut-être à notre stabilité et que, finalement, elle permet des expériences différentes mais tout aussi intéressantes que si nous étions plus souples. Nous cesserons alors de lutter contre la raideur pour l'accepter comme une réalité dont nous tâcherons de tirer le meilleur parti. Nous continuerons à nous exercer calmement et avec application, sans nous angoisser en nous fixant des objectifs excessifs au risque de nous blesser. Détendu, nous irons probablement plus loin dans notre pratique qu'en essayant à toute force de dépasser nos limites.

Les yogis partent du principe que chaque être humain a tout le temps nécessaire pour apprendre ce qu'il a à apprendre. *Ishvara pranidhana* nous aide à être patient et indulgent envers nous-même, à ne pas nous focaliser sur les résultats de notre pratique, mais à nous satisfaire des progrès que nous accomplissons dans le respect de notre rythme propre.

Persévérance et sérénité

« À travers une pratique intense (*abhyasa*) et la capacité à lâcher-prise (*vairagya*), l'esprit peut atteindre l'état de yoga. La pratique consiste à fournir l'effort nécessaire pour s'approcher de l'état de yoga, l'atteindre ou le maintenir. » dit Patanjali dans le *Yoga-Sutra* (I, 12/13). On trouve une formulation similaire dans la *Hatha-Yoga Pradıpika* : « Que l'on soit jeune, d'âge mûr, vieux, malade ou faible, on atteint la réalisation grâce à une pratique inlassable du yoga sous tous ses aspects. La réalisation est atteinte par ceux qui pratiquent : comment pourrait-on y parvenir sans effort ? La réalisation ne s'obtient pas par la simple lecture des textes. » (HYP I, 64/65)

Tout ce que nous avons appris dans la vie, nous l'avons acquis à force de persévérance. Lorsque nous avons commencé à marcher, nous n'avons

Le yogi pratique la posture du paon, qui neutralise tous les poisons. La peau de tigre montre qu'il maîtrise ses sens et ses pulsions. La couleur bleue désigne le yogi comme un disciple de Shiva, qui a pris une coloration bleue après avoir avalé un poison qui aurait détruit le monde.

fait nos premiers pas qu'après d'innombrables tentatives. Nous nous sommes exercés avec une opiniâtreté et une persévérance incroyables (*abhyasa*, dans le yoga). Rien ne nous a découragés ni détournés de notre but. Nous n'avons pas manqué une seule occasion d'essayer de nous mettre debout et d'avancer et à chaque fois, nous avons fourni pour cela l'effort nécessaire. Mais nous l'avons fait sans acharnement excessif, sans en faire une obsession et sans aller au delà de nos forces. Nous avons fait exactement, en toute sérénité, ce dont nous étions capables à ce moment donné. Ni plus, ni moins. Nous avons appris à marcher à notre rythme. D'ailleurs l'exigence de nos parents ne nous aurait pas fait marcher plus vite.

La sérénité dans la pratique est une qualité appelée *vairagya* dans le yoga (littéralement : absence de volontarisme). C'est grâce à a*bhyasa* que nous retournons sans cesse sur le tapis et que nous introduisons parallèlement dans notre quotidien les principes du yoga. En outre, *vairagya* nous apporte la bienveillance et la patience nécessaires pour comprendre que tout apprentissage, de même que tout changement ou transformation, demande du temps. Elle nous aide à sentir qu'au travers de notre pratique, nous sommes sur la bonne voie.

La confiance en ses propres actions

« C'est la confiance (*shraddha*) qui nous donne la force nécessaire pour surmonter les obstacles et poursuivre notre chemin, sans perdre de vue la bonne direction. Plus nous serons confiants et plus intenses seront nos efforts, plus nous nous approcherons du but. » (Patanjali, *Yoga-Sutra* I,20/21)

Seules la confiance en soi, en sa capacité à atteindre un jour le but recherché, et la confiance dans le yoga, ses enseignements, permettent de surmonter les obstacles rencontrés en chemin. L'obstacle majeur est le doute (et le doute de soi), omniprésent et destructeur. La seule force capable de le contrer est la confiance en soi, ainsi que la confiance tout court.

Patanjali remarque qu'il est naturel que la confiance connaisse des hauts et des bas en fonction des circonstances et aussi du type d'éducation reçu. Mais le yoga-sutra dit clairement que la confiance (et la confiance en soi) s'acquiert, se retrouve et se fortifie à travers la pratique du yoga. Elle devient alors l'une des sources qui alimentent notre persévérance à long terme.

Les six obstacles sur la voie du yoga

« Il y a six obstacles à la pratique du yoga : une nourriture trop abondante, des efforts trop violents, les bavardages inutiles, une frugalité extrême, la fréquentation excessive des gens, l'inconstance de l'esprit. » (*Hatha-Yoga Pradipika*, I, 15)

Il apparait clairement que tout excès représente un obstacle. Il s'agit de trouver la juste mesure, y compris en ce qui concerne les efforts et la frugalité. Faute de quoi, on court le danger d'aller jusqu'à l'épuisement dans la pratique du yoga, au point même de tomber malade. Ces dangers d'une pratique immodérée du yoga ont été largement étudiés et documentés.

Le bavardage et les contacts trop fréquents avec les gens — aujourd'hui par le biais du chat ou des réseaux sociaux — ont pour effet de disperser l'énergie, selon les maîtres du yoga. En outre, ceux-ci savaient qu'il n'est pas bon de trop parler des effets du yoga sur nous, ni, plus généralement, de partager nos expériences avec quiconque. Bien souvent, on ne trouve pas les mots justes ou on se heurte, auprès de personnes qui ne pratiquent pas, à une incompréhension qui devient alors source de doute et d'inquiétude.

Parmi les facteurs favorisant une pratique réussie du yoga, la *Hatha-Yoga Pradipika* va jusqu'à citer : « l'abandon des relations sociales » (I,16). Ce qu'il faut se demander, c'est s'il est vraiment utile de maintenir des relations avec des personnes qui ne nous soutiennent pas dans la voie que nous avons choisie et qui ne prennent pas au sérieux notre profond désir d'évoluer et de nous épanouir à l'aide du yoga.

Yamas et niyamas : règles de vie

Les maîtres du yoga ont longuement réfléchi à la bonne manière de se conduire pour qui veut suivre la voie du yoga. Ils ont ainsi formulé une série de règles de vie concernant les rapports avec les autres (*yamas*) et avec soi-même (*niyamas*). Il ne s'agit ni de commandements, ni d'interdictions, mais de conseils pour mener une vie en accord avec les principes du yoga. Les *yamas* et les *niyamas* n'étant pas des lois, on ne peut pas les enfreindre, pas plus qu'on ne peut « pécher » contre le yoga ou se juger coupable. Ne pas observer ces règles aura pour seule conséquence une vie plus difficile, pour soi-même comme pour autrui. On trouve dans les textes du yoga et l'Hindouisme dix *yamas* et dix *niyamas*, dont une partie est répertoriée dans le yoga-sutra puisque ce dernier compte cinq *yamas* (Y.S. II.30) et les *cinq niyamas* (Y.S. II.32)*.

* *Voici les 5 yamas : ahimsa, satya, asteya, brahmacharya et aparigraha et les 5 niyamas : shauca, santosha, tapas, svadhyaya et ishvarapranidhana*

Les *yamas* (HYP, I,17)

- *la non-violence (Ahimsa) : un comportement attentif et respectueux envers tout ce qui vit*
- *l'authenticité (Satya) : la sincérité ; assumer ce que l'on pense être vrai ; l'honnêteté – y compris envers ses propres faiblesses*
- *ne pas voler (Asteya) : ne pas envier ce que possèdent les autres – sur le plan matériel ou immatériel (par exemple, leur plus grande souplesse)*
- *vivre dans la modération (Brahmacharya) : suivre des principes éthiques que l'on considère comme importants et contribuer ainsi à rendre le monde meilleur*
- *le pardon (Kshama) : ne nourrir de rancune envers personne, pardonner les fautes, admettre les défauts, se libérer de toute rancœur*
- *la constance (Dhriti) : se consacrer à une chose avec calme et détermination*
- *la compassion (Daya) : la capacité à se mettre à la place des autres ; l'empathie, la sociabilité*
- *l'humilité (Arcavam): la modestie, la simplicité, ne pas se faire valoir*
- *manger modérément (Mitahara) : éviter la gloutonnerie ; choisir des aliments produits dans le respect de l'environnement et sans infliger de souffrance aux autres êtres; s'intéresser à l'écologie*
- *la pureté (Shauca): être sincère et de bonne foi, croire toujours aux bonnes intentions d'autrui*

Les *niyamas* (HYP, I, 18)

- *le feu intérieur (Tapas) : l'enthousiasme, la concentration sur l'essentiel*
- *le contentement (Santosha) : la gratitude, l'appréciation de tout ce qui est déjà là*
- *la foi (Astikya) : reconnaitre le sens de son existence, servir le divin*
- *la générosité (Dana): partager avec les autres les biens matériels et immatériels tels le savoir et la joie*
- *la vénération (Ishvarapuja): tendre vers l'absolu, voire le divin ; s'efforcer d'exprimer ce qu'il y a de divin en soi*
- *la fréquentation des textes sacrés (Siddhanta vakyam Shravanam) : lire les grands textes de sagesse, écouter des conférences (*kirtan*)*
- *la mesure (Hri) : user de mesure en toute chose ; utiliser sa propre énergie avec mesure*
- *la récitation des mantras (Japa) : garder toujours à l'esprit son mantra personnel*
- *le sacrifice (Hutam): donner (du temps, par exemple) à ceux qui en ont besoin même si on pense ne pas en avoir assez pour soi- même*
- *le discernement (Mati) : établir des priorités ; reconnaitre ce qui est essentiel et durable*

Bhavana : orienter son esprit vers le bien

En sanskrit, *bhavana* signifie « une attitude mentale résolue et bienveillante, une image de soi positive ». Le yoga-sutra en appelle à *bhavana* lorsqu'il s'agit de trouver des stratégies pour contourner les obstacles intérieurs. Bien souvent, nous avons l'esprit encombré de représentations dont nous n'avons pas conscience et qui sabotent nos intentions et nos efforts. Nous pensons par exemple : « Je ne peux pas », « Je n'y arriverai pas », « Je ne le mérite pas ». Ces représentations intérieures alimentent nos doutes, avec pour résultat que nous relâchons nos efforts, perdons confiance, manquons de constance dans nos actes et laissons nos énergies se disperser.
Si nous souhaitons progresser sur la voie du yoga, il faut recouvrir ces représentations et attitudes néfastes de pensées bénéfiques et positives. Pour cela, nous aurons recours aux qualités de l'esprit que sont les « quatre incommensurables : la bienveillance (*maitri*), la compassion (*karuna*), l'encouragement (*mudita*) et l'équanimité (*upeshka*) ». Afin de modifier durablement notre état mental et d'orienter notre esprit vers le bien, Pantanjali recommande de travailler en conscience ces quatre dispositions mentales sur la durée, puis de continuer à les cultiver.

Les « quatre incommensurables »

- ***Maitri*** est une disposition amicale, bienveillante, attentive et affectueuse envers tous les êtres humains et envers soi-même.
- ***Karuna*** est le déploiement de la compassion et de l'empathie pour soi-même et pour les autres. Elle est aussi le développement et le raffinement du tact et de la sensibilité.
- ***Mudita*** est la capacité à s'enthousiasmer des progrès réalisés par les autres et par soi-même.
- ***Upeksha*** est la capacité à rester patient dans cette voie, avec soi-même et avec les autres, et à être bienveillant et compréhensif pour les erreurs et les rechutes, les siennes comme celles des autres.

Chitta prasadana – l'esprit bienveillant

Au fur et à mesure que notre esprit s'oriente vers ces quatre dispositions spirituelles, il évolue et se transforme. Il est de moins en moins irrité, agité ou perturbé. Mais quand ces qualités font défaut, les vieux schémas mentaux sévissent jusque sur le tapis de yoga. Nous sommes stricts envers nous-mêmes au lieu d'être bienveillants ; au lieu d'être compatissants, nous nous imposons de hautes exigences, voire la perfection; au lieu de nous donner du courage, nous nous dénigrons et ne nous faisons pas confiance ; tyranniques envers nous-même au lieu d'être patients et compréhensifs, nous voudrions intégrer le yoga à une vitesse accélérée. Un esprit ainsi constitué se trouve en butte à une autocritique continuelle et implacable. Rien de ce qu'on fera ne sera jamais assez bien. Repérer puis lâcher les multiples exigences que nous avons envers nous-mêmes et envers les autres nous permet d'être plus tranquilles avec nous-mêmes. Nous admettons alors que yoga *sadhana* (littéralement : la voie de la pratique) demande à être parcourue pas à pas, en faisant de notre mieux ce qu'il nous est possible de faire en fonction des capacités du moment.
Lorsque cette attitude devient prédominante, notre esprit devient un lieu agréable, où il est plaisant de se tenir. Nous apprenons à faire de notre raison, avec ses capacités à planifier et à développer des stratégies, un instrument précieux de connaissance et de transformation de soi.
Une fois les « quatre incommensurables » bien établis dans notre esprit, nos pensées et nos

sentiments deviennent clairs. Grâce à cette clarté, nous savons ce qui nous fait du bien et comment favoriser le développement de toutes nos potentialités, qu'il s'agisse de maîtriser la posture sur la tête ou de modifier notre manière de vivre.

Les deux facettes de la volonté

Lorsque l'esprit se trouve dans l'état de *chitta prasadana,* nous parvenons à doser notre volonté, afin qu'elle ne soit ni trop forte ni trop faible.
Une volonté trop impérieuse, décidée à obtenir des résultats à tout prix, accentue le risque de blessure au cours de la pratique du yoga. Il suffit pour s'en apercevoir de prendre la position du lotus en forçant !
Si notre volonté est trop faible, en revanche, nous trouvons toujours des prétextes pour ne pas pratiquer, empêchant ainsi les progrès. Dans la clarté qu'apporte *chitta prasadana*, nous apprenons à percevoir la juste mesure. Nous faisons ainsi la paix avec nos capacités et acceptons nos limites.
Ceux qui ont fait de leur esprit un lieu agréable sont des êtres pacifiques, apaisés et détendus. Ils cessent de se stresser et de stresser les autres.
C'est grâce à cette tranquillité d'esprit que tant de choses leur réussissent, car ils ont trouvé le « mode de fonctionnement » optimal de leur cerveau et de leur système nerveux.

Maîtres et disciples de yoga

La qualité de la relation entre le maître et le disciple est la condition essentielle d'une pratique réussie du yoga. Selon la tradition, le maître transmettait directement les enseignements et les exercices de yoga à son disciple, en les adaptant le plus possible à sa personne. Les cours étaient dispensés en petits groupes ou en cours particuliers et les disciples suivaient le même maître pendant de nombreuses années. À force de voir ses disciples plusieurs heures par jour et pratiquant avec eux, celui-ci devenait pour eux, à la longue, un compagnon et un conseiller de vie.

Le gourou est au-dessus de tout

Les maîtres portent en Inde le titre de gourou, ce qui signifie littéralement « celui qui apporte la lumière dans l'obscurité ». Lorsqu'un disciple se trouve dans l'obscurité de l'ignorance, son gourou l'éclaire de son savoir. Il lui apporte la lumière pour qu'il voie par lui-même et accède à la connaissance. La prise de conscience qui s'ensuit permet au disciple d'entreprendre son propre processus de purification, de transformation et de développement. Un gourou n'essaie jamais de convaincre ses disciples de quoi que ce soit, ni de les inciter à telle ou telle croyance. Son rôle consiste uniquement à leur fournir les outils de la connaissance, tel le discernement (*viveka*), et à leur enseigner la manière d'intégrer et d'utiliser ce qu'ils ont découvert par eux-mêmes.
Le disciple a confiance en son gourou dans tous les domaines, puisqu'il sait qu'il est du devoir du gourou de lui procurer, en son âme et conscience, tout ce qui lui sera bénéfique, favorable et salutaire. Sa plus belle récompense sera de voir son disciple mûrir pour devenir un être humain libre et authentique, et si possible suffisamment autonome pour pouvoir un jour se passer de lui.
Mais tant que le disciple a besoin de son maître, il lui est totalement soumis et suit ses directives à la lettre sans les remettre en question. Dans cette relation très particulière à son maître, le disciple reçoit ce dont tout être humain a besoin pour s'épanouir naturellement et sans peine : le sentiment de sécurité (« Mon maître est toujours là pour moi, en toute circonstance, et il ne veut que mon bien ») et l'espace nécessaire pour grandir (« Mon maître a confiance en mes capacités à me développer pleinement. »)

Dans le hatha-yoga, le gourou est la source de toute connaissance.

Trouver le bon professeur

On dit que le bon professeur se présente lorsque l'élève est prêt. Alors si jusqu'à présent vous n'avez pas trouvé votre professeur, vous auriez peut-être intérêt à vous demander si vous êtes prêt à vous laisser guider, en toute confiance et totalement, par un autre être humain. Il s'agit là d'une question très importante, car vous ne serez prêt à recevoir l'enseignement que lorsque sera venu pour vous le moment propice (*atha*).
Si vous vous sentez prêt, commencez par consulter les pages Internet des professeurs de yoga exerçant près de chez vous. Faites des séances d'essai de différents styles de pratique comme l'*Ashtanga* yoga, le yoga *Iyengar*, *Sivananda*, le *Viniyoga*... Voyez si le style du cours vous convient et si vous vous sentez bien avec le professeur : comment vous a-t-il reçu, regardé ? Vous êtes-vous senti respecté ? Soyez à l'écoute de votre ventre et de votre cœur. Autrement dit : suivez votre intuition.
Une fois que vous aurez choisi un professeur, restez avec lui pendant au moins six mois, de préférence toute une année. Cette durée est nécessaire pour permettre à la relation entre vous et votre professeur de se développer. Laissez-lui le temps de vous connaître, de vous apprécier. D'ailleurs, vous aurez besoin de ce minimum de persévérance pour bien vous imprégner du style de yoga que vous aurez choisi. Après un cours particulier, n'oubliez jamais de demander à votre professeur qu'il vous corrige, vous fasse des suggestions et vous indique des exercices à pratiquer par vous-même.

Quel régime alimentaire pour le yoga ?

Il n'existe pas vraiment de régime alimentaire spécifique au yoga. En Inde, où la médecine ayurvédique est largement répandue, on sait depuis des millénaires que chaque personne a besoin d'une alimentation qui lui est adaptée. Les textes anciens ne contiennent pratiquement aucune recommandation sur ce que doit manger un yogi. Il faut attendre certains traités de hatha-yoga, dont la préoccupation majeure est le développement de la force et le maintien de la santé, pour trouver quelques indications. On y conseille de prendre une nourriture fraîche, savoureuse et saine. Ces deux derniers critères sont très subjectifs, cependant, et il appartient à chacun de les redéfinir en fonction de ses besoins énergétiques du moment. La pratique régulière du yoga peut nous y aider car elle nous montre clairement si la nourriture de la veille nous est profitable ou si elle entrave notre pratique. Si nous nous sentons l'esprit clair et tranquille et le corps souple et fort, cela nous renseignera sur ce qui est pour nous une alimentation optimale.

L'effet anti-âge

La *Hatha-Yoga Pradipika* se prononce sans équivoque contre la gloutonnerie et recommande de ne jamais se remplir l'estomac plus qu'aux trois-quarts, ce qui est toujours conseillé de nos jours. L'excès de nourriture est fatigant pour l'organisme, peut provoquer l'obésité et le diabète et aggraver les maladies cardiaques et les douleurs articulaires. La science moderne confirme cette sagesse : la simple réduction des calories active les gènes anti-âge, réduisant les inflammations et le stress oxydatif. Vous constaterez rapidement cet effet à la fraîcheur de votre teint et en vous découvrant avec plaisir plus de souplesse et d'énergie sur le tapis.

Le respect pour le professeur

En revanche, certains traités de hatha-yoga, comme par exemple la *Hatha-Yoga Pradipika*, désignent plus clairement certains aliments à éviter (oignon, ail ou épices fortes), mais sans nous en préciser la raison. De nombreux adeptes du yoga, parlant d'expérience, rapportent que les huiles essentielles puissantes contenues dans ces nourritures ne sont pas sans effet sur la vibration de l'énergie, exerçant ainsi une influence négative sur la concentration et le déroulement de la séance.
Pattabhi Jois (un important disciple de Krishnamacharya) formulait les choses simplement : « *Respect your teacher* ». En se pliant de bonne grâce à des règles de ce type, l'esprit se libère du doute et peut se concentrer sur l'essentiel. En outre, prévenir toute émanation d'odeur corporelle désagréable est une marque de respect pour tous ceux qui pratiquent le yoga avec vous.

Un esprit clair

L'alcool, le tabac et le café déstabilisent l'esprit par la dépendance, l'excitation ou la fatigue qu'ils provoquent. Sur le plan corporel, ils sont nocifs pour l'estomac, les poumons et la circulation sanguine. Cela vaut la peine d'essayer de se modérer, d'autant plus qu'au bout de quelque temps, notre esprit redeviendra clair comme le cristal, ce qui nous permettra d'approfondir notre expérience du yoga.

La nourriture sattvique

Les prescriptions alimentaires de la *Hatha-Yoga Pradipika* se font plus précises lorsqu'il s'agit de la pratique des techniques respiratoires du *pranayama*, car elles agissent fortement sur le système nerveux. Pour nourrir et protéger nos nerfs, le traité recommande de prendre une nourriture « sattvique »(*sattva*, page 16) : du lait entier, de la crème, du beurre clarifié (ghee), des

céréales douces comme l'avoine ou le riz (riz au lait en particulier), des légumes verts digestes et des fruits bien mûrs. C'est le régime que doit suivre le yogi jusqu'à ce que son système nerveux soit prêt pour le *pranayama*.
D'après les maîtres de yoga, un tel régime favoriserait une disposition d'esprit sattvique, c'est à dire apaisée et sereine. On peut en penser ce qu'on veut. Le fait est que ce type d'aliments n'est pas lourd à digérer, ne séjourne pas longtemps dans les intestins et ne ballonne pas.

Les aliments crus, activateurs du métabolisme

Bien des yogis font une large place aux aliments crus dans leur régime, certains de préserver ainsi leur vitalité et leur souplesse. Ceci est corroboré par la médecine naturelle occidentale, qui observe un effet très positif de la consommation d'aliments crus sur la dégénérescence des cartilages, ainsi qu'une atténuation des douleurs articulaires. Les substances vivantes de la nourriture (biophotons) agissent dans notre organisme. Ceux qui souhaitent développer leur souplesse auront donc tout intérêt à essayer un régime à base de salades, fruits mûrs, huiles de bonne qualité, fruits secs, jus de fruit fraîchement pressés, herbes sauvages et crème de céréales crues. La haute teneur en enzymes et en vitamines de ces aliments réduit le stress oxydatif et maintient la santé et la souplesse de nos tissus conjonctifs.

Yoga et végétarisme

Un principe important du mode de vie du yogi est le respect de tous les êtres vivants. Pour de nombreux adeptes du yoga, la question d'une alimentation végétarienne se pose donc un jour ou l'autre, ce qui implique de renoncer à la viande et éventuellement au poisson.
Mais il ne faut pas obligatoirement être végétarien pour pratiquer le yoga. Nous devrions cependant nous demander si nous ne soutenons pas, par notre consommation, les pratiques aberrantes de l'élevage industriel. Ceux qui ne souhaitent pas se passer totalement de viande peuvent peut-être en manger moins ou faire un pas dans le sens de l'éthique et de l'écologie en choisissant des produits biologiques. Certains yogis ont cessé de consommer de la viande après s'être aperçus qu'elle séjournait longtemps dans l'estomac, rendant ainsi la pratique plus difficile et les pensées confuses.

Le haricot mungo, champion de la détox

Pour remplacer les produits d'origine animale, les légumineuses sont tout indiquées grâce à leur haute teneur en protéines. Dans la *Hatha-Yoga Pradipika*, on conseille tout particulièrement le haricot mungo, ou soja vert. Selon l'*ayurveda*, ce haricot est un désacidifiant et un dépuratif efficace pour les tissus musculaires. Sa consommation régulière permet de soulager des tensions, même chroniques, dans les muscles des épaules ou du dos. En plus de son effet détoxifiant, une cure de haricots mungo aide à calmer les inflammations et à se débarrasser d'amas graisseux superflus. La médecine ayurvédique attribue à la purée de ces haricots – un plat appelé mungdal ou kitchari – le pouvoir de corriger tous les déséquilibres énergétiques de l'organisme.

Quelques conseils pour la pratique

Avant de vous mettre sur le tapis, prenez connaissance des conseils suivants afin de pouvoir vous concentrer ensuite entièrement sur votre pratique.

Comment utiliser ce livre :

- Avant d'entrer dans l'une des postures classiques du yoga (*asana*), étudiez attentivement l'introduction qui précède chaque descriptif. Vous y trouverez des explications sur les bases anatomiques de la posture et sur sa signification symbolique, ce qui vous permettra de la pratiquer de manière correcte, respectueuse du corps et riche de sens. Les principes fondamentaux du yoga y sont détaillés pour rendre votre pratique autonome et les exercices pleinement efficaces.
- Choisissez alors les *asanas*, les *pranayamas* et les *mudras* qui vous inspirent ou ceux dont les effets ou la symbolique vous intéressent.
- Lisez toujours les avertissements concernant les précautions et les contre-indications. Ils sont fondés sur des années d'observation et d'expérience, des échanges avec de nombreux collègues ainsi que sur des études médicales récentes, comme, entre autres, celles effectuées dans le cadre des « écoles du dos ».
- De nombreux conseils vous aideront à surmonter les difficultés particulières de chaque posture.
- Lisez en parallèle le premier chapitre du livre et le texte introductif concernant chaque exercice. Les principes fondamentaux du yoga y sont décrits.
- Avant d'engager les exercices respiratoires comme les *bandhas* (à partir de la page 180) et les *pranayamas* (à partir de la page 216), assurez-vous de pouvoir tenir une position assise dos droit sans effort pendant 10 à 15 minutes. En effet, les muscles dont vous avez besoin dans les respirations profondes sont en partie les mêmes que ceux qui sont sollicités par le redressement du tronc. Commencés trop tôt, les exercices respiratoires fatiguent le dos et ne procurent aucun plaisir.
- Vous pouvez après un certain temps introduire également les mudras (à partir de la page 193) dans votre pratique car ils ont pour finalité essentielle de favoriser l'intériorisation et l'expérience de l'énergie.

Planification et préparation

Tâchez de trouver dans l'emploi du temps habituel de votre journée une demi-heure pendant laquelle vous ne serez pas dérangé. Le cas échéant, assurez-vous que les membres de votre famille ne voient pas d'inconvénient à l'horaire que vous aurez choisi.

- Le tout début de la matinée est un excellent moment pour pratiquer. Certes, on est encore un peu raide mais on est rarement dérangé. Les exercices réveillent en douceur, activant la circulation et la digestion.
- Vous préférerez peut-être pratiquer le soir après le travail, pour dénouer et éliminer tensions et contractures qui se seraient installées au long de la journée. Pratiquez le soir si vous rentrez généralement épuisé du travail ou si vous avez du mal à retrouver le calme en fin de journée.
- Vous préférerez peut-être pratiquer pendant 15 à 20 minutes, matin et soir. Dans ce cas, choisissez des postures, enchaînements et exercices respiratoires ayant un effet stimulant le matin, et régénérant ou calmant le soir.
- Après un repas ou une collation, attendez impérativement au moins deux heures. Évitez de

prendre du café ou du thé noir avant de pratiquer, car les effets de la caféine ou de la théine dans l'organisme masquent ceux des exercices.

- Comme lieu de pratique (*yogashala*), il suffit d'un espace de trois à quatre mètres carrés où vous vous sentez à l'aise et où vous ne serez pas dérangé. Il faut pouvoir aérer la pièce, qui doit être chauffée mais surtout pourvue d'une porte que vous fermerez.

Quand faut-il éviter de pratiquer ?

- Lorsque vous savez que vous n'aurez pas suffisamment de temps, que vous attendez un coup de téléphone ou que vous avez de fortes chances d'être dérangé.
- Lorsque vous êtes souffrant (un refroidissement, une grippe ou une inflammation). Ménagez-vous suffisamment longtemps après une maladie grave, surtout si vous avez pris des antibiotiques.
- Si vous sentez que vous couvez quelque chose. En effet, certains exercices peuvent intensifier les symptômes d'une maladie à ses débuts. Attendez d'avoir consulté un médecin.
- Ne pratiquez aucune posture lorsque vous souffrez d'une affection aigüe de l'appareil locomoteur (lumbago, problème discal, sciatique ou autres fortes douleurs). Dans ce cas, votre corps a d'abord besoin de repos et d'un antalgique. Dès que la douleur s'atténue, reprenez avec de petits mouvements. Si vos douleurs sont chroniques ou si vous souffrez d'arthrose grave, ne pratiquez que sous la direction d'un enseignant de yoga qualifié, possédant de sérieuses connaissances en anatomie. Parlez aussi à votre médecin des exercices que vous comptez faire.
- Ne pratiquez pas, sauf sous la direction d'un médecin spécialiste, si vous souffrez de troubles psychiques graves, comme une psychose ou une dépression nerveuse. Les postures, et encore plus les exercices respiratoires, ébranlent « l'armure du corps », qui vous procure protection et stabilité. Vos troubles pourraient s'en trouver aggravés.
- Soyez prudent si votre circulation sanguine ou votre pression artérielle sont sujettes à de fortes fluctuations. En principe, une tension trop basse se régule au bout d'un moment à travers des exercices de *kundalini* yoga, des enchaînements et des postures toniques. Si vous souffrez d'hypertension ou de troubles graves de la circulation sanguine (maladie artérielle, vertiges, phlébite), discutez avec votre médecin de votre pratique de yoga. De même si vous avez fait un infarctus (pontage) ou une attaque
- C'est à chaque femme de sentir si la pratique du yoga pendant ses règles est adaptée ou pas. Soyez à l'écoute de votre corps et prenez en compte ses signaux et ses réactions.
- Pendant la grossesse, la plupart des femmes pratiquent jusqu'à ce que la taille de leur ventre les en empêche. Observez attentivement votre corps et discutez de votre pratique (les exercices respiratoires, en particulier) avec votre médecin. Documentez-vous sur le « yoga de la femme enceinte » ou fréquentez un cours spécial de préparation à l'accouchement.

Asanas

Les postures

De l'équilibre du corps à celui de l'esprit

Si à l'origine, le terme « asana » signifiait simplement le fait d'être assis, il a désigné plus tard l'assise en méditation. On appelle aujourd'hui ainsi les postures de yoga et même la pratique physique du yoga dans son ensemble.

Méditation et physiothérapie

Sous l'effet de l'influence grandissante de la philosophie tantrique sur le yoga, on s'intéressa de plus près à l'effet qu'avait la position du corps sur la méditation. Le hatha-yoga mit au point diverses postures de méditation, essentiellement en position assise dans un premier temps. Par la suite, le répertoire s'élargit et l'on trouve dans des traités comme le *hatha-yoga-pradipika* la description de postures inversées ou de positions très exigeantes en équilibre sur les bras, avec une analyse de leurs effets sur notre ressenti énergétique, émotionnel et mental.
C'est au début du XXe siècle que l'importance des asanas se met à croître de manière spectaculaire. On peut voir dans ce développement une influence venue d'Europe, où apparaissent alors la culture physique, le fitness et même le body-building. Ces activités avaient pour but de favoriser à travers l'entraînement physique l'épanouissement de l'être dans sa globalité. En Inde, ces idées furent reprises et les exercices physiques du yoga furent remis en avant.

La propagation du yoga alla de pair, en Occident, avec une prééminence grandissante du travail du corps. On se retrouve aujourd'hui de plus en plus souvent en présence de programmes d'exercices physiques minutieusement élaborés. L'importance du travail du corps est telle, dans notre culture, que les asanas, souvent perçus comme unique aspect de la pratique du yoga, se trouvent réduits à une sorte de gymnastique physiothérapique à même de soulager tous les types de douleurs, comme, par exemple, les maux de dos.

Le corps permet l'expérience du tout

Cependant, cette orientation très physique n'est en aucune façon contradictoire avec les principes de base du hatha-yoga traditionnel, qui perçoit le corps comme une partie d'un Tout d'essence divine. Rechercher l'harmonie favorise une bonne santé et un réel bien-être physique.
Mais le hatha-yoga ne s'arrête pas là, car la pratique corporelle agit sur tous les plans de l'être humain (page 18). Le travail du corps en profondeur nous amène à ressentir en nous-mêmes le flux de l'énergie (*prana*), à observer les nouvelles perceptions émotionnelles que nous ouvre chaque posture et finalement à atteindre un équilibre mental. Se mettre à pratiquer le yoga pour le côté physique des asanas est donc une motivation tout aussi valable qu'une autre.

Les asanas changent notre vie

Les premiers effets des asanas sont manifestes : les muscles se renforcent, les tensions se relâchent, créant un équilibre physique qui se traduit par un bien-être général. Mais une observation plus attentive nous montre que les asanas ont, sur notre vie, un impact bien plus important. Pour les maîtres, l'un des pas essentiels sur la voie du yoga est une pratique quotidienne, ou quasi-quotidienne. Elle seule aura des répercussions sur tous les aspects de notre vie car nous distinguerons bien vite si nos habitudes sont en harmonie avec notre pratique. Nous observerons quel style de vie favorise notre équilibre physique, énergétique, émotionnel et mental ainsi que notre santé. Si nous nous engageons avec suffisamment d'enthousiasme dans la pratique quotidienne, nous renoncerons peu à peu à tout ce qui interfère avec elle pour privilégier ce qui la renforce. Nous mangerons peut-être plus sainement, irons nous coucher plus tôt, nous chercherons à équilibrer notre stress quotidien ou arrêterons de fumer. Décider de pratiquer tous les jours nous ouvre toutes les portes, comme l'affirmait Pattabi Jois, l'un des pères fondateurs du yoga moderne : « Pratiquez, et le reste viendra en plus. »

Le travail du corps comme miroir

Dans les yoga-sutras, le traité classique de *Patanjali*, on cherchera en vain la description précise de postures ou de techniques. Au lieu de cela, c'est sur la manière d'aborder la pratique qu'il nous instruit. Ce principe sous-tend toute pratique de yoga, dont la forme extérieure se modifie sans cesse. Dans la perspective des yoga-sutras, les postures précises et les techniques sont secondaires.

Il est plus important, en revanche, de considérer la pratique comme le miroir de notre vie. Tout n'est pas facile. Tout ne nous plaît pas. Le passage d'une posture à une autre reflète l'impermanence de toute chose. Sur le tapis de yoga, nous tâchons de trouver une manière équilibrée de gérer cela, qui nous sera utile aussi dans notre vie quotidienne.

Symbolique et mythologie

La mythologie du hatha-yoga nous enseigne que chaque position contient en condensé les expériences spécifiques d'une vie entière. Par exemple, en prenant la posture du « chien tête en bas » (page 147), nous devenons chien, en quelque sorte, apprenant à cette occasion qu'il est possible d'apprivoiser son ego et ses instincts. En revanche, *vasishthasana* (page 123) nous ouvrira des horizons bien différents, en nous faisant pénétrer dans l'univers mental du sage Vasishtha. Les textes fondateurs du hatha-yoga évoquent le nombre symbolique de 8 400 000 postures, correspondant au nombre des créatures sur notre planète. Ce livre vous permettra d'accéder à la signification symbolique, au contexte mythologique et à toute la palette d'expériences correspondant à chaque asana.

L'alignement correct

Lorsque le yoga arriva en Occident, l'importance d'un alignement correct se fit de plus en plus évident. Une posture ne peut déployer toute son efficacité que si nous sollicitons harmonieusement nos articulations et nos muscles. C'est à cette condition par exemple que *tadasana* (page 37) améliorera notre statique, nous aidant ainsi à trouver notre équilibre émotionnel alors que si nous adoptons notre position habituelle, peut-être faussée par un déséquilibre musculaire, *tadasana* ne pourra pas être efficace. Au pire, nous risquons de renforcer un déséquilibre existant. Ce livre donne pour chaque posture les indications exactes d'un alignement correct. Dans chaque chapitre, un « point d'anatomie » apporte un éclairage précis sur une partie du corps et de son fonctionnement. Et ce que vous aurez appris à l'occasion d'une posture sera aisément transférable à une autre.

La montagne – Tadasana

TADA montagne

ASANA posture de yoga

Dans *tadasana*, on se tient debout sur ses deux jambes. Cet asana est la position de départ de presque toutes les postures debout du yoga.

Symbolique et mythologie

Depuis des temps immémoriaux, les montagnes ont une force symbolique dans toutes les cultures du monde. En Inde, on considère les sommets de l'Himalaya comme la demeure des dieux. Certaines montagnes sont des incarnations divines, comme le mont Arunachala dans le sud de l'Inde, que l'on vénère en tant que manifestation de Shiva en colonne de feu. Les montagnes sont des lieux sacrés dans la culture indienne : on s'y rend de loin en pèlerinage. Les temples hindous se trouvent toujours en hauteur, car il est nécessaire, symboliquement, de gravir quelques marches pour y parvenir. Dans le yoga, la montagne est toujours un symbole du mythique mont Méru.

Représentation du mont Méru

Le mont Méru (ou Suméru) est le centre de l'univers mystique de l'hindouisme. La légende dit que son sommet se perd dans l'immensité du ciel et qu'il s'enfonce au plus profond de la terre. Que le soleil, la lune, les étoiles et toutes les planètes tournent autour de lui. Que tous les grands fleuves qui irriguent les plaines et les champs plantés par la main de l'homme y prennent leur source. Selon les textes du yoga, la colonne vertébrale de chaque être humain est une représentation du mont Méru. Elle est l'axe de son corps au niveau microcosmique comme le mont Méru est celui de la terre au niveau macrocosmique. Notre mont Méru interne, lui aussi, s'élance très haut dans le ciel et s'enracine loin dans la terre, nous reliant ainsi aux deux pôles de notre univers, le cosmos dans lequel notre esprit peut s'ouvrir à l'infini, et la terre sur laquelle nous vivons et qui nous nourrit.

Pour le yoga, tadasana *est le symbole du mythique mont Méru. On considère le mont Kailash au Tibet comme sa représentation sur terre. Il est la demeure de Shiva, de Parvati et de leurs fils Ganesh et Kartikeya. Dans l'isolement des montagnes, Shiva et son épouse Shakti mènent une vie de famille normale tout en se retirant fréquemment dans une méditation céleste et profonde.*

L'axe de ce Méru intérieur revêt une importance particulière pour le yoga. Situé au plus profond de notre corps, il est considéré comme le principal canal de l'énergie (page 17), celui qu'empruntera *prana,* l'énergie vitale, pour s'élever au plus haut niveau de la conscience, lorsque nous aurons libéré et purifié notre corps de tout ses blocages énergétiques.

L'expérience de *tadasana*

Dans *tadasana*, les deux pieds solidement ancrés dans le sol, nous apprenons à nous enraciner dans notre vie. Nous commençons à accepter la vie telle qu'elle est et faisons la paix avec les circonstances et les aléas de l'existence. Après tout, une montagne ne choisit pas l'endroit où elle se trouve, mais, fermement installée sur la terre, c'est bien de là qu'elle s'élève jusqu'au ciel. La posture de « la montagne » nous amène à ressentir stabilité et constance. De même que la montagne reste imperturbable malgré le soleil, le vent et la pluie, indifférente au froid comme à la chaleur, nous pouvons nous aussi, dans notre vie, nous recentrer sur nous-mêmes, calmes, stables et inébranlables. Dans la posture de la montagne nous sentons que la terre nous porte, nous nourrit et nous redresse le long de notre verticale intérieure. À partir de cette base solide, nous nous grandissons sans peine et tout naturellement, vers le ciel où notre être spirituel peut s'ouvrir à la lumière et à l'immensité de cet espace.

Précautions et contre-indications

- Si vous avez une tension artérielle très basse et si vous êtes sujet aux vertiges et aux syncopes, faites quelques enchaînements au préalable afin de stimuler la circulation sanguine. Ne pratiquez pas au saut du lit (ni après une station assise prolongée) et ne restez pas trop longtemps debout.
- En cas de vertige, allongez-vous immédiatement et levez les jambes à la verticale pendant un bref instant, afin de faire refluer vers le cœur le sang qui stagne dans les jambes.

Point d'anatomie
La statique

Une posture équilibrée est un élément crucial de notre bien-être général. Des études scientifiques ont montré l'effet bénéfique d'une bonne statique sur la santé mais aussi sur le mental et l'émotionnel. Une position du corps détendue et harmonieuse permet de s'acquitter plus facilement de tâches intellectuelles et favorise l'équilibre émotionnel.

À l'inverse, notre état d'esprit et nos humeurs influent sur notre statique. Lorsque nous connaissons bien quelqu'un, il nous suffit d'examiner sa manière de se tenir pour savoir s'il se sent bien, s'il est stressé, fatigué ou content.
On le voit, le travail du corps dans le yoga est une thérapie holistique qui englobe le corps, les sentiments et les pensées. Dans un premier temps cependant, nous nous concentrerons essentiellement sur ses effets physiques.

La force de gravité s'exerce selon une verticale passant du sommet du crâne aux articulations de l'épaule, de la hanche, du genou puis de la cheville.

Les bienfaits

- *améliore la statique corporelle ;*
- *soulage les articulations sacro-iliaques, donc le bas du dos et les hanches, grâce à un appui conscient sur les deux jambes ;*
- *favorise l'équilibre musculaire entre l'avant et l'arrière du corps ;*
- *aide à se tenir bien d'aplomb dans la vie, favorisant ainsi la stabilité et la fermeté (au sens propre comme au figuré).*

L'équilibre optimal du corps

La position du corps n'est bénéfique que si les courbures de la colonne vertébrale sont correctes. Toutes les articulations doivent être en harmonie les unes avec les autres et les muscles engagés de façon équilibrée avec un effort juste.
L'importance de cet équilibre optimal du corps, appelé « alignement », ne se limite pas aux asanas statiques. Trouver l'alignement correct est essentiel pour tout mouvement, tout exercice physique et encore plus crucial dans les postures de yoga complexes. Petit à petit, la pratique régulière nous permettra d'acquérir un placement du corps naturellement équilibré tant sur le tapis que dans notre vie quotidienne. Nous avancerons ainsi d'un pas vers notre but : ressentir un bien-être général dans toutes les situations de la vie.
La rectitude expérimentée dans *tadasana* pourra, avec la pratique, servir de base à la recherche d'alignement dans toutes les autres postures.

Prise de la posture

Placez-vous en position debout. Écartez les pieds de la largeur exacte d'un poing posé entre les avant-pieds. Veillez à ce que les deuxièmes orteils soit bien droits, pointés vers l'avant. L'écart entre les talons sera ainsi plus large d'environ deux doigts. *(Fig. 1)*

Dirigez les rotules vers l'avant. Pliez très légèrement les genoux de manière à ce que les jambes soient droites mais sans bloquer les articulations en hyperextension.

Sur l'expiration, rétroversez légèrement le bassin et dans cette position, alignez bien à la verticale les articulations des chevilles, des genoux et des hanches.

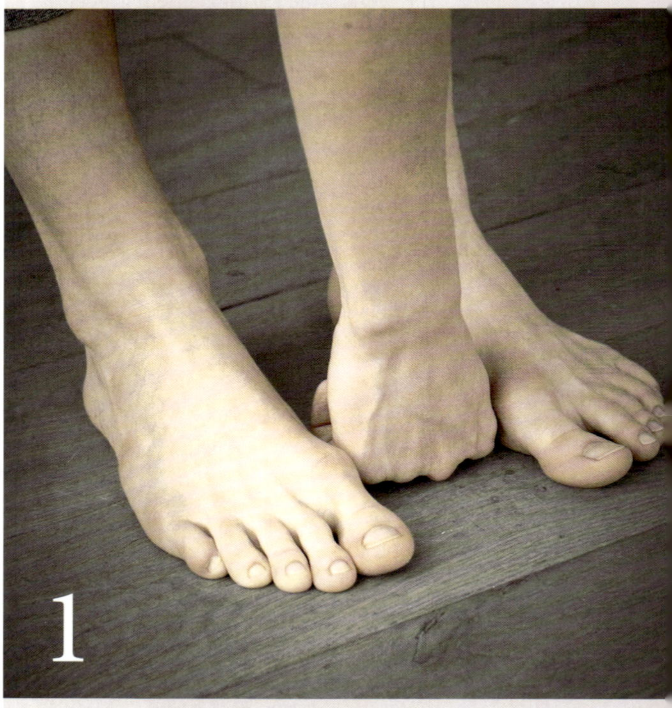
1

Sur l'inspiration, laissez la colonne vertébrale s'étirer vers le haut. Laissez l'étirement se prolonger dans l'axe du corps jusqu'au sommet du crâne.

Sur l'expiration, relâchez le cou et décontractez les épaules en les laissant retomber sur les côtés, légèrement vers l'arrière. Amenez les articulations des épaules sur le même plan que celles des chevilles, des genoux et des hanches.

Pour parachever l'alignement du corps jusqu'au sommet du crâne, représentez-vous le centre de votre tête comme flottant au dessus de votre colonne cervicale.

Sur une inspiration, tournez les bras vers l'extérieur, les saignées des coudes dirigées vers l'avant. Puis en expirant, relâchez vos paumes de mains vers vous. *(Fig. 2)*

Dans cette position, trouvez l'équilibre optimal et restez ainsi pendant quelques respirations avec une attention soutenue, et en vous efforçant de conserver votre détente intérieure.

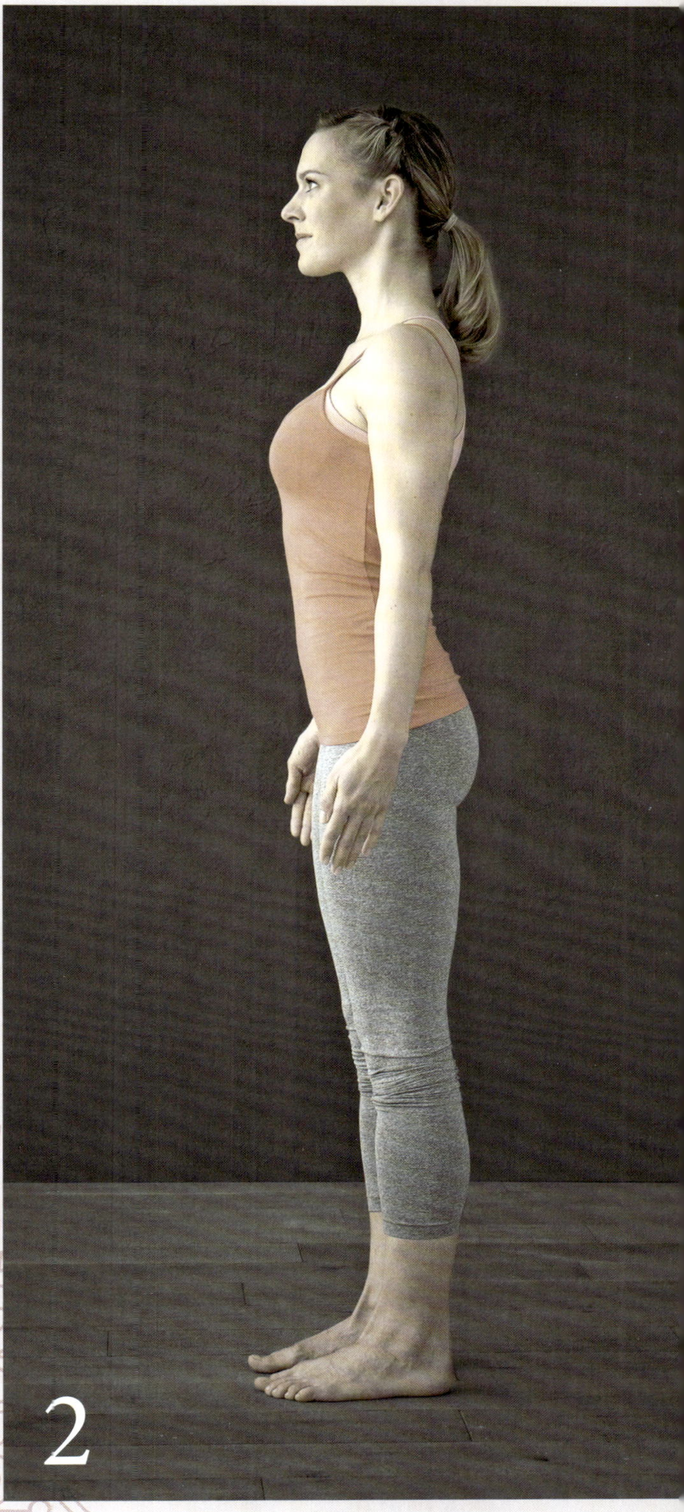
2

Le triangle
Utthita trikonasana

UTTHITA étiré · TRIKON triangle

ASANA posture de yoga

Utthita trikonasana est une posture debout dans laquelle le corps reproduit de plusieurs façons la forme géométrique du triangle.

Symbolique et mythologie

Le triangle est l'une des formes les plus stables dans l'« architecture » des formes naturelles. Pour le constater, il suffit d'observer la surface de contact avec le sol des postures assises classiques du yoga. Elles forment un triangle, à de très rares exceptions près. Sur une telle base, il nous est possible d'ériger notre torse de manière parfaitement solide.

Dans la posture du triangle, les jambes écartées reproduisent un triangle. Le tronc s'incline de côté, vers une jambe, et il est soutenu par le bras du dessous qui s'appuie au sol. Un autre triangle apparaît entre la jambe, le tronc et le bras. Le bras du dessus, tendu vers le haut, forme un troisième triangle avec le côté du tronc et la ligne partant du haut de la main vers la cheville externe. Enfin, la posture dans son ensemble peut s'insérer dans un grand triangle. Tout dans cette posture évoque la direction et la structure d'une énergie qui, à partir d'une base solide, s'élance vers le ciel et vers la lumière.

L'équilibre des *gunas*

Dans le yoga, le triangle est le symbole des trois qualités principales de l'énergie, les *gunas* (littéralement, « filaments », dont sont tissés toutes les matières de l'univers, page 15). De part et d'autre de la base du triangle s'opposent deux pôles : le mouvement (*rajas*) et l'inertie (*tamas*). Ces deux forces sont à l'œuvre dans chaque asana.

Dans *trikonasana*, les triangles assurent à la forme de la posture une grande stabilité mais comme les deux pieds sont sur une même ligne, nous devons sans cesse nous efforcer à rétablir notre équilibre, de sorte que tout notre corps oscille très légèrement en permanence. À chaque fois que ces deux formes d'énergie se compensent pendant un instant, naît une troisième qualité : l'équilibre, appelé *sattva*. Il est symbolisé par le sommet du triangle qui nous signifie que l'équilibre est précaire et qu'il doit sans cesse être réalisé à nouveau. À travers ce rééquilibrage permanent entre les *gunas rajas* et *tamas*, nous percevons distinctement la vibration de vie de cet asana.

L'expérience d'*utthita trikonasana*

Dans la posture du « triangle », nous nous glissons dans la structure géométrique de l'asana, ce qui nous permet de faire l'expérience des forces à l'œuvre dans un triangle :

- la stabilité des jambes qui forment le triangle de base ;
- l'orientation évidente de cette posture bidimensionnelle entre deux pôles exclusivement : droite/gauche et haut/bas ;
- la compensation symétrique, car on pratique toujours *utthita trikonasana* des deux côtés, afin de mettre l'accent au niveau énergétique sur un pôle puis sur l'autre ;
- la position des bras établit une connexion énergétique claire entre terre et ciel. Cette opposition est d'ailleurs soulignée par l'appui stable (*tamas*) et dynamique (*rajas*) d'une part, et le regard tourné vers le haut en direction de l'équilibre (*sattva*) d'autre part.

Shiva est représenté en maître de l'univers, avec ses trois têtes symbolisant qu'il préside à la Création, la Préservation et la Destruction, et qu'il peut aussi bien voir dans le passé, le présent et l'avenir.

Précautions et contre-indications

- hernie discale et irritation du nerf sciatique, en raison de l'accentuation possible de la pression sur la racine du nerf ;
- douleur aiguë ou chronique de la colonne cervicale ou lombaire, que la torsion ou l'inclinaison peuvent solliciter à l'excès ;
- opération récente sur une partie du tronc, pour ne pas étirer les cicatrices ;
- toute inflammation dans la zone de l'abdomen.

Point d'anatomie
La voûte plantaire

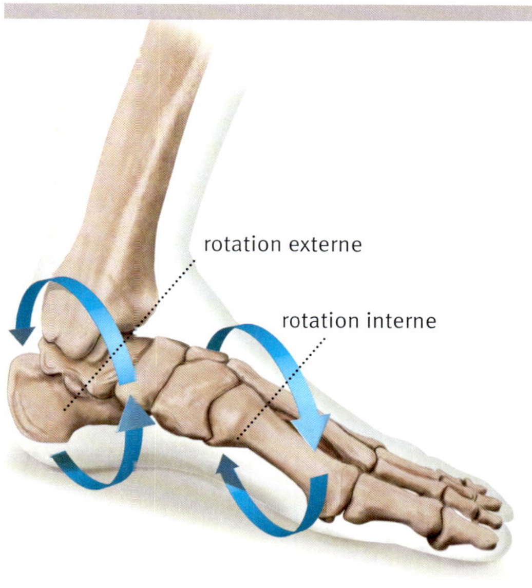

La rotation du talon et de l'arrière du pied vers l'extérieur et la rotation de l'avant-pied vers l'intérieur induisent l'apparition de la voûte plantaire.

Le pied humain s'est transformé au cours de l'évolution pour aboutir à sa forme actuelle. Les hommes primitifs, encore proches du singe, avaient des pieds qui ressemblaient à des mains, en forme d'éventail, et qui reposaient à plat sur le sol. Avec le redressement progressif de l'homme, le tarse a pivoté, amenant le calcanéum (os solide du talon) proche de la verticale et lui permettant de porter tout le poids du corps.

Suite à une torsion en sens inverse, l'avant-pied est resté en contact avec le sol. C'est ainsi qu'est apparue la forme en spirale de la voûte plantaire. La structure voûtée du pied doit sa stabilité et son fonctionnement dynamique au soutien de son système musculaire et ligamentaire. Ainsi, la voûte plantaire aide à supporter le poids du corps, amortir les chocs, s'adapter aisément au sol, tout en offrant à la jambe une base solide. En cas de déficience des muscles ou des ligaments, la force de la pesanteur contrecarre la dynamique de l'évolution et la voûte plantaire s'affaisse progressivement, le talon basculant vers l'intérieur. Cette déformation plantaire est appelée « pied plat ».

L'affaissement de la voûte plantaire modifie la position des articulations de la cheville, du genou et de la hanche, avec pour effet une limitation fonctionnelle de la jambe. Bien des douleurs du dos, des hanches, des genoux ou des chevilles trouvent là leur cause. En plaçant le pied correctement, selon les indications précises qui vous sont fournies, vous pourrez comprendre la dynamique de l'évolution, résister de manière active à la gravité et ainsi prévenir certaines douleurs aux genoux, aux hanches ou au dos, voire, vous en débarrasser.

Prise de la posture

Placez-vous en position debout, les jambes largement écartées. Ouvrez les bras en croix à la hauteur des épaules. Les pieds doivent se trouver à peu près à la verticale des poignets. *(Fig. 1)*

Tournez le pied droit vers l'extérieur de 90°. Placez-le de telle manière que le deuxième orteil et le milieu du talon droit se trouvent alignés avec le talon du pied gauche. Tournez le pied gauche légèrement vers l'intérieur (d'environ 5°). Veillez à la position correcte du genou droit : si la rotule pointe vers l'intérieur, orientez-la vers l'avant par une rotation externe de la cuisse droite à partir de la hanche. *(Fig. 2)*

Maintenez la position du genou droit et basculez le bassin vers la jambe droite en reculant la hanche gauche aussi loin que possible. Vous sentirez votre dos se creuser un peu. Pour rectifier la position, contractez le plancher pelvien, tirez le sacrum vers le bas et redressez-vous à partir de la base de la colonne vertébrale.

En maintenant la position des jambes et du bassin, expirez en étirant l'avant-bras droit loin

Les bienfaits

- *corrige les déformations du pied (pied plat, pied étalé, pied valgus) en renforçant les muscles qui soutiennent la voûte plantaire ;*
- *renforce la musculature des jambes et des hanches, ce qui améliore l'état des jambes et des genoux ;*
- *étire la musculature de l'arrière des jambes (ischio-jambiers), ce qui favorise un maintien détendu et améliore l'état du dos ;*
- *assouplit la cage thoracique, développant ainsi la respiration latérale ;*
- *renforce la musculature des épaules et de la nuque ;*
- *corrige les dissymétries du corps ;*
- *améliore le sens de l'équilibre ;*
- *favorise la concentration et la stabilité de l'esprit.*

vers l'avant et, en douceur, vers le bas. Essayez de saisir le gros orteil de votre pied droit avec l'index et le majeur de la main droite, la paume droite dirigée vers l'avant. Si vous ne parvenez pas à saisir votre orteil, placez un bloc de yoga à l'intérieur du tibia droit et posez la main dessus. *(Fig. 3)*

Inspirez en tournant le regard vers le haut en direction de la paume de votre main gauche, en gardant une nuque étirée. Les bras sont bien longs et en rotation externe. Observez à présent les saignées des coudes dirigées vers l'avant et en direction de la tête, ainsi que l'élargissement des épaules. Prenez le temps de quelques respirations pour ressentir votre connexion avec le sol. Tournez ensuite votre attention vers le pied gauche (arrière). Sur l'expiration, ancrez fermement dans le sol la partie externe du talon et la partie interne du coussinet du gros orteil. Ce travail induit le soulèvement de la voûte plantaire, dont vous pouvez prendre conscience sur l'inspiration suivante. *(Fig. 4)*

Reprenez le même travail sur la voûte plantaire du pied droit (avant).

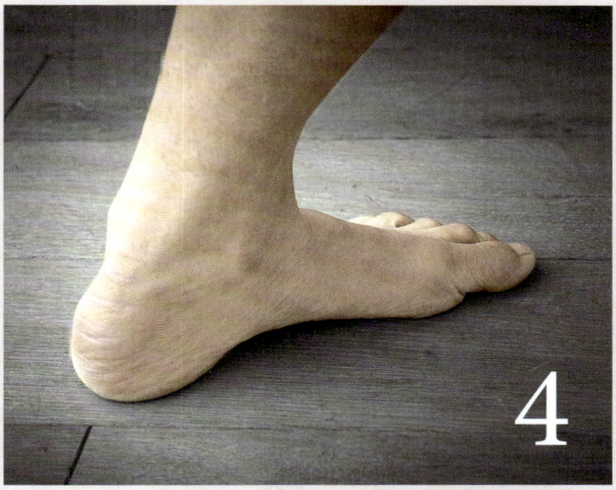
4

Restez dans cette position en respirant calmement et ressentez en profondeur les triangles que forme votre corps dans *utthita trikonasana.*

Pour quitter la posture, étirez-vous jusqu'au bout des doigts de la main gauche. Imaginez que quelqu'un vous tire par cette main pour vous redresser, et retrouvez la verticale.

Tournez le pied gauche de 90° vers l'extérieur et le pied droit d'environ 5° vers l'intérieur et reprenez la posture du triangle en vous inclinant vers la jambe gauche.

3

Le guerrier Virabhadrasana 1 et 2

VIRA héros courageux · VIRABHADRA un avatar de Shiva, guerrier spirituel

ASANA posture de yoga

Les *asanas* associés à Virabhadra sont des postures debout complexes et énergiques, pratiquées en large fente avant. Selon les variantes et les différentes traditions, la position des bras peut changer mais elle évoque toujours l'amplitude et la connexion avec les forces célestes porteuses de lumière.

Symbolique et mythologie

Nous rencontrons Shiva sous l'apparence de Virabhadra dans un mythe des *Shiva Puranas*, un texte fondateur de l'Inde ancienne où sont rassemblées les légendes du Dieu Shiva.

On y lit que dans la nuit des temps, Shiva vivait avec Sati au sommet du mont Kailash, dans l'Himalaya. Sati était la fille du sage Daksha, l'ancêtre de l'humanité. Il ne voulait pas de Shiva comme gendre car il lui reprochait de vivre comme un sauvage, en marge de la société, en pleine nature. Cependant Sati reconnut en Shiva le dieu de la Transformation et de la Destruction. Elle le vénéra comme le grand Transformateur et elle l'aima de toute son âme.

Un jour, Daksha organisa pour tous les dieux une grande fête de sacrifice à laquelle il n'invita pas Shiva. Il ne lui avait pas non plus préparé d'offrandes, à lui, Shiva, qui était pourtant l'une des principales énergies divines du cosmos. Sati se présenta à la fête, à laquelle tous les autres dieux et les prêtres avaient été invités. Mortifiée par cet affront infligé à son mari par son père et toute entière vouée à Shiva, elle se lança dans une telle ascèse qu'elle fut consumée par son feu intérieur (*tapas*) sous les yeux horrifiés des invités.

Apprenant la mort de son épouse, fou de douleur et de colère, Shiva s'arracha une mèche de cheveux, de laquelle naquit Virabhadra, le guerrier spirituel. Devenu gigantesque, celui-ci descendit en hâte de l'Himalaya et se précipita vers le lieu du sacrifice à la tête d'une puissante armée

Virabhadra est l'aspect furieux de Shiva qui veille sur l'ordre du monde et lutte en nous contre les forces de l'ego.

dévouée à Shiva, composée de *ganas* (gardiens) et de *matrikas* (mères). Il chassa les dieux rassemblés et décapita Daksha pour le punir de son sacrilège et de son arrogance. C'est ainsi que Virabhadra rétablit l'ordre divin.

La force transformatrice de la vie

Dans ce mythe, Shiva représente les forces de la nature, impétueuses et ancestrales, qui se transforment constamment. Si, au nom de la civilisation, on les ignore ou pire, si on les rejette et les piétine comme l'a fait Daksha, cela revient à nier la force transformatrice de la vie, sans laquelle le monde ne peut continuer à se renouveler. Le mythe nous appelle également à ne pas nous laisser aveugler par l'apparence – ici la figure de Shiva, barbouillé de cendres, vêtu de peaux de bête et paré de cobras – mais plutôt à reconnaître la valeur de chaque entité en tant que partie du Tout (l'ordre du monde / *le dharma*) et à la respecter comme telle.

L'expérience de *virabhadrasana*

Dans le yoga, les postures des héros expriment sincérité, bonne volonté, force et stabilité. Leur pratique permet d'appréhender ces qualités.

✪ ***Virabhadrasana 1*** se place dans l'opposition « terre - ciel ». Solidement enraciné dans la terre, le pratiquant développe sa stabilité tout en se tournant vers le haut, vers le ciel, vers les dieux – vers plus grand que lui : sa poitrine s'élargit ainsi que l'espace de son cœur. Dans le même temps, il prend conscience de son centre, où il s'établit. Le mouvement vers le haut est aussi un don de soi. Au lieu de rester prisonniers de notre ego limité, nous nous ouvrons à plus grand que nous – au Divin, à l'Absolu, et y prenons part. Ainsi, nous recevons dans cette communion autant que nous donnons.

✪ Ainsi comblés et animés par la spiritualité, nous devons à présent nous tourner vers les « choses terrestres » et faire ce qui doit être fait pour maintenir l'ordre du monde. C'est ce que symbolise ***virabhadrasana 2***. Dans cette posture, les bras se tendent à l'horizontale vers l'avant et vers l'arrière, symbole de notre existence qui se déroule entre le passé (derrière nous) et l'avenir (devant nous). Cet asana dédié à Shiva nous rappelle aussi de veiller à l'équilibre fragile entre les forces de la nature et les progrès de la civilisation et nous demande de chercher toujours à les harmoniser.

Chaque élément de cette posture permet des expériences différentes, qui se complètent et se renforcent mutuellement :

✪ La position debout, exigeante, correspond à la conscience de soi.

- La jambe fléchie est signe d'humilité.
- Les bras levés établissent un lien avec le divin.
- L'ouverture du thorax crée un espace pour accueillir le Divin.

Précautions et contre-indications

- En cas de pathologie de la rotule et de sa capsule synoviale, on réduira l'écart entre les pieds, au début, pour moins solliciter l'articulation du genou. À mesure du renforcement des jambes, on pourra élargir l'écart.
- En cas de rétrécissement des artères vertébrales au niveau du cou, le fait de diriger le regard vers le haut peut causer des vertiges. Dans ce cas, regardez vers l'avant. Ceci vaut également pour les affections de la colonne cervicale (traumatisme du « coup du lapin » ou dégradation des disques intervertébraux).

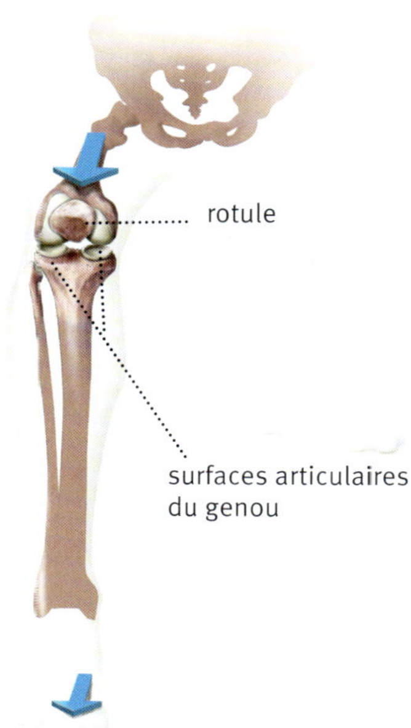

Virabhadrasana 1

Point d'anatomie

L'alignement de l'articulation du genou

Lorsque le pied se trouve en contact avec le sol, les articulations de la jambe (cheville, genou, hanche) sont interdépendantes. Tout mouvement de l'une des articulations se répercute sur les autres. Faites-en l'expérience en *virabhadrasana* : bougez intentionnellement une articulation et observez le changement de position induit sur les deux autres. Portons à présent notre attention sur l'articulation du genou. Il s'agit d'une articulation composée qui présente trois surfaces articulaires :

- À l'avant, l'extrémité inférieure du fémur comporte une petite surface articulaire en forme de gouttière (la trochlée fémorale), le long de laquelle la rotule (ou patella) monte et descend.
- L'articulation proprement dite se compose de deux ménisques, interne et externe, coiffant le plateau tibial et sur lesquels les extrémités arrondies des condyles fémoraux peuvent pivoter, vers l'avant ou vers l'arrière.

L'articulation du genou est l'une des plus complexes du corps humain. De par sa forme, elle permet de tendre et fléchir la jambe mais n'offre qu'une possibilité limitée de rotation et de mouvement latéral, et ce, uniquement en flexion. L'articulation de la hanche est responsable de l'alignement correct de l'articulation du genou, qui, en flexion comme en extension, doit pointer vers le pied.

Le genou et le deuxième orteil doivent pointer dans la même direction. C'est la condition pour que les deux surfaces articulaires de l'articulation du genou, placées côte à côte, soient sollicitées uniformément, avec la rotule bien centrée dans sa loge.

Les bienfaits des deux variantes

- *corrige les déformations du pied (pied plat, pied étalé, pied valgus) en renforçant la voûte plantaire ;*
- *renforce la musculature de la jambe et de la hanche, ce qui améliore l'état de la jambe et du genou ;*
- *renforce toute la musculature du dos et des épaules ;*
- *assouplit la cage thoracique, permettant ainsi de respirer plus librement ;*
- *corrige les dissymétries du corps ;*
- *améliore le sens de l'équilibre, prévenant ainsi les chutes ;*
- *procure stabilité intérieure et assurance et nous permet de regarder vers l'avant.*

La position assise privilégiée par notre mode de vie sédentaire provoque le plus souvent un raccourcissement important des muscles et des ligaments de l'articulation de la hanche. Il est alors impossible de plier ou de tendre le genou dans un alignement correct. De ce fait, les cartilages des ménisques et les ligaments du genou et de la hanche subissent une surcharge, ce qui se traduit par des douleurs.
En pointant toujours avec précision le genou dans la direction du deuxième orteil, selon les indications fournies plus loin, vous intégrerez progressivement l'alignement articulaire optimal. Avec la pratique, celui-ci vous deviendra également naturel dans les activités quotidiennes comme la marche, la bicyclette ou la montée d'un escalier. Ainsi, la pratique régulière de *virabhadrasana I* peut être un facteur déterminant pour le maitien ou l'amélioration de la santé du genou.

Prise de la posture

Virabhadrasana 1

Avancez le pied gauche d'un pas. Pour commencer et le temps de vous familiariser avec la posture du guerrier, un petit pas sera suffisant. Vous augmenterez l'écart au fur et à mesure de la pratique.

Orientez le pied gauche (avant) de manière à ce que le deuxième orteil pointe droit vers l'avant. Décalez le talon droit (arrière) vers la gauche d'environ un travers de main à l'arrière du pied gauche (avant).

Fléchissez le genou gauche jusqu'à ce qu'il pointe vers l'avant et se trouve à la verticale du milieu de la cheville. Redressez le bassin de face.

(Fig. 1)

1

Conseil pratique : C'est le moment de trouver l'écart qui vous convient. Plus celui-ci est grand, plus il est difficile de conserver le bassin de face tout en maintenant les deux jambes dans l'orientation décrite. Avec un écart important, seuls les pratiquants les plus entraînés atteindront l'horizontale avec la cuisse droite.

Sur l'inspiration, écartez les bras et ouvrez la cage thoracique vers l'avant et vers le haut. Accueillez une sensation d'ouverture. Alors seulement, levez les bras au dessus de la tête. Suivez les mains du regard. Tirez les bras le plus possible vers le haut et joignez les paumes des mains en pressant fortement sur l'expiration. Observez vos épaules s'élargir et votre respiration devenir plus profonde. *(Fig. 2)*

Portez le regard vers le haut, sur vos pouces. Prenez bien conscience de votre nuque. Pour éviter sa crispation, inspirez tout en visualisant l'énergie vitale (*prana*) qui remonte à l'arrière de votre tête. Sur l'expiration, rentrez doucement le menton vers le creux de la gorge. Vous sentirez votre nuque s'allonger et se libérer. Si vous ne parvenez pas à décontracter votre nuque de cette manière, abaissez légèrement le regard et essayez à nouveau.

Restez dans cette position le temps de quelques profondes respirations. Portez à nouveau votre attention sur l'articulation du genou avant. Si vous remarquez que le genou s'est un peu décalé vers l'intérieur, renforcez légèrement la rotation externe de la cuisse droite. Dans le cas contraire, orientez le genou vers l'intérieur à partir de la hanche, sur l'expiration.

Pour quitter la posture, descendez les bras par les côtés en expirant et tendez la jambe avant. Sur l'expiration suivante, tournez-vous dans la direction opposée en pivotant les pieds vers la gauche. Reprenez les étapes de la prise de la posture de l'autre côté. Pour finir, prenez conscience de vos sensations dans la posture de « la montagne » (page 37).

Virabhadrasana 2

Point d'anatomie
L'alignement de la rotule

La rotule (ou patella) glisse dans la gouttière du fémur (la trochlée fémorale) au cours de la flexion et de l'extension du genou. À son bord supérieur s'insère le quadriceps (le muscle de la face antérieure de la cuisse), composé de quatre muscles. Son bord inférieur est relié au tibia par le tendon rotulien. Lorsque nous contractons le quadriceps, la traction est transmise via la rotule au tibia et la jambe se tend. L'énorme pression produite ainsi sous la rotule peut atteindre quatre fois le poids du corps.

À chaque pas, cette force est retransmise par l'intermédiaire de la rotule. Et ce n'est que si cette dernière est bien centrée dans la trochlée fémorale que la pression sera uniformément répartie. Pour cela, tout le quadriceps doit être contracté uniformément. Deux de ses faisceaux (droit antérieur et vaste intermédiaire) passent tout droit sur la rotule. Un autre (vaste latéral) passe à l'extérieur et le dernier (vaste médial) à l'intérieur de la cuisse. Pour procurer à la rotule un équilibre optimal, le plus important est de contracter les parties interne et externe du quadriceps avec la même intensité.

Un entraînement physique mal conduit tend à affaiblir la partie interne du quadriceps tout en raccourcissant sa partie externe. Tirée vers l'extérieur, la rotule bascule alors légèrement, ce qui résulte une répartition inégale de la pression et une surcharge susceptible d'endommager le cartilage situé derrière la rotule.

Pour éviter ceci et garder un cartilage et une rotule en bonne santé, vous veillerez à contracter le muscle médial de la cuisse selon les indications données.

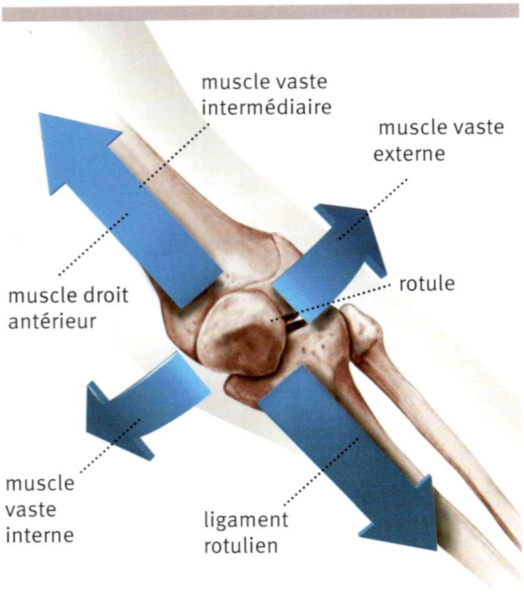

La rotule est maintenue au centre de sa loge par les quatre muscles du quadriceps et par le tendon rotulien.

Prise de la posture

Virabhadrasana 2

Placez-vous en position debout, les jambes largement écartées et sur l'inspiration, écartez les bras à la hauteur des épaules. Les pieds doivent se trouver à peu près à la verticale des poignets.

Tournez le pied droit vers l'extérieur en le plaçant dans l'alignement avec le deuxième orteil et le milieu du talon droit. Tournez le pied gauche légèrement vers l'intérieur (d'environ 5°).

Regardez loin au-delà de votre main droite. Tournez les bras vers l'extérieur, saignées des coudes vers le haut. Tournez ensuite les avant-bras de manière à ce que les paumes des mains soient face au sol. Il en résulte un allongement et un élargissement de la nuque et de la ceinture scapulaire. Savourez cette sensation. *(Fig. 1)*

Fléchissez le genou droit sur l'expiration jusqu'à ce qu'il se trouve à la verticale de la cheville droite en pointant vers l'avant.

Maintenez la position du genou droit et basculez le bassin vers la jambe droite en reculant la hanche gauche aussi loin que possible Vous sentirez votre dos se creuser un peu. Pour rectifier la position, contractez le plancher pelvien, tirez le sacrum vers le bas et redressez-vous à partir de la base de la colonne vertébrale. *(Fig. 2)*

Concentrez-vous maintenant sur la jambe gauche (arrière) pendant quelques respirations. Tendez-la autant que possible, en expirant. En même temps, ancrez fermement dans le sol le coussinet du gros orteil et la partie externe du talon. Observez la manière dont vous faites travailler ainsi la partie interne autant que la partie externe du muscle de la cuisse.

Pour quitter la posture, tendez la jambe avant. Sur l'expiration suivante, tournez-vous dans la direction opposée en pivotant les pieds vers la gauche. Reprenez les étapes de la prise de la posture de l'autre côté.

1

2

Le seigneur de la danse

Natarajasana

NATA danseur · *RAJA seigneur, souverain, roi*

ASANA posture de yoga

Natarajasana est une posture en équilibre sur une jambe qui se présente sous des formes très variables dans diverses traditions et selon le niveau de pratique.

La position du corps évoque les 108 attitudes de danse que le dieu Shiva révéla aux hommes il y a des temps immémoriaux dans la ville de Chidambaram, dans le sud de l'Inde. Elles forment la base du *bharata natyam*, la danse classique indienne, dont le nom signifie littéralement « la danse noble ». On la dansait autrefois dans le vestibule des temples les plus sacrés, au cours des rituels religieux.

Symbolique et mythologie

Shiva forme, avec Brahma et Vishnu, la trinité hindoue (*Trimurti*) . Brahma représente la Création, Vishnu la Préservation et Shiva la Destruction. Toutefois en Inde, on ne le voit pas seulement comme un destructeur mais bien davantage comme le Seigneur de la Transformation ou le « Grand Transformateur ».
Dans la vision cyclique de la vie qui est celle de la culture indienne, la vie et la mort sont des composantes du grand cycle cosmique. Les forces de destruction, de disparition et de mort font partie intégrante de la vie car elles éliminent ce qui est usé, ce qui a fait son temps, pour faire place à une vie nouvelle.

L'éternelle danse de la vie

Shiva, sous l'aspect de Nataraja, exécute la danse de la vie. Ses pieds battent le rythme de tout ce qui vit sur terre, participant ainsi au jeu divin (*lila*), avec sa succession perpétuelle de devenir et de désagrégation. De l'une de ses mains, il frappe le tambour en forme de sablier (*damaru*) dont le rythme mesure la durée de vie de toutes les créatures. Une autre main porte le feu dont naît toute vie et qui entretient le métabolisme, le processus immuable de la vie à l'œuvre dans

Par le rythme de sa danse, Shiva crée l'univers et le maintient.

chaque cellule de notre corps. La troisième main invite le spectateur à se joindre sans crainte à cette « danse de la vie », au cours de laquelle il disparaîtra, certes, mais renaîtra inlassablement. La quatrième main désigne la terre pour indiquer que cette danse a lieu ici et maintenant.
De nombreuses statues de Shiva le représentent dans une position de danse, piétinant un nain qui hurle et se contorsionne. Il s'agit du démon Apasmara, symbole de notre ignorance (*avidya*) et de notre égocentrisme. Il est dit que dans sa clémence, Shiva libère ainsi Apasmara de son aveuglement, provoqué par son ego et par sa vision étroite du monde. Apasmara représente notre petit ego qui, comme un masque, dissimule notre être véritable, invulnérable et immortel. C'est notre ego qui s'effraie de notre impermanence et s'accroche à tout ce qui lui promet une fausse sécurité : les possessions, les apparences, la réussite, la santé et la jeunesse éternelle. Cette poursuite peut nous posséder comme un démon qui nous tiendrait fermement entre ses griffes. Lui échapper n'est pas si facile, car nous sommes habitués aux satisfactions illusoires qu'il procure à notre esprit. Pour nous libérer de sa domination, il faut l'écraser d'un pas décidé et vigoureux (*tandava*), comme Shiva lorsqu'il le piétine en dansant.
Le dieu est entouré d'un cercle de feu, représentant l'univers dans son cycle perpétuel de création et de destruction. Shiva est une image divine profondément tantrique. Dans le tantra (page 9), tout ce qui a été, est et sera n'est que la manifestation d'une seule et même énergie, qui pour notre perception humaine se divise en deux aspects, celui de la conscience (le sujet) et celui de la création (l'objet). Mais la figure de Nataraja fait disparaître cette séparation, car chaque cellule de notre corps, qui meurt et qui renaît, danse en ce moment-même la danse de la vie, obéissant ainsi à son rythme biologique.

L'expérience de *natarajasana*

Lorsque par notre pratique, nous nous immergeons dans la symbolique de la posture de Shiva dansant, nous nous relions à la force de la transformation, à l'énergie de l'évolution perpétuelle et au symbole du vivant. Dans *natarajasana*, notre respiration est celle de la pulsation de la vie et nous proclamons ainsi notre participation au rythme cosmique de la vie et de la mort.
C'est une posture totalement dynamique, car elle nous oblige à rectifier sans arrêt notre équilibre. Cependant elle est aussi absolument calme et stable et elle nous permet d'explorer à loisir ce qui compose notre être véritable. Ce qui reste, lorsqu'on nous a tout pris, c'est la vie, et la conscience d'être vivant. Dans *natarajasana*, nous nous connectons à l'essentiel : la vie éternelle, qui au cours de ses transformations reste toujours préservée et intacte et qui se renouvelle sans cesse en renaissant d'elle-même.

Précautions et contre-indications

- Si vous avez les chevilles ou les genoux fragiles ou abîmés, pratiquez avec une grande prudence au début. Prenez le temps de renforcer d'abord la stabilité de ces zones à travers une amélioration progressive des interactions neuromusculaires (voir à droite).
- Vertige positionnel paroxystique bénin, dû à un dérèglement de l'oreille interne, ou autre trouble de l'équilibre.

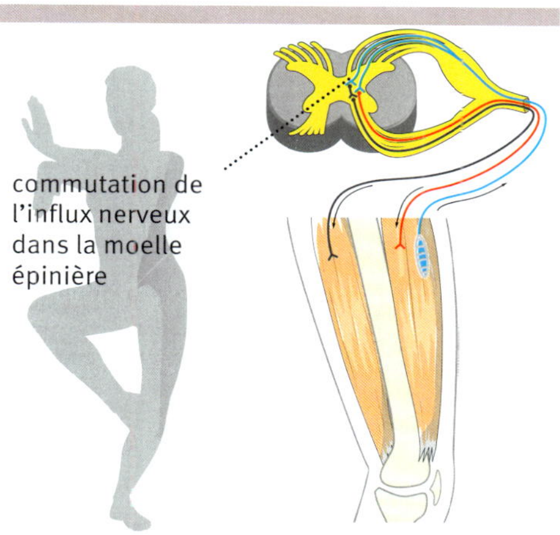

L'influx nerveux (en bleu) informe la moelle épinière de la contraction musculaire. Après une transmission au cerveau, les influx nerveux (en rouge et en noir) actionnent les muscles en retour, pour maintenir la position du corps.

Point d'anatomie
L'interaction neuromusculaire

Au début, votre jambe d'appui et même tout votre corps se mettront probablement assez vite à trembler et à vaciller. Ceci s'explique par l'interaction entre vos nerfs et vos muscles (interaction neuro-musculaire).

Chaque muscle est équipé de récepteurs sensoriels très sensibles : les fuseaux neuromusculaires. Lorsque la longueur du muscle se modifie, ils envoient à la moelle épinière un message qui est alors transmis de neurone en neurone. Après une ou plusieurs de ces transmissions, la moelle épinière finit par envoyer en retour un influx nerveux au même muscle ou à d'autres. Ces échanges permettent de maintenir en dynamique une position du corps et c'est ainsi que, par exemple, nous parvenons à rester debout même si le sol tremble ou si c'est la tempête.

Le tremblement et le vacillement que vous observez sont une manifestation de ce mécanisme réflexe musculaire. C'est l'interaction fine entre les muscles et les nerfs qui vous permet de rester en *natarajasana*. Elle s'améliorera au fur et à mesure de vos progrès dans la pratique, vous permettant peu à peu, de maintenir cette position aisément plus longtemps.

L'interaction neuromusculaire joue un rôle essentiel dans la régulation automatique de la contraction musculaire, indispensable pour assurer à tout moment la position optimale des articulations. Elle préserve les articulations en leur répercutant des charges uniformément réparties. La pratique de *natarajasana* contribue ainsi à la bonne santé des pieds, des chevilles, des genoux et des hanches. Ce type d'asana est particulièrement indiqué pour rétablir la stabilité de la cheville ou du genou après une foulure ou une entorse.

2

Prise de la posture

En position debout, tournez les jambes et les pieds vers l'extérieur de 45°, à partir des hanches. Les talons sont joints et les pieds forment donc un angle droit. Sur une expiration, fléchissez les genoux jusqu'à ce que les rotules se trouvent à la verticale des deuxièmes orteils. Veillez à ce que chaque cuisse soit dans la même direction que le deuxième orteil correspondant. *(Fig. 1)*

Sur l'inspiration suivante, déplacez le poids du corps sur la jambe gauche. Levez lentement le pied droit à environ 10 centimètres au-dessus du genou gauche. Le pied est en extension et le coup de pied dans l'alignement du tibia. *(Fig . 2)*

Première position des mains : Sur une expiration, posez la main gauche en haut de la cuisse droite, paume vers le haut. Placez le dos de la main droite sur la main gauche. *(Fig. 3)*

Deuxième position des mains : Sur une inspiration tendez les bras devant vous, à l'horizontale, les

Les bienfaits

- *améliore l'alignement des jambes en optimisant les interactions neuromusculaires ; bénéfique pour les pieds, les chevilles, les genoux et les hanches ;*
- *améliore le sens de l'équilibre et ainsi, prévient les chutes ;*
- *corrige les asymétries du corps ;*
- *stimule la circulation sanguine et augmente le métabolisme ;*
- *permet de ressentir la vibration subtile et dynamique de prana dans le calme du maintien de la posture ;*
- *apaise l‹esprit et améliore la capacité de concentration.*

1

poignets joints. Pivotez la main droite vers le bas en tirant la paume de la main vers vous tandis que la main droite se positionne paume vers l'avant, doigts pointés vers le haut. *(Fig. 4)*

Troisième position des mains : Sur une expiration, descendez le bras gauche à côté de la jambe gauche en tournant la paume de la main vers le haut et en pliant légèrement les doigts vers l'intérieur. En même temps, effectuez un mouvement symétrique vers le haut avec le bras droit. Les doigts de la main pointent vers l'intérieur et la paume vers le bas. *(Fig. 5)*

Pour les trois positions, regardez droit devant vous, détendu, même si cela rend un peu plus difficile le maintien de l'équilibre. Les épaules sont décontractées. Restez dans chacune des positions pendant quelques respirations tranquilles.

Conseil pratique : Si vous avez du mal à garder l'équilibre et que vous vous sentez trembler et vaciller, c'est que l'exercice vous est particulièrement bénéfique. Dans le cas contraire, vous pouvez augmenter la difficulté de l'exercice en le pratiquant sur une base instable, comme par exemple un tapis de yoga replié plusieurs fois.

Pour quitter *natarajasana*, descendez le bras droit, détendez les mains et étirez la jambe appui. Revenez ainsi à la position initiale *(Fig. 1)* et répétez l'exercice de l'autre côté.

3

4

5

Posture de la tête au genou
Janu shirshasana

JANU genou · *SHIRSHA tête*

ASANA posture de yoga

La posture de la tête au genou consiste à s'incliner vers une jambe en position assise. L'avant du corps descend vers le sol et le front se rapproche du genou ou, la plupart du temps, du tibia. Mais sur le plan symbolique, le genou nous importe davantage puisqu'il donne son nom à la posture.

Symbolique et mythologie

La signification symbolique de la tête est semblable dans la plupart des cultures et des religions : elle représente l'esprit et avant tout la raison. Dans la culture indienne, l'esprit possède deux aspects principaux, l'un « personnel », l'autre « impersonnel ». Notre esprit « personnel » est le produit des nombreuses influences que nous avons reçues, de par notre éducation et à travers toutes les expériences accumulées au cours de notre vie. Il est la parfaite expression de ce que sont devenus, avec nos zones d'ombre et de lumière, nos principes, nos croyances et nos opinions. Cet esprit borné et égocentrique est bien à l'abri sous la coque dure du crâne. S'il ne s'aventure pas hors de ce refuge exigu qui bride sa véritable nature bien plus vaste, il se persuadera que sa vision étriquée du monde est la bonne et la seule capable de lui révéler la vérité sur ce qu'il a vu ou vécu.

Dissoudre notre petit esprit dans le grand esprit

Un être qui ne reconnait pas ou qui ne comprend pas que son esprit est forcément limité par ce qu'il a vécu se cramponnera de plus en plus à ce qu'il perçoit comme sa raison, ses pensées, ses sentiments et ses expériences et il les défendra parce que ce sont les perceptions de son ego. Cet asana nous invite à dissoudre notre petit esprit dans le grand esprit pour le libérer des crispations et des préjugés qui provoquent tant de souffrance en nous enfermant et en nous restreignant.

La dévotion et l'humilité sont considérées comme des qualités indispensables du yogi, car sans elles il court le risque d'être emporté par son orgueil.

Dans le yoga, le genou symbolise l'humilité. Nous prouvons notre humilité en pliant le genou, à l'inverse des soldats qui défilent au pas de l'oie pour dominer le monde et montrer leur soif de pouvoir. Dans cet asana, il s'agit d'inviter notre petit esprit à s'agenouiller devant sa propre grandeur, qui correspond à sa véritable nature.

L'expérience de *janu shirshasana*

Outre l'expérience spirituelle que nous venons de décrire, l'inclinaison vers l'avant de cette posture nous permet de ressentir, sur le plan physique, un allongement intense de la chaîne musculaire de toute la partie arrière du corps, depuis la plante du pied de la jambe tendue jusqu'à l'arrière de la tête et depuis les épaules jusqu'aux paumes des mains en passant par les bras.
Soyez très attentifs à rester dans un placement correct mais sans volontarisme. Il suffit de vous efforcer de vous étirer de l'intérieur, pour ouvrir les canaux d'énergie qui parcourent la jambe tendue, le torse et les bras. Lorsque vos mains saisissent le pied avant, un vaste circuit d'énergie s'établit et vous permet de diriger consciemment le *prana*. Pour cela, par exemple, inspirez mentalement le long de la jambe tendue, du pied jusqu'au bassin, et expirez le long du torse et des bras, tout en continuant à vous étirer dans la posture.

Précautions et contre-indications

- En cas de douleur aiguë ou chronique de l'articulation du genou de la jambe fléchie, placez un coussin en-dessous pour la soutenir.
- En cas d'inflammation au niveau de l'ischion de la jambe tendue, un étirement excessif pourrait provoquer une irritation chronique et abîmer certains muscles et tendons. On pliera alors légèrement la jambe dans cet asana.
- Pathologie de la colonne vertébrale, hernie discale en particulier.
- Atteinte du nerf sciatique.

Point d'anatomie
Préserver les ménisques

L'articulation du genou est la rencontre de deux os : en haut le fémur, dont l'extrémité inférieure présente une surface articulaire en forme de deux masses arrondies (les condyles), et en bas le tibia dont le plateau articulaire est presque plan. La congruence parfaite de ces deux surfaces articulaires de formes si différentes est garantie par l'existence au niveau des points de contact de deux cartilages fibreux en forme de demi-cercle, les ménisques (interne et externe). Ils ont aussi pour rôle de répartir uniformément la charge exercée par le fémur.

Lorsque le genou se plie, le fémur roule vers l'arrière sur le plateau tibial mais glisse dans le même temps vers l'avant. Les ménisques amortissent ce mouvement de roulement et de glissement en adaptant à tout moment leur forme et leur position, ce qui permet de répartir la pression dans toutes les positions de l'articulation. La haute complexité de cette articulation l'expose au risque de blessures. Une pression excessive sur le ménisque interne ou externe peut provoquer une lésion.

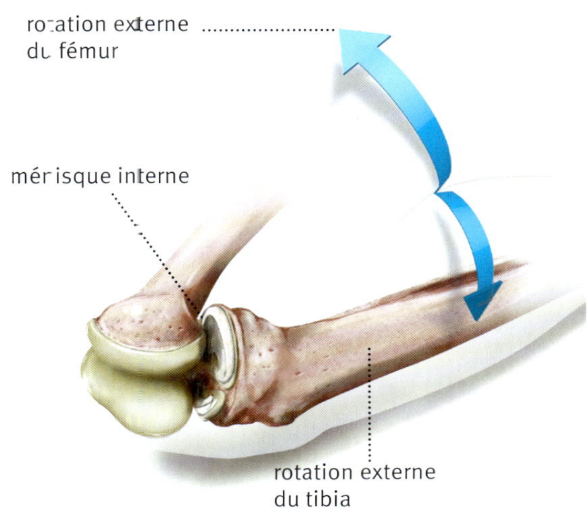

Dans cette position, le ménisque est préservé grâce à la rotation externe du fémur et la rotation externe correspondante du tibia qui augmentent l'espace dont il dispose.

Le ménisque interne de la jambe pliée, en particulier, risque de souffrir si la pratique de *janu shirshasana* est inattentive. En s'inclinant vers la jambe tendue, la cuisse de la jambe repliée a tendance à tourner vers l'intérieur et ceci d'autant plus que le bassin s'incline vers l'avant. Dans un cas extrême, le ménisque interne peut se trouver littéralement écrasé entre le fémur et le tibia. Veillez donc toujours pendant l'exercice à maintenir en rotation externe la cuisse et la partie inférieure de la jambe fléchie. Ainsi, la distance entre la face interne du fémur et celle du tibia sera maintenue de sorte que le ménisque ne subira pas de pression excessive lorsque vous basculerez le bassin en vous inclinant vers l'avant.

Prise de la posture

Mettez-vous en position assise sur le sol, jambes allongées vers l'avant et les genoux légèrement fléchis. Amenez les pointes des ischions vers l'arrière et vers l'extérieur. Maintenez la colonne vertébrale aussi droite que possible. *(Fig. 1)*

Sur une expiration, tendez la jambe gauche vers l'avant aussi loin que possible sans basculer le bassin vers l'arrière. La cheville gauche est fléchie, pied à la verticale. Sur l'inspiration, laissez maintenant descendre la jambe droite vers l'extérieur à partir de la hanche et en vous aidant de vos mains si vous le souhaitez, amenez vers vous le pied droit pour le rapprocher le plus possible du bassin. La face externe de l'avant-pied doit toucher le sol tandis que le talon reste légèrement relevé. Pendant tout l'exercice, soyez attentif à toute sensation de gêne qui se développerait dans votre genou droit.

En expirant, appuyez fortement le talon droit sur l'intérieur de la cuisse gauche. Sentez une ouverture de l'articulation de la hanche droite en réponse à cette poussée. Profitez de l'espace ainsi créé pour tourner le fémur de la jambe droite vers l'extérieur autant que possible. Tournez aussi vers l'extérieur le tibia de la jambe droite. Pour cela, tirez le mollet et la face interne de la cuisse vers le

Les bienfaits

- *assouplit les hanches et l'arrière des jambes ;*
- *étire et allonge la musculature du dos, des épaules et de la nuque ;*
- *corrige les asymétries du corps ;*
- *apaise l'esprit et réduit le stress ;*
- *aide à déposer ses pensées sur la terre.*

haut, à l'aide de vos mains, réduisant ainsi la pression exercée sur l'intérieur du genou droit. *(Fig. 2)*

Inspirez en étirant le dos, tendez les mains en avant le plus loin possible en direction de la jambe gauche, dos droit. En fonction de votre souplesse, attrapez votre mollet, votre cheville ou enlacez votre pied. *(Fig. 3)*

Sur l'expiration suivante, déposez le torse le plus loin possible sur la jambe gauche. Dans cette position, écartez bien les coudes et soulevez les aisselles en inspirant, pour élargir l'espace entre les omoplates. *(Fig. 4)*

Gardez la nuque bien étirée. Pour vous y aider, pensez que vous inspirez en tirant la peau vers le haut depuis le cou jusqu'à l'arrière de la tête.

Demeurez dans cette position en respirant plusieurs fois calmement. Veillez à conserver le placement correct de la jambe fléchie.

Pour quitter la posture, redressez-vous lentement et étirez brièvement les deux jambes. Ensuite, répétez janu shirshasana de l'autre côté.

La posture du lotus
Padmasana

PADMA lotus

ASANA posture de yoga

Le lotus est une posture essentielle du yoga et même, pour de nombreuses traditions, la plus importante de toutes. Elle est considérée comme la posture assise la plus stable et donc la meilleure pour pratiquer le *pranayama* ou entrer en méditation.

Symbolique et mythologie

Le symbole du lotus est répandu dans tout le monde asiatique. Même aujourd'hui, on trouve encore en Inde dans la plupart des villages un étang où poussent des lotus.

Nos origines nourrissent et soutiennent notre être

C'est sur les étangs les plus anciens que s'épanouissent les fleurs les plus belles, car leurs tiges s'enracinent dans une vase riche et profonde, constituée de multiples générations de plantes décomposées. En revanche, dans un étang récent sans vase ni boue, les fleurs ont du mal à se développer.

Le lotus symbolise ainsi que nous nous nourrissons en grande partie des différentes couches de notre « vase » : nos origines, nos ancêtres et toutes les générations qui nous ont précédé et qui nous ont transmis leurs connaissances et leurs expériences. Même si celles-ci semblent anciennes et dépassées, elles forment le sol dans lequel nous nous enracinons et à partir duquel nous pouvons grandir et nous épanouir – comme le lotus qui trouve dans les profondeurs sa nourriture et son ancrage. Dans la vase de l'étang poussent les tiges et les boutons qui, attirés par la lumière, se dressent vers la surface où les fleurs s'ouvrent à nouveau chaque matin.

Le noyau immaculé de l'être

Peu importe que le lotus pousse dans un étang putride, ses fleurs resplendissent toujours d'une beauté immaculée. Peu importe que la pluie le

Le lotus symbolise la pureté et l'épanouissement spirituel.

fouette et que les vagues de l'étang le submergent, le lotus préserve sans peine sa pureté. C'est pourquoi il est devenu le symbole du noyau de l'être que rien ne peut entacher ou salir. Selon les enseignements du yoga, il y a quelque chose en nous qui reste toujours pur, limpide et intact quelle que soit la hauteur des vagues qui s'abattent sur notre existence et quelle que soit l'abjection ou la dépravation de notre entourage ou de la société dans laquelle nous vivons. Cette image nous suggère qu'il nous est possible de préserver notre pureté intérieure en toutes circonstances, si nous le souhaitons vraiment et avant tout, si nous prenons soin de cultiver et de nourrir cette image intérieure.

Rassembler et diriger l'énergie

On considère la position du lotus comme idéale pour la méditation, car elle rassemble et dirige les énergies du corps d'une manière bien spécifique. Les jambes entrelacées évoquent un huit couché, une forme complètement fermée, dans laquelle circule l'énergie. Avec les ischions, l'assise présente donc une forme triangulaire d'une grande stabilité qui empêche l'énergie de se disperser vers le bas et nous évite fatigue et somnolence au cours de la méditation. À partir de cette base, la colonne vertébrale peut s'ériger le plus aisément possible, permettant l'ouverture de nos canaux d'énergie intérieurs. L'énergie qui circule dans le bassin se trouve aspirée par ces canaux et remonte à l'intérieur de la colonne vertébrale. Au cours de cette ascension vers le ciel, l'énergie se fait de plus en plus subtile, ce qui permet de demeurer en état de méditation.

L'expérience de *padmasana*

Avant tout, *padmasana* permet de faire l'expérience de l'énergie, nous procurant la sensation d'être enraciné dans l'existence (la vase) et de croître vers le haut, vers la lumière de la conscience.
Nous ressentons notre bassin comme un espace d'enracinement et de stabilité. Notre colonne vertébrale est comme une tige à la fois souple et solide, et le sommet du crâne comme une fleur de lotus à peine éclose ou largement ouverte.
La position du lotus nous invite à considérer dans quelle mesure nos racines nous nourrissent, et même à nous demander si elles nous permettent de grandir. Bien souvent, nous faisons peu de cas de nos origines sous leurs différents aspects, bien décidés à passer outre pour nous réinventer de toutes pièces. Nous méconnaissons ainsi que ce qui est mort et décomposé s'est transformé en une substance

nutritive. Dans ce sens, cet asana nous aide à sentir nos racines, à les reconnaître dans leur totalité, les respecter et les apprécier.
Enfin, cette position nous invite à méditer sur la pureté et l'inaltérabilité du noyau de notre être et à cultiver l'image de quelque chose en nous qui reste toujours serein, rayonnant et beau, quelles que soient les circonstances. À travers cette représentation, nous nous fortifions intérieurement et nous cessons de dépendre de notre entourage du moment. C'est-à-dire que, même si nous devions vivre dans la fange la plus abjecte, cela ne nous empêcherait pas de continuer à ressentir la pureté resplendissante de notre lotus intérieur, et de le laisser éclairer les ténèbres du monde.

Précautions et contre-indications

- Lésion du ménisque ou autres affections chroniques ou aiguës du genou.
- Arthrose de la hanche ou autres pathologies limitant le libre mouvement de cette articulation.
- Douleurs aiguës ou chroniques des articulations du pied, en particulier en cas d'élongation des ligaments de la malléole externe.

Point d'anatomie
La mobilité de l'articulation de la hanche

La position du lotus représente pour beaucoup de néophytes un but important dans leur pratique. Pourtant elle n'est à la portée de la plupart des Européens qu'après des années de préparation. La faute en revient à nos hanches. Dans *padmasana* comme dans *janu shirshasana* (voir le point d'anatomie page 65), il faut pouvoir maintenir la cuisse en forte rotation externe pour ménager un espace suffisant au ménisque interne. Pour les Indiens, cela ne présente pas de difficulté car grâce à leur habitude de s'asseoir par terre pour de nombreuses activités du quotidien, leurs hanches ont acquis une grande souplesse.
Il en va tout autrement dans la culture occidentale. Nous sommes habitués aux chaises depuis la petite enfance. Les puissants ligaments des articulations de nos hanches ne sont guère préparés à une rotation externe des fémurs. Une prudence toute particulière sera donc de mise dans la pratique de *padmasana*. Toute gêne ou douleur à la face interne du genou est signe que les articulations de vos hanches ne sont pas encore prêtes pour la rotation externe nécessaire dans cette posture.
Prenez donc le temps de développer la souplesse de cette articulation avant de pratiquer la position du lotus. De nombreuses autres postures de yoga peuvent vous y aider, comme par exemple *janu shirshasana* (page 63).

Conseil pratique : pour d'autres postures assises de méditation, voir les variantes de *padmasana* décrites en page 73.

Les bienfaits

- *assouplit les articulations des hanches et des pieds.*
- *aide à ressentir, dans la position assise, enracinement et stabilité.*
- *apaise l'esprit, car la forme de cet asana induit une circulation en circuit fermé.*

Prise de la posture

Installez-vous en position assise sur le sol, les jambes allongées vers l'avant genoux légèrement fléchis. Asseyez-vous à l'avant des pointes de vos ischions en les tirant vers l'arrière et vers l'extérieur. Redressez autant que possible la colonne vertébrale.

En expirant, laissez vos jambes descendre naturellement vers l'extérieur à partir de la hanche. Fléchissez ensuite les genoux afin de rapprocher chaque pied de la cuisse opposée. Engagez en conscience la cuisse et la jambe en rotation externe comme pour tourner vers le haut l'arrière de la cuisse et le mollet. *(Fig. 1)*

Sur l'expiration suivante, saisissez le talon droit avec la main droite, et de la main gauche, attrapez le cou-de-pied de votre pied droit par dessous et par l'arrière. Soulevez dans cette position le pied droit du sol. Laissez le talon diriger le mouvement : le tibia reste tourné vers l'extérieur et le talon pointe vers le haut. De la main gauche, étirez le cou-de-pied du pied droit et amenez-le sur la cuisse gauche aussi loin que cela vous est possible facilement et sans douleur. Soyez attentif à votre genou droit au cours de ce mouvement. Vous ne devez jamais ressentir de sensation désagréable (sinon, voyez les variantes). *(Fig. 2)*

Placez le pied gauche de la même manière, plante du pied vers le haut, sur la cuisse droite.

Redressez-vous et posez le dos des mains sur les genoux. Gardez les coudes, les poignets et les doigts tendus. Vous pouvez replier l'index vers la racine du pouce en *chin mudra*. *(Fig. 3)*

Respirez plusieurs fois calmement dans cette position. Sur chaque expiration, engagez légèrement le plancher pelvien et sur chaque inspiration, maintenez consciemment le bas-ventre resserré. Ceci aura pour effet de redresser la colonne vertébrale de l'intérieur. Baissez légèrement le menton et sentez votre nuque s'allonger et se redresser.

Quittez la position de la même façon que vous l'avez prise. Selon la tradition, on ne pratique *padmasana* que de la manière que nous venons de décrire, en plaçant la jambe gauche sur la jambe droite, car ainsi c'est l'énergie tranquille de la partie gauche du corps qui domine, ce qui est

propice à la méditation. Cependant, il parait judicieux de placer de temps en temps la jambe droite au-dessus.

Variantes

Si vous ressentez une pression au niveau du ménisque interne du genou, essayez les variantes ci-contre. Ce sont de bonnes solutions de rechange, qui vous permettront de rester plus longtemps confortablement en méditation.

Le tailleur : Assis les jambes croisées, glissez chaque cheville sous le genou de la jambe opposée. Veillez à ce que les pieds soient plutôt dirigés vers l'avant. Si vos genoux ne descendent pas, asseyez-vous sur un coussin pour que votre bassin se redresse facilement. Placez des supports (coussins, couvertures pliées) sous les cuisses pour permettre à vos jambes de se détendre à partir de la hanche. Vous réduirez la hauteur des supports au fur et à mesure que vous vous sentirez plus à l'aise. *(Fig. 4)*

Demi-lotus : De la position du tailleur, tirez le pied gauche sous la cuisse droite. Pensez à la rotation externe du fémur et du tibia, comme pour diriger leurs faces internes vers le haut. Placez alors le cou-de-pied du pied droit sur la cuisse gauche de la manière décrite en page 72. *(Fig. 5)*

La posture du héros
Virasana

VIRA héros

ASANA posture de yoga

Virasana désigne de nos jours une posture assise qui consiste à s'installer entre ses jambes repliées, en se redressant intensément de l'intérieur vers l'extérieur.

Symbolique et mythologie

Dès que les hommes ont commencé à raconter des histoires est apparue la figure du héros. L'archétype du héros, qui a été transmis à l'humanité par les mythes – comme par exemple Rama et Arjuna, en Inde – est un jeune homme qui fait preuve d'héroïsme lorsqu'il s'aperçoit que dans sa propre vie ou dans celle de sa communauté, l'ordre des choses est si gravement perturbé qu'il est indispensable de réagir. Lorsqu'un dragon guette aux portes de la cité et qu'il dévore des jeunes filles, il faut bien faire quelque chose ! C'est là que commence l'itinéraire mythique du héros.

La quête du héros

Le héros se met en route pour remédier à la situation critique et chemin faisant, il lui arrive généralement toutes sortes d'aventures. Il rencontre des obstacles apparemment insurmontables et doit relever des défis. Il reçoit souvent de l'aide, de la part de personnes ou de diverses créatures (souvent des animaux), au moment où il s'y attend le moins ou quand, poussé par la compassion et par son humanité, il part secourir un autre être vivant. Ses efforts sont toujours couronnés de succès lorsqu'il fait preuve à la fois de courage et d'humilité et que malgré son cheminement intérieur sans se laisser décourager. Bien souvent, le héros doit se fier à son intuition plutôt qu'à sa raison lors des diverses péripéties du voyage et écouter sa voix intérieure, car en général, ce n'est pas la raison qui permet de déchiffrer les péripéties traversées, les problèmes rencontrés ou les énigmes à résoudre pour accéder à l'étape suivante.

Arjuna (en haut à droite, sur le char conduit par Krishna) est en Inde le symbole du héros spirituel qui consacre sa vie à la quête de la connaissance et à la dévotion.

L'héroïsme de chaque vie

La quête du héros reflète celle de l'âme humaine, car chaque être humain est le héros ou l'héroïne de sa propre vie. Le voyage commence par l'enfance pour se poursuivre à l'adolescence puis pendant la vie adulte. Chaque étape est riche en aventures : s'insérer dans le monde du travail, mettre des enfants au monde et les élever, perdre ses parents, se retrouver soudain orphelin* et seul au monde. Même vieillir est une aventure héroïque où l'on rencontre des dragons en tous genres, mais le but de la quête en vaut la peine puisqu'il s'agit de se sentir comblé et en paix au terme de son existence terrestre. Il est intéressant de constater que les héros des mythes n'échouent jamais, même s'il leur arrive de mourir, car leur mort laisse à ceux qui restent un message fort, une vision ou un espoir. Ils nous montrent que toute vie est importante. Les mythes nous invitent à chercher ce qu'il y a d'héroïque en chaque vie et à apprécier la valeur de ce qui nous permet d'avancer nous-mêmes et au-delà, toute l'humanité.

L'expérience de *virasana*

A travers cette posture du héros, les enseignements du yoga nous invitent à réfléchir, sereinement et en toute conscience, à la manière dont nous menons le voyage héroïque qu'est notre vie. Développer notre attention nous permet, au cœur même des difficultés et des obstacles, de parvenir à trouver toujours et partout aide et soutien. *Virasana* nous apporte une perception puissante de notre base et de notre espace d'enracinement. Dans le voyage héroïque de notre vie, nous créons nous-mêmes nos propres racines, nos valeurs personnelles, notre éthique, ce sont elles qui nous maintiennent et nous redressent de l'intérieur. Dans cet asana, elles sont représentées par la colonne vertébrale que nous érigeons sans peine à partir de sa racine après avoir trouvé notre équilibre intérieur et notre stabilité.

Virasana fait partie des asanas qui nous invitent à être plus authentiques, à remédier héroïquement au désordre intérieur et extérieur par des actes calmes, réfléchis et décidés. Probablement devrons-nous pour cela tuer l'un ou l'autre «dragon», comme par exemple notre avidité ou notre négativité.

---

* *En allemand, les mots « orphelin » -*Waise*- et « sage » -*weise*- se prononcent de la même manière. NdT*

Avant tout, *virasana* est un asana contemplatif qui nous offre un espace de réflexion sûr : où en sommes-nous de notre quête héroïque et quelles sont les étapes suivantes ?

Précautions et contre-indications

- Atteinte du ménisque ou autres pathologies aiguës ou chroniques du genou.
- Arthrose de la hanche ou autres affections limitant la mobilité de cette articulation.
- Malformation des jambes, surtout *genu valgum* (jambes en X).
- En cas de limitation de l'extension du pied, on peut placer un support sous le tibia et un autre pour rehausser le bassin.
- Dans l'ensemble, *virasana* est une posture exigeante qui ne peut être maîtrisée qu'après plusieurs années de pratique régulière.

Point d'anatomie
La thérapie du ménisque interne

Les ménisques interne et externe se trouvent de part et d'autre des surfaces articulaires du fémur et du tibia. Ces deux structures fibro-cartilagineuses en forme de demi-cercle ont pour rôle de permettre aux surfaces articulaires de s'ajuster l'une à l'autre et de répartir uniformément la pression sur le cartilage (page 65).
Le ménisque interne est particulièrement sujet aux blessures en raison des fortes contraintes auxquelles il est soumis tant au cours de la marche qu'en position assise avec les jambes croisées mais aussi du fait qu'il ne peut suivre les mouvements qu'avec un certain décalage puisque le ligament interne du genou s'insère solidement sur le ménisque.

S'il est abîmé lors d'un faux mouvement, le ménisque interne guérit très lentement car il n'est pas vascularisé, à l'exception de la partie la plus proche de la capsule synoviale, la seule à recevoir des substances nutritives.

Dans *virasana*, la jambe s'écarte (abduction) légèrement à partir du genou, de sorte que la coalescence du ménisque interne et du ligament interne du genou s'en trouve légèrement détendue, ménageant au ménisque davantage d'espace de mouvement. Ainsi détendu, il se gonfle comme une éponge de substances

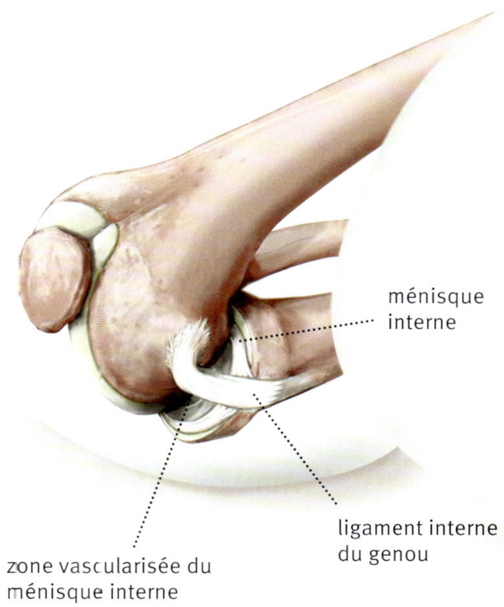

Correctement pratiqué, l'asana offre plus d'espace au ménisque interne en détendant sa coalescence avec le ligament interne. Ceci favorise la vascularisation de la zone.

Les bienfaits

- *compense la position assise jambes croisées en équilibrant la pression sur les ménisques interne et externe ; stabilise l'axe de la jambe ;*
- *soulage les ménisques internes ;*
- *améliore la souplesse des hanches ;*
- *apporte le sentiment d'être enraciné dans la terre ;*
- *soutient le redressement intérieur ;*
- *procure la paix intérieure et la confiance.*

nutritives. En améliorant la vascularisation en bordure du ménisque, cette posture, à condition d'être pratiquée de façon prudente et mesurée, peut donc favoriser sa guérison en cas de lésion. À l'inverse, lors d'une pratique excessive, il peut arriver que le condyle fémoral interne (l'une des extrémités arrondies du fémur) roule sur le ménisque interne et l'écrase, aggravant encore la lésion existante. Par ailleurs, la pression augmente dans toute l'articulation du genou en cas de raccourcissement de la musculature de la cuisse et de durcissement de la capsule articulaire. La pratique de virasana dans le cadre d'une thérapie du ménisque ne doit donc être envisagée que sous la conduite d'un professeur de yoga possédant de solides connaissances en anatomie.

Prise de la posture

Placez-vous à quatre pattes. Les genoux sont joints, les cuisses à la verticale et les tibias et le dos des pieds reposent bien détendus sur le sol.

Appuyez-vous sur le sol de vos deux mains posées devant vous et sur l'expiration, resserrez fermement les genoux et les cuisses. Sur l'expiration suivante, tournez les cuisses vers l'intérieur. Remarquez que vos pieds s'écartent, créant entre eux un espace. *(Fig. 1)*

Tant que la posture ne vous est pas familière, placez un bloc de yoga en travers dans l'espace entre vos pieds.

Sur une expiration, déplacez lentement vos mains vers l'arrière, de part et d'autre de vos tibias, et asseyez-vous précautionneusement sur le sol ou sur le bloc de yoga.

Sur une inspiration, soulevez légèrement le genou droit et de la main droite, tirez la peau du tibia vers l'avant en direction de la rotule. Faites la même chose du côté gauche.

1

Ensuite, soulevez légèrement le fessier droit et amenez la main droite par l'arrière sous l'ischion. Maintenez avec la main gauche la cuisse droite en rotation externe et en expirant, tirez légèrement de la main droite votre ischion droit vers l'arrière et vers l'extérieur.

Reprenez cette séquence du côté gauche. Vous devriez sentir que la position assise vous est à présent plus confortable. *(Fig. 2)*

Posez les paumes des mains sur les genoux, les bras tendus et souples. Les épaules sont décontractées et basses. L'arrière de la tête est détendu et s'étire vers le haut. *(Fig. 3)*

Demeurez dans la posture durant quelques respirations calmes et profondes. Ne restez qu'aussi longtemps que vos articulations des genoux ne se font pas sentir.

La chaise
Utkatasana

UTKATA fort, puissant, sauvage

ASANA posture de yoga

Dans cette posture debout, jambes pliées et bras tendus, tout le corps se tend avec force entre la terre et le ciel

Symbolique et mythologie

En Occident, cette posture est généralement connue sous deux noms différents : « la chaise », ou « la furieuse », et parfois un troisième : « la puissante ». Le premier met l'accent sur l'aspect formel : le pratiquant semble en effet s'être assis sur une chaise imaginaire. Les deux autres font référence à la dimension énergétique de la posture et correspondent à la traduction du terme sanscrit.
Utkatasana nous permet de nous sentir intensément reliés à la polarité ciel / terre. Dans le hatha-yoga, les pôles sont considérés comme les deux extrêmes du champ de notre expérience. Si nous étions uniquement reliés à la terre, nous serions lourds, mornes et déprimés. Uniquement reliés au ciel, nous serions légers, aériens et sans tenue. La voie du hatha-yoga a pour but de nous aider à trouver un juste milieu entre les deux pôles et à mener notre vie autant que possible à égale distance de l'un et de l'autre.

Le travail corporel du hatha-yoga nous permet d'identifier le pôle qui exerce sur nous l'attraction la plus forte. Si nous constatons que nous sommes toujours et exclusivement attirés vers le haut, il est important de nous soucier davantage de nos fondations et de notre ancrage. Ceci nous aide à garder les pieds sur terre dans la vie. En revanche, si nos préoccupations sont entièrement matérielles, terre-à-terre, comme le logement, la nourriture, les relations, le statut social ou la réussite, il est temps de lever les yeux vers le ciel et de nous apercevoir qu'il existe d'autres plans et d'autres sphères à explorer qui nous aideront à nous élever au-dessus de la trivialité de l'existence.

Traversés par les forces du ciel et de la terre

Pour le hatha-yoga, l'être humain est un réceptacle où affluent et convergent les énergies denses de la terre et les énergies subtiles du ciel. À l'aide d'une pratique adaptée, nous parvenons, dans l'idéal, à nous ouvrir de manière équivalente aux deux types d'énergie et à les laisser circuler en nous. L'énergie terrestre rencontre alors les forces célestes au sommet de notre tête, tandis que l'énergie céleste rejoint la terre à nos pieds. Lorsque nous sommes à même d'accueillir ces deux énergies, elles sont à notre disposition. Nous devenons capables de mener une vie équilibrée et d'utiliser judicieusement nos forces pour surmonter en toute sérénité les difficultés de l'existence.

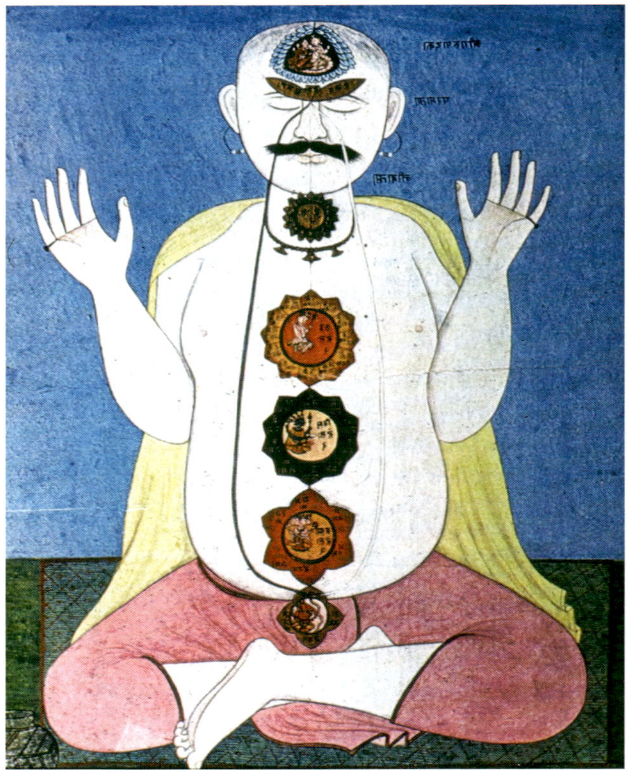

Lorsque tous les chakras sont ouverts et que le corps est entièrement perméable, le yogi devient maître du prana.

L'expérience d'*utkatasana*

Comme cet asana se construit en partant du bas, nous commençons par ancrer fermement nos deux pieds dans le sol. La malléole interne se soulève et nous éprouvons le contact avec la terre à travers la structure de la voûte plantaire, vivante, dynamique, et pourtant d'une stabilité à toute épreuve. On pourrait dire que, déjà là, dans notre voûte plantaire active, les énergies terrestres (qui nous enracinent) et les énergies célestes (qui nous attirent vers le haut) se rencontrent et se conjuguent pour permettre la station debout.
Les genoux sont plus ou moins fléchis, selon les différentes traditions et le niveau de pratique. En maintenant la posture, la grande force des muscles de nos jambes nous devient perceptible. Elle est vivante, dynamique, endurante et robuste. En intégrant ce ressenti dans notre vie quotidienne, nous traversons plus facilement les situations difficiles. Au fur et à mesure de la pratique d'*utkatasana* se renforce l'impression d'être solide comme un roc au milieu des remous de l'existence.
Tenir les bras levés sollicite fortement les muscles profonds de la colonne vertébrale. Lors de cet asana, nous apprenons à renforcer le dos et à le redresser vigoureusement, ce qui nous procure une sensation de puissance tranquille. « Je suis capable de renforcer mon dos par mes propres moyens. Je n'ai besoin de personne pour y arriver. » De cette autonomie naît la puissance.
Regarder vers le haut renforce la nuque et donne à cet asana son élan vers la lumière et la légèreté. Toutes ces sensations ne sont possibles qu'à partir d'un solide ancrage à la terre. C'est la force de réaction indéfectible de la terre qui nous permet de nous élever et de grandir facilement vers le ciel. Nous apprenons ainsi à assumer la tâche qui incombe à tout être humain et qui consiste à relier les deux pôles d'énergie pour mener une vie à la fois terrestre et spirituelle.

Précautions et contre-indications

- Affections de la rotule et de la trochlée fémorale.
- Après un traumatisme ou en cas d'autres douleurs à la cheville.
- Si vous souffrez d'un rétrécissement des artères du cou (artères vertébrales), porter le regard vers le haut peut provoquer des vertiges. Dans ce cas, regardez vers l'avant.

Point d'anatomie
Souffle, diaphragme et colonne lombaire

Le diaphragme sépare les poumons et les autres organes de la cage thoracique de la cavité abdominale. C'est un grand muscle aplati et mince avec un corps tendineux en son centre. En se relâchant, il forme après l'expiration une coupole qui remonte à l'intérieur de la cage thoracique. Avec la contraction du diaphragme, cette coupole s'aplatit, ce qui augmente l'espace disponible pour les poumons. Il se produit un appel d'air : c'est l'inspiration.
Lorsque nous sommes au repos et que la paroi abdominale est décontractée, la coupole du diaphragme qui s'aplatit à l'inspiration pousse vers le bas et vers l'avant les organes de l'abdomen. Le ventre sort légèrement.
Pendant la pratique, il est indispensable de contracter consciemment la musculature abdominale pour maintenir les organes de l'abdomen et les plaquer contre la colonne vertébrale. Ainsi, lorsque le diaphragme s'aplatit lors de l'inspiration, sa partie centrale rencontre la résistance des organes de l'abdomen maintenus par la musculature abdominale. Ce grand muscle écarte et soulève alors les côtes flottantes, et la cage thoracique s'élargit.

Dans cette forme de respiration, la paroi abdominale offre au diaphragme un maintien stable. Elle a aussi pour effet de tirer vers le haut la colonne lombaire par les piliers tendineux qui la relie au diaphragme. Ceci réduit la pression sur les cinq disques vertébraux inférieurs, souvent très sollicités dans la vie quotidienne.
Lors de l'expiration, le diaphragme se détend et les côtes s'abaissent. En engageant les muscles anté-latéraux obliques de l'abdomen pendant la pratique, nous tirons les côtes vers le bas et vers l'avant. Ceci maintient la traction qu'exerce le diaphragme sur la colonne lombaire. Cette technique de respiration soulage donc les disques intervertébraux également lors de l'expiration.

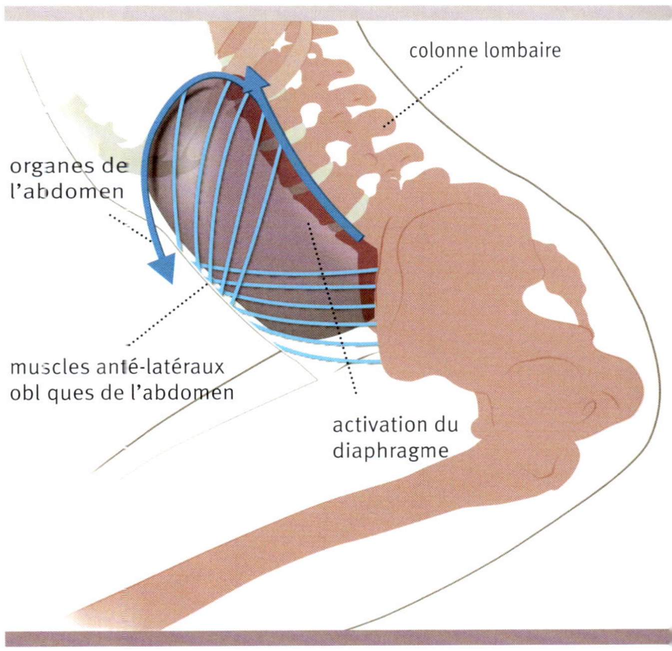

Les muscles anté-latéraux obliques de l'abdomen maintiennent les organes, offrant un appui à la partie centrale du diaphragme. Celui-ci, en se contractant, tire sur la colonne lombaire et l'allonge.

Prise de la posture

En position debout, placez vos pieds de manière symétrique : les avant-pieds se touchent et les talons sont écartés d'environ deux travers de doigts. *(Fig. 1)*

Sur une expiration, basculez le bassin vers l'avant et fléchissez les genoux comme pour vous asseoir sur une chaise. Les genoux doivent être à la verticale des orteils. Veillez à ce qu'ils n'avancent pas davantage. *(Fig. 2)*

Les bras sont détendus et ballants. Selon la force et la souplesse de chacun, les cuisses arrivent plus ou moins à l'horizontale et les doigts se rapprochent plus ou moins du sol.

Sur l'expiration, engagez le plancher pelvien en maintenant la bascule du bassin vers l'avant et redressez-vous à partir du sacrum. En inspirant, gardez le bas-ventre légèrement contracté. Observez que vous stabilisez ainsi votre colonne lombaire de l'intérieur.

Sur l'inspiration, écartez les bras tendus sur les côtés en ouvrant la poitrine vers l'avant et vers le haut. Sentez s'ouvrir l'espace du cœur. Dirigez les mains vers le haut en les suivant du regard.

Sur l'expiration suivante, les bras en extension, plaquez les paumes l'une contre l'autre. Observez vos épaules s'élargir et votre respiration devenir plus profonde. *(Fig. 3)*

Portez le regard vers le haut, sur vos pouces. Pour éviter toute crispation de la nuque, visualisez en inspirant l'énergie (*prana*) remonter à l'arrière de la tête. Sur l'expiration, rentrez en douceur le menton vers le creux de la gorge. Sentez votre nuque s'allonger et se libérer. Si vous ne parvenez

Les bienfaits

- *corrige les déformations du pied (pied plat, pied étalé, pied valgus) en renforçant la voûte plantaire ;*
- *renforce l'équilibre et la musculature de la jambe et de la hanche, ce qui améliore l'état de la jambe et du genou ;*
- *renforce toute la musculature du dos ;*
- *améliore le maintien ;*
- *assouplit la cage thoracique, permettant ainsi de respirer plus librement ;*
- *procure une sensation de force et de rectitude.*

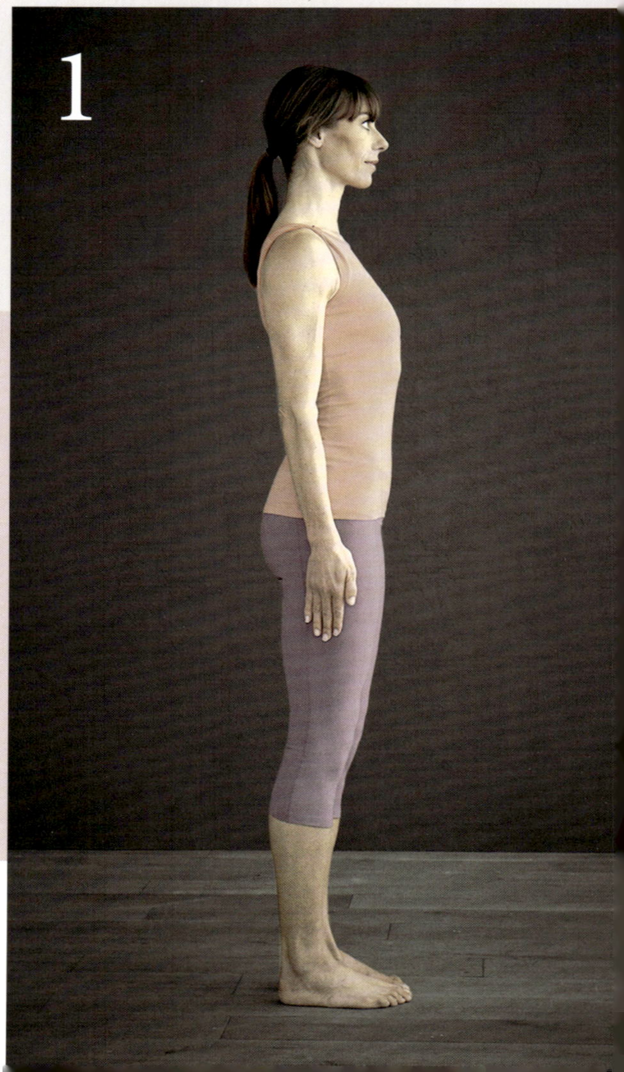

pas à décontracter votre nuque de cette manière, baissez légèrement les yeux et essayez à nouveau. Demeurez dans cette position durant quelques puissantes respirations. Observez l'activité de votre diaphragme. Profitez d'une expiration pour tirer les côtes vers le bas à l'aide des muscles anté-latéraux obliques de l'abdomen. Gardez-les contractés à l'inspiration. Sentez le soutien qu'ils apportent aux organes de l'abdomen et la résistance qu'ils offrent au centre du diaphragme. Sentez la force du diaphragme tirant la colonne lombaire vers le haut et l'allongeant, et savourez cette sensation.

Pour quitter la position, tendez doucement les jambes et laissez redescendre les bras.

La tortue au repos
Supta kurmasana

SUPTA endormi, au repos · KURMA tortue ; aussi un des avatars de Vishnu

ASANA posture de yoga

Kurmasana est une posture de flexion avant en assise. Cet asana évoque l'aspect d'une tortue qui a rentré sa tête et ses pattes.

Symbolique et mythologie

Dans le yoga, la tortue possède deux importantes significations symboliques : d'une part, le retrait des sens et d'autre part, l'incarnation de Vishnu en tant que Kurma dans le mythe du barattage de la mer de lait.

Le retrait des sens

Dans le yoga, la capacité à se soustraire à ses sens, de manière active et consciente, est considérée comme une fonction essentielle de l'esprit. Tant que nous sommes exposés aux nombreuses sollicitations du monde extérieur par l'intermédiaire de nos sens, notre esprit est agité et distrait. Les perceptions qui lui sont transmises à la vitesse de l'éclair le forcent à réagir tout aussi rapidement à une foule de stimuli qu'il lui faut analyser et traiter en continu. Ainsi soumis à la dictature de nos sens, notre mental se disperse et nous avons du mal à nous concentrer. Le retrait des sens représente donc une étape essentielle de l'intériorisation. Tourné vers l'intérieur, l'esprit ralentit le rythme et les activités mentales retrouvent le calme, comme les sédiments soulevés par un tourbillon qui retombent au fond d'un étang. Il nous est alors enfin possible de voir clair et d'identifier l'essentiel. La voie intérieure du yoga nous mène à la concentration, à la méditation et l'Unité. *Kurmasana* marque cet important changement de direction.

La tortue est le deuxième avatar de Vishnu

L'expérience de *supta kurmasana*

Dans le hatha-yoga, *kurmasana* est le parfait exemple de la posture en flexion avant. En vous y installant, vous observerez vite vos respirations s'allonger et votre esprit s'apaiser. Ainsi penché en avant, les sollicitations extérieures vous parvenant à peine, vous rentrez rapidement en vous-même. Les organes des sens tournés vers l'intérieur, l'esprit s'apaise peu à peu et devient plus clair. Nous retrouvons la conscience de nous-mêmes, de ce qui se passe en nous et des actions à mener.

Point d'anatomie
Les disques intervertébraux en flexion avant

Notre colonne lombaire se compose de cinq vertèbres. Chaque vertèbre est constituée d'un corps vertébral et de l'arc vertébral. Dans l'espace entre le corps vertébral et l'arc vertébral circulent la moelle épinière et les fibres nerveuses.
Chaque vertèbre s'articule avec la suivante par les facettes articulaires, qui sont situées de part et d'autre, en haut et en bas de l'arc vertébral. Ces facettes articulaires permettent la mobilité de la colonne. Lorsque nous enroulons le dos, les apophyses épineuses s'écartent les unes des autres tandis que les corps vertébraux se rapprochent. Entre les vertèbres se trouvent les disques intervertébraux, comme des coussinets, composés de ligaments fibreux en forme d'anneau (*anulus fibrosus*) enserrant un noyau gélatineux (*nucleus pulposus*). Lors d'une flexion avant, les disques intervertébraux sont comprimés. Une alternance harmonieuse de pression et de relâchement leur est bénéfique mais une surcharge excessive et unilatérale peut les endommager. Il arrive alors que l'anneau fibreux se déchire, laissant échapper le noyau gélatineux : c'est la hernie discale, qui lorsqu'elle comprime la racine d'un nerf provoque d'intenses douleurs.
En *kurmasana*, il est donc important de limiter la pression sur les disques intervertébraux. Pour cela, il convient de répartir uniformément l'enroulement sur toute la longueur de la colonne vertébrale, de s'abstenir de courber exagérément le dos et d'allonger au mieux la colonne lombaire. On y parviendra en respectant rigoureusement les indications qui suivent.

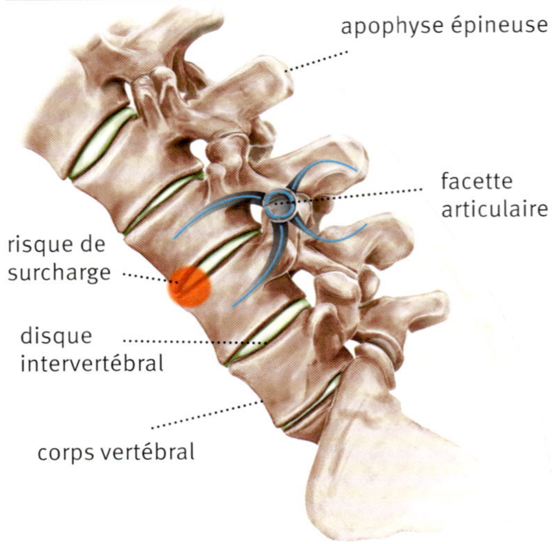

Lorsque le dos est enroulé, les corps vertébraux se rapprochent les uns des autres, risquant d'écraser et d'abîmer les disques intervertébraux. On y remédie en modérant l'enroulement et en le répartissant sur toute la colonne.

Prise de la posture

Variante simple

Asseyez-vous et fléchissez légèrement les genoux. Tirez les pointes des ischions vers l'arrière et vers l'extérieur de manière à basculer légèrement le bassin vers l'avant. Maintenez la colonne vertébrale aussi droite que possible. *(Fig. 1)*

Laissez descendre les jambes vers l'extérieur à partir des hanches et joignez les plantes des pieds. Fléchissez les genoux presque à angle droit. Vérifiez que le fémur et le tibia sont en rotation externe. Sur l'expiration, redressez le buste et saisissez vos pieds par l'extérieur en posant les malléoles externes dans les paumes des mains. *(Fig. 2)*

Sur l'expiration, inclinez le tronc vers le sol en basculant le bassin autant que possible vers l'avant. Si vous y arrivez, posez le visage sur la face interne de vos pieds. En même temps, écartez les coudes et posez-les, si possible, sur le sol à l'avant des tibias. *(Fig. 3)*

Sur le souffle, allongez la colonne lombaire. Sur une expiration, mobilisez le plancher pelvien et, tout en maintenant le bassin basculé vers l'avant, sentez ce redressement au niveau du sacrum. Inspirez en avalant le bas-ventre vers le haut pour faire remonter le mouvement respiratoire et tirer ainsi la colonne vertébrale vers le haut.

Demeurez dans la posture en respirant plusieurs fois, calmement et profondément. Pour en sortir, redressez-vous lentement.

Les bienfaits

- *assouplit les hanches ;*
- *prépare à* padmasana, *la posture du lotus (page 69) ;*
- *détend les muscles de la nuque et du dos ;*
- *enseigne la patience ;*
- *favorise l'intériorisation et le retrait des sens.*

Précautions et contre-indications

- Crise de sciatique ou atteinte du nerf sciatique.
- Lésion du ménisque ou autres affections chroniques ou aiguës du genou : la posture ne doit en aucun cas provoquer une douleur dans l'articulation du genou.
- Pathologies de la colonne vertébrale, hernie discale en particulier, la courbure du dos pouvant accentuer la pression sur les disques intervertébraux.

Variante exigeante

Prenez la position de départ décrite précédemment (page 89, Fig. 1).

Sur une expiration, passez la cuisse gauche par dessus le haut du bras gauche, aussi près que possible de l'épaule. De la main gauche, maintenez le mollet gauche. Le pied gauche doit se trouver à peu près à la hauteur de la tête. *(Fig. 1)*

De la main droite, entourez le talon gauche et tournez le tibia gauche vers l'extérieur. Posez la main gauche devenue libre sur le dessous de la cuisse gauche et appuyez sur l'expiration, en faisant légèrement tourner le fémur vers l'extérieur. Ceci permet à l'épaule gauche de glisser vers l'avant par dessous le genou gauche. Dans l'espace ainsi créé, saisissez le pied gauche de la main droite, talon en avant, et tirez-le vers l'arrière de la tête. Veillez à laisser le tibia en légère rotation externe et évitez de tordre la cheville gauche. *(Fig. 2)*

Procédez maintenant de la même manière, étape par étape, toujours avec prudence et sans forcer, pour placer la jambe droite derrière l'épaule droite. Passez ensuite la cheville droite par dessus la cheville gauche derrière la tête. *(Fig. 3)*

À l'inspiration suivante, prenez fermement appui sur les mains et soulevez le corps du sol. *(Fig. 4)*

Sur l'expiration, pivotez autour d'un centre de rotation situé au milieu du corps, jusqu'à vous trouver à l'horizontale, en équilibre sur les mains. *(Fig. 5)*

Toujours sur l'expiration, abaissez le corps jusqu'à ce que le front et les fessiers touchent le sol à peu près en même temps.

Accompagnez l'inspiration en étirant les bras loin à l'arrière, paumes vers le haut. Sur l'expiration suivante, pliez les coudes et attrapez vos mains derrière le dos. *(Fig. 6)*

Respirez plusieurs fois calmement dans cette position. Profitez des inspirations pour ouvrir les épaules et les tirer vers l'arrière et des expirations pour basculer le bassin loin vers l'avant.

Pour quitter la posture, commencez par lâcher les mains et posez-les au sol sous les genoux. Soulevez-vous en prenant appui sur les mains puis tendez lentement les jambes et laissez glisser les pieds vers l'avant par dessus la tête, toujours en équilibre sur les mains. Enfin, asseyez-vous, jambes allongées, le torse reposant sur les jambes, respirez plusieurs fois et accueillez les effets de la posture.

3

4

5

6

La posture d'Hanuman
Hanumanasana

HANUMAN demi-dieu mythique ayant l'apparence d'un singe

ASANA posture de yoga

Hanumanasa est une posture en fente avant et arrière, qui s'apparente à un grand écart. Cet asana évoque le pas de géant que fit le dieu Hanuman pour franchir d'un bond la mer entre le sud de l'Inde et l'île du Sri Lanka.

Symbolique et mythologie

Hanuman, demi-dieu à l'apparence de singe, est le fils de la nymphe Anjana et de Pavan, le dieu du vent. S'il est toujours très vénéré en Inde de nos jours, c'est en raison de son rôle dans l'épopée mythique du Ramayana. Dans ce récit, Sita, l'épouse de Rama (un avatar de Vishnu), a été enlevée par le démon Ravana. Elle a disparu sans laisser de trace. Dans son désespoir, Rama s'adresse à l'armée de singes qui règne sur la jungle.

Rama donne à Sugriva, le roi des singes, de précieux conseils stratégiques lors d'une bataille. En échange, il lui demande de l'aider à retrouver Sita. Au cours de ces recherches longues et difficiles, il s'avère que Sita est retenue prisonnière par Ravana au Sri Lanka et Hanuman, le général de l'armée des singes, devient le plus proche allié de Rama.

Totalement dévoué à Rama, Hanuman décide de consacrer toute son énergie au service de la libération de Sita et il retrouve sa trace au Sri Lanka.

Se surpasser par la dévotion

Pour arriver sur l'île, il doit faire un bond gigantesque, comme jamais aucune créature n'en a réalisé auparavant. S'il parvient à accomplir cet exploit, ce n'est pas seulement grâce aux qualités héritées de son père, le dieu du vent, ou grâce à son extraordinaire force physique. Ce qui lui donne des ailes, c'est avant tout son amour inconditionnel pour Rama et la dévotion totale qu'il lui voue. Voilà précisément l'énergie que symbolise *hanumanasana*. Au cours des recherches qu'il mène pour retrouver Sita puis de

Hanuman, général des singes dans l'antique épopée hindoue du « Ramayana », est le symbole de l'être humain qui met l'intégralité de son action au service du divin. Son amour et son dévouement pour Rama libèrent en lui des forces insoupçonnées.

la bataille qu'il livre pour la libérer, Hanuman doit braver de multiples dangers. Tandis qu'il surmonte toutes les difficultés, le mantra « Rama » ne quitte pas ses lèvres. Toujours joyeux, il ne recule devant aucun effort et son immense amour pour Rama (et plus profondément, pour Dieu) libère en lui des forces insoupçonnées.

L‘expérience d’*hanumanasana*

À force de rester assis sur une chaise, beaucoup de gens se retrouvent avec des muscles sensiblement raccourcis à l‹arrière des jambes. Ce sont précisément ces muscles-là qu‹*hanumanasana* soumet à un étirement intense. Pour détendre les tissus, inutile de compter sur le volontarisme ou l‹effort violent. D‹autres qualités sont nécessaires pour arriver, petit à petit, à maîtriser cet asana : la patience, l‹engagement et la persévérance dans la pratique. Sans cet état d‹esprit, on s‹expose au risque de déchirures musculaires très désagréables. Maîtriser *hanumanasana* revient à faire un grand pas en avant avec assurance, puis à lâcher prise. Si à ce moment-là, vous ressentez de forts tiraillements à l‹arrière des jambes, il s‹agira pour vous d‹évaluer jusqu‹où vous pouvez aller. Il faut savoir être exigeant avec soi-même mais sans dépasser ses possibilités. Ceci vaut pour cette posture comme pour beaucoup de choses dans la vie. *Hanumanasana* vous amène à découvrir en vous les forces et les facultés insoupçonnées qui sommeillent et vous permettraient de faire de grands pas en avant. Il vous enseigne aussi que le dépassement de soi est possible grâce à la confiance et à l‹engagement.

Précautions et contre-indications

- Crise de sciatique ou atteinte du nerf sciatique.
- Pathologies de la colonne vertébrale, hernie discale en particulier.
- Inflammation ou blessure à l'arrière de la jambe, au niveau de l'ischion en particulier.
- Inflammation aiguë et douleurs à l'aine, au petit trochanter en particulier.

Point d'anatomie
Le muscle psoas-iliaque et la colonne lombaire

Principal fléchisseur de la hanche, le psoas-iliaque (ou ilio-psoas) est un grand muscle très puissant. Il comporte deux parties : le grand psoas, qui s'insère sur la colonne lombaire, et le muscle iliaque qui naît sur la face interne de l'ilium. Les deux faisceaux traversent ensemble le bassin, descendant le long du pubis et par l'aine pour aller se fixer sur le petit trochanter, sur la face interne du fémur.

Comme nous passons beaucoup de temps en position assise, le psoas-iliaque est souvent contracté et raccourci, ce qui tire la colonne lombaire vers l'avant et vers le bas, provoquant une lordose.

Pour compenser la traction de ce muscle puissant, il arrive souvent que le corps tout entier se crispe, avec pour conséquence fréquente des contractures douloureuses de la colonne lombaire ou de la nuque.

Grâce à l'intense extension du psoas-iliaque qu'il procure, *hanumanasana* peut compenser remarquablement un mode de vie privilégiant la position assise. Au fur et à mesure que la posture du corps s'améliore, les contractures de la colonne vertébrale et de la nuque se dénouent. Pour réaliser une extension optimale du psoas-iliaque dans *hanumanasana*, il est très important de redresser le bassin du mieux possible. Faute de quoi, au lieu de bénéficier lui-même d'une extension, c'est lui qui tirera sur la colonne et la cambrera. Ce n'est qu'en contractant le plancher pelvien et le bas-ventre de la manière décrite ci-dessous, que l'on stabilise la colonne lombaire et que l'on rend ainsi possible une extension bénéfique.

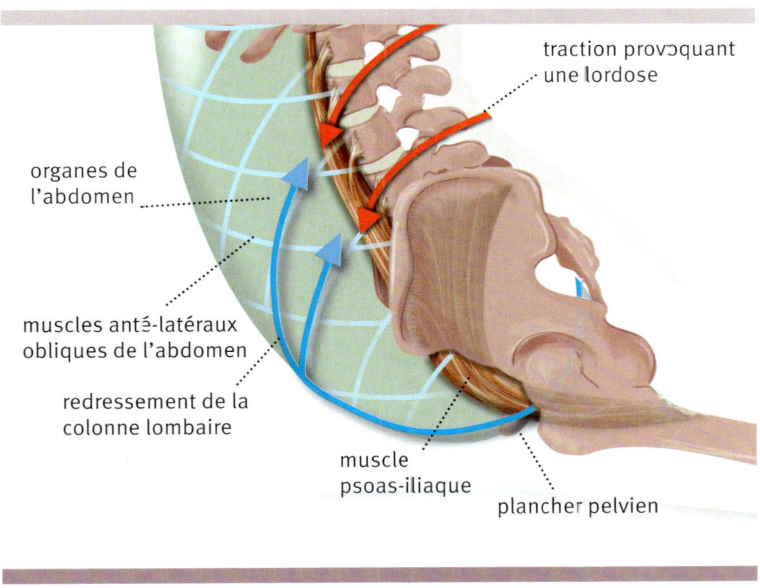

L'étirement du muscle psoas-iliaque creuse ici la colonne lombaire, provoquant une lordose. C'est la résistance opposée par le plancher pelvien et par les muscles anté-latéraux obliques de l'abdomen qui permet, en maintenant les organes, de garder droite la colonne lombaire.

Prise de la posture

Mettez-vous à genoux, les jambes bien serrées, les cuisses à la verticale. *(Fig. 1)*

Placez le pied droit devant jusqu'à ce que le bas de la jambe se trouve à peu près à la verticale. Le bassin reste de face. Placez le cou-de-pied gauche dans l'alignement du bas de la jambe gauche. *(Fig. 2)*

Sur l'expiration suivante, prenez appui les mains au sol de part et d'autre du pied droit. Laissez le genou gauche glisser lentement vers l'arrière, jusqu'à sentir un étirement à l'avant de la cuisse et dans le muscle fléchisseur de la hanche (muscle psoas-iliaque).

Sur l'expiration suivante, glissez le pied droit le plus loin possible vers l'avant. L'avant de la cuisse droite est dirigé vers le haut et l'avant de la cuisse gauche vers le bas. Ne laissez pas le bassin basculer sur le côté. Descendez l'avant de la cuisse gauche et l'arrière de la cuisse droite vers le sol aussi bas que cela vous est possible. *(Fig. 3)*

Les bienfaits

- *assouplit l'articulation de la hanche et en particulier le psoas-iliaque ;*
- *intensifie la vascularisation du bassin ;*
- *dénoue les contractures du dos et de la nuque ;*
- *améliore le maintien ;*
- *permet d'expérimenter la force de gravité comme un soutien ;*
- *permet à l'esprit de s'ouvrir à la dévotion et à l'humilité.*

Si vous parvenez à faire porter votre poids par vos cuisses posées au sol, lâchez les mains en inspirant et joignez-les devant le cœur en expirant. *(Fig. 4)*

Demeurez dans la posture durant quelques respirations tranquilles. Engagez le plancher pelvien sur l'expiration et avalez le bas-ventre vers le haut. Observez le sacrum ainsi tiré vers le bas et l'allongement de la colonne lombaire. Le haut du corps se redresse et l'étirement s'intensifie à l'avant de la hanche gauche. Accueillez ces sensations.

Pour quitter la posture, expirez en plaçant les mains au sol de part et d'autre des hanches. Prenez fermement appui sur les mains et sur l'inspiration, soulevez le bassin. Fléchissez d'abord la jambe gauche, puis la droite et basculez lentement le bassin vers l'arrière tout en expirant. Mettez-vous à genoux dans cette position et accueillez les sensations sur quelques respirations.

Répétez ensuite *hanumanasana* en inversant les jambes.

Le pigeon royal sur une jambe
Eka pada raja kapotasana

EKA un · PADA pied · RAJA roi · KAPOTA pigeon

ASANA posture de yoga

Eka pada raja kapotasana est la plus pratiquée des variantes de la posture du pigeon. Le haut du corps se redresse comme le jabot gonflé d'un pigeon en parade tandis que la jambe levée en arrière représente sa queue déployée.

Symbolique et mythologie

Le symbole du pigeon apparaît il y a plusieurs millénaires dans la culture assyro-babylonienne. La colombe (qui n'est autre qu'un pigeon blanc) était le symbole de la déesse Ishtar. Elle représentait le sacré pour les rois assyriens, qui en ornaient leurs armoiries et leurs drapeaux. Considérée depuis lors comme un oiseau royal en Orient, la colombe fut ensuite présente à la cour des rois et des maharajahs dans le nord de l'Inde, en Iran et dans l'actuel Irak. La haute estime dont jouissent les colombes dans tout l'Orient se manifeste jusqu'à aujourd'hui : elles sont les seuls oiseaux à pouvoir survoler librement la Kaaba de la Mecque, le lieu-saint le plus sacré de l'Islam.

Symbole de déesse et de paix

La colombe, qui dans l'Antiquité nichait sur l'épaule de la déesse de l'amour, devient dans le christianisme le symbole du Saint-Esprit. Elle représente alors l'amour céleste, et non plus terrestre, et l'amour du prochain. On attribuait à la colombe la douceur et l'innocence, car on s'imaginait, à tort, qu'elle était dépourvue de vésicule biliaire, donc de bile, et par conséquent incapable de toute méchanceté. Aujourd'hui la colombe est dans le monde entier l'emblème de la paix. Cependant, les relations qu'entretiennent les hommes avec cet oiseau domestiqué depuis l'Antiquité sont très ambivalentes. Si la blanche colombe symbolise l'amour, les pigeons de nos villes sont eux, souvent persécutés.

La colombe est annonciatrice de paix dans de nombreuses cultures.

En présence de colombes nous éprouvons un sentiment de pureté, de paix et un profond dévouement.

Cet *asana* nous engage à voir la beauté, la grâce et la force de chaque pigeon et à témoigner à ces vieux compagnons de l'humanité le respect qui leur revient.

L'expérience d'*eka pada raja kapotasana*

Les effets de cet asana se font sentir dans deux zones du corps : la zone du bassin et des jambes, et celle de la poitrine.

La position des jambes et du bassin provoque un étirement considérable depuis la face latérale des cuisses jusqu'aux fessiers. Selon les enseignements de la médecine chinoise traditionnelle qui peuvent compléter utilement ceux de l'ayurveda et du yoga, cet étirement suit le trajet du méridien de la vésicule biliaire. Celui-ci se signale douloureusement à notre attention lorsque nous sommes sous l'emprise de l'angoisse et de la colère. On rapporte souvent que l'irritation ou l'agressivité d'un(e) pratiquant(e) se dissipe lors de l'extension du méridien de la vésicule biliaire, pour faire place à des pensées conciliantes et apaisées.

L'ample élévation de la cage thoracique provient de la force du dos. Elle nous incite à une grandeur d'âme et une générosité fondées sur notre propre force intérieure. C'est la posture de la bonté et de l'amour universel, de la compassion et de la bienveillance (*maitri*, *karuna* et *upeksha*) : les dispositions mentales positives que nous essayons de développer par la pratique du hatha-yoga. Globalement, *eka pada raja kapotasana* est une posture très complète qui nous invite sur le plan mental à travailler notre bonté, notre ouverture et notre force.

Précautions et contre-indications

- Pathologies de la colonne vertébrale, hernie discale en particulier.
- Inflammation ou blessure à l'arrière de la jambe, en particulier au niveau de l'ischion.
- Inflammation ou douleurs à l'aine, au petit trochanter en particulier.
- Lésion du ménisque ou autre pathologie aiguë ou chronique du genou.
- Arthrose ou autre pathologie de la hanche restreignant les mouvements de l'articulation.

Point d'anatomie
Une clé de l'extension du dos

L'une des clés des postures en extension avancées du yoga est la mobilisation de l'articulation de la hanche. Mais ceci demande beaucoup de pratique. On commencera par travailler l'extension du muscle psoas-iliaque (page 95).
Mais même si sa souplesse s'améliore, le ligament ilio-fémoral continuera à restreindre l'extension du dos. Ce ligament naît de l'ilium, il entoure à moitié le col du fémur ainsi que la capsule articulaire de la hanche puis vient se fixer au fémur. À chaque fois que nous bougeons la jambe vers l'arrière, il s'enroule comme une hélice autour du col du fémur, enserrant la capsule articulaire et restreignant le mouvement.
Il s'agit du ligament le plus puissant du corps humain, long de 6 à 8 centimètres, large de 2 à 3 centimètres et épais de 1,5 centimètres. Il supporte des charges allant jusqu'à plusieurs centaines de kilos.
Sa grande force lui permet de limiter à 10-15° environ l'extension du dos à partir de la hanche. Gagner quelques degrés suffit déjà à améliorer de manière spectaculaire nos possibilités d'extension du dos. Mais même avec une pratique régulière, l'allongement du ligament ilio-fémoral est très lent. Il faut pratiquer pendant des années, voire des décennies, des postures du type *eka pada raja kapotasana* pour apprendre à inclure l'articulation de la hanche dans l'extension du dos. L'essentiel est de garder patience.

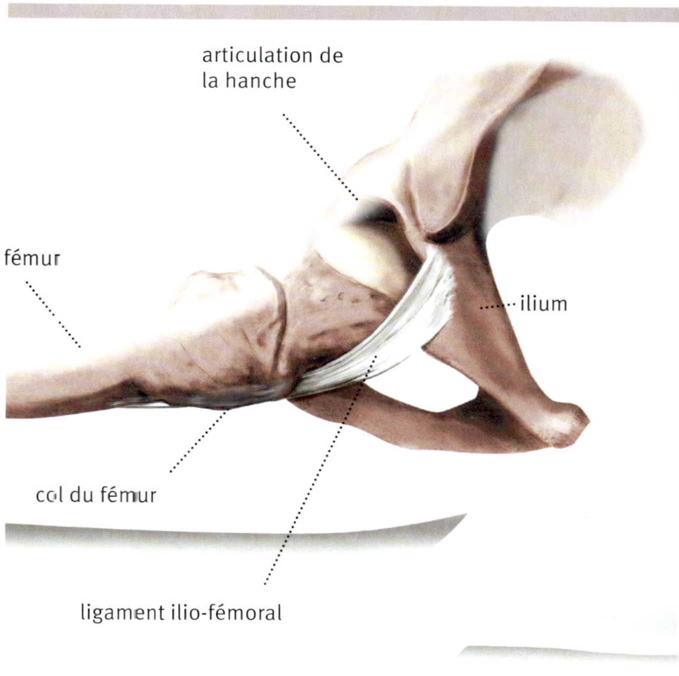

Le ligament ilio-fémoral, ou ligament de Bertin, est le plus puissant du corps humain. Accroître la mobilité de cette zone n'est possible qu'après des années voire des décennies de pratique régulière.

1

2

Les bienfaits

- *assouplit l'articulation de la hanche ;*
- *améliore le maintien par un meilleur positionnement du bassin ;*
- *procure un étirement intense des muscles rotateurs externes de la cuisse, soulageant ainsi le nerf sciatique ;*
- *ouvre l'espace du cœur ;*
- *procure à l'esprit paix et confiance.*

Prise de la posture

Placez-vous à quatre pattes à l'avant du tapis. L'écart des mains est légèrement supérieur à la largeur des épaules. *(Fig. 1)*

Avancez le genou gauche entre les mains. Tout en gardant les mains au sol, posez le fessier gauche à terre. Tendez la jambe droite loin vers l'arrière, le bas de la jambe et le cou-de-pied reposant sur le sol. *(Fig. 2)*

Sur l'inspiration, repoussez fortement le sol avec les mains pour allonger la colonne vertébrale en avançant le buste vers l'avant. Sur l'expiration, laissez l'aine et l'avant de la cuisse droite descendre plus bas, jusqu'au sol. Vérifiez que la cuisse, le bas de la jambe et le cou-de-pied de la jambe arrière sont bien alignés.

Déplacez lentement les mains vers l'arrière et redressez ainsi davantage le torse. *(Fig. 3)* Si vous parvenez à vous redresser suffisamment pour décoller les mains du sol en restant détendu, continuez comme suit.

De la main gauche, prenez appui sur le genou gauche. Inclinez légèrement le buste vers l'avant et fléchissez la jambe droite jusqu'à ce que le tibia soit dirigé vers le haut presque à la verticale.

Sur l'expiration, serrez le coude droit contre le flanc droit. L'avant-bras pointe vers l'avant, à l'horizontale, la paume de la main vers le haut et le pouce bien écarté. Sur l'inspiration, ouvrez le bras par une rotation externe de l'épaule droite. L'épaule suit le mouvement du bras droit, qui s'étend vers l'arrière, jusqu'à ce que le bord interne du pied droit vienne se placer entre le pouce et les doigts de la main. *(Fig. 4)*

Saisissez fermement le pied droit, inspirez profondément et bombez la cage thoracique vers le haut. Le gros orteil du pied droit vient toucher le sommet du crâne. Retirez la main gauche du genou et passez-la en expirant par-dessus la tête pour attraper le pied droit.

Utilisez la dynamique de la respiration pour vous installer plus à fond dans la posture. En inspirant, tirez les orteils vers le haut, des deux mains, et en expirant, plaquez fermement la plante du pied sur le sommet du crâne. Demeurez quelques instants dans la posture en respirant calmement. *(Fig. 5)*

Pour quitter la posture, lâchez votre pied. Sur l'expiration, penchez-vous en avant sur la jambe gauche. Glissez vers l'arrière pour vous mettre à genoux et restez ainsi pendant plusieurs respirations en vous concentrant sur vos sensations avant de répéter la posture en inversant les jambes.

L'arc
Dhanurasana

DHANURA arc

ASANA posture de yoga

La posture *dhanurasana* est une extension qui consiste, à partir de la position allongée sur le ventre, à saisir ses pieds avec ses mains et à tirer vers le haut, tout le corps formant un arc tendu.

Symbolique et mythologie

Le symbole de l'arc est présent depuis la nuit des temps dans la plupart des cultures du monde. Lorsque l'homme se mit à fabriquer des arcs et des flèches, d'abord en bois seulement puis en bois et bronze, ses conditions de vie se transformèrent radicalement. À la chasse, il pouvait tuer des animaux plus gros et tirer d'une plus grande distance qu'avec un épieu. De même, la conduite de la guerre s'en trouva modifiée. Un archer habile, capable de planter ses flèches avec précision, jouissait dans sa communauté d'un tel prestige qu'il lui permettait de s'élever au rang de chef, voire de souverain. C'est ainsi que l'arc devint un symbole de puissance dont la parfaite maîtrise exigeait des années de pratique.
Dans la mythologie indienne, l'arc est l'attribut de certaines divinités, de la déesse Durga en particulier, et aussi de demi-dieux comme les héros Rama et Arjuna.

L'arc des guerriers spirituels

Archers accomplis, Rama (héros de l'épopée du Ramayana) et Arjuna (héros de l'épopée du Mahabharata) sont des guerriers toujours prêts à se battre pour préserver l'ordre du monde (le *dharma*). Dans ce combat, ils font preuve d'une fidélité indéfectible à leurs hautes valeurs spirituelles. Pour bander leur arc immense, ces héros n'ont pas seulement besoin d'une grande force physique. Ils doivent aussi être prêts à ouvrir l'espace du cœur et à s'y recueillir de tout leur être, rassemblés et concentrés. Car c'est en réalité le cœur qui dirige l'arc, à travers les bras qui sont ses « organes d'action » (*karmendriyas*).
Bander un arc demande beaucoup de force et

Arjuna, l'archer le plus doué du Mahabharata, l'antique épopée hindoue, est un guerrier infatigable et altruiste qui s'efforce de préserver l'ordre du monde (le dharma*) et d'accomplir les volontés divines.*

une grande stabilité intérieure. Viser la cible exige de la concentration et du discernement. Mais pour l'atteindre, il faut lâcher la flèche et la laisser s'envoler. Une fois la flèche en l'air, sa trajectoire obéit à ses propres règles, de telle sorte qu'il ne dépend plus de l'archer qu'elle parvienne ou non à son but. Il a agi avec les meilleures intentions et une extrême précision, mais il sait que son influence sur le résultat final est désormais limitée. S'il parvient à cette prise de conscience, au plus profond de lui-même, il devient un « yogi de l'action » (*karma-yogin*) : quelqu'un qui fait tout ce doit être accompli de son mieux mais qui sait rester équanime, que son acte soit couronné ou non de succès.

Dans le hatha-yoga, la posture de l'arc bandé ou *dhanurasana* est le symbole du guerrier spirituel qui cible ses « ennemis intérieurs » (tout ce qui trouble et rétrécit son esprit) avec détermination et lucidité et parvient ainsi à les terrasser.

L'expérience de *dhanurasana*

La posture de l'arc nous permet de faire l'expérience de notre force. A travers la pratique régulière de cet asana, nous sentons nos forces grandir de manière continue et durable, au fur et à mesure qu'il nous devient plus facile d'éloigner notre buste et nos jambes du sol et d'échapper à la pesanteur.

Cependant, l'amplitude avec laquelle nous pouvons pratiquer cet asana dépend fortement de l'espace que nous parvenons à créer dans notre poitrine, car dans cette position, le cœur est exposé sans protection. De ce fait, *dhanurasana* nous renseigne sur notre capacité à nous ouvrir à la Vie, dans quelle mesure et avec quelle dose d'appréhension, et nous aide à nous révéler davantage et à faire confiance.

Précautions et contre-indications

- Pathologies de la colonne vertébrale, en particulier en cas de hernie discale dans la zone lombaire.
- Inflammation au niveau des apophyses épineuses de la colonne vertébrale.
- Inflammation ou douleur à l'aine, en particulier dans la zone du petit trochanter.
- Dégradation du cartilage à l'arrière la rotule, car celle-ci vient s'y appuyer fortement lors de l'exercice.
- Arthrose ou autre affection de la hanche limitant les mouvements de l'articulation.

Point d'anatomie
Les apophyses épineuses

La colonne vertébrale se compose de 24 vertèbres. Chacune d'elle comporte un corps vertébral et un arc vertébral. L'arc présente des apophyses transverses (sur les côtés) et une apophyse épineuse (à l'arrière), sur lesquelles s'insère la musculature. Les arcs vertébraux sont reliés entre eux par les facettes articulaires.

Lors d'une extension, les vertèbres basculent sur leur axe, grâce aux facettes articulaires. De ce fait, les disques vertébraux s'écartent tandis que les apophyses épineuses se rapprochent les unes des autres. Si l'on se cambre fréquemment et avec une telle intensité que les apophyses épineuses de deux vertèbres viennent à se toucher, une inflammation douloureuse peut se développer, à la longue, à leur point de contact. Ceci se produit le plus souvent à la jonction entre la colonne lombaire, relativement souple, et la colonne thoracique moins mobile.

De par la position de ses articulations vertébrales, la colonne lombaire est plus apte que la colonne thoracique à se cambrer. En outre, la colonne thoracique est souvent un peu raidie par la posture voûtée adoptée lors d'activités comme la lecture ou le travail à l'ordinateur.

Une technique correcte peut permettre d'éviter que les apophyses épineuses n'entrent en contact au cours de l'exercice. Lors de l'extension, on veillera d'abord à répartir l'étirement uniformément sur l'ensemble du tronc. Pour cela, il faut mobiliser en toute conscience la colonne thoracique, tout en renforçant la stabilité et la tenue de la colonne lombaire. On y parviendra grâce aux indications qui suivent. La cage thoracique doit rester bien large tandis qu'on rentre fermement les côtes

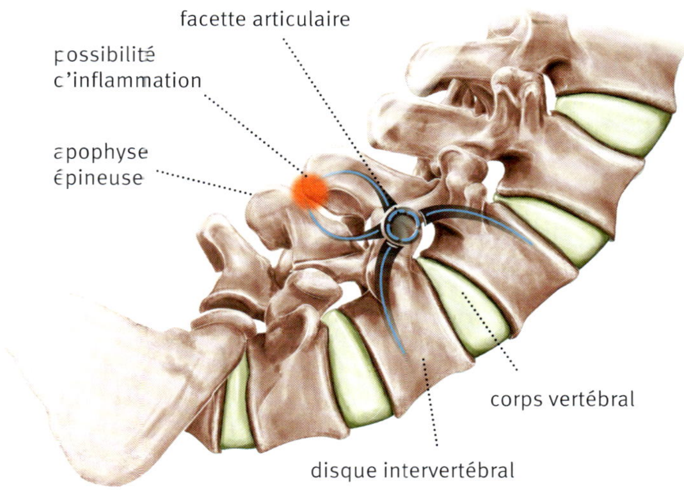

Lors d'une extension, les apophyses épineuses se rapprochent les unes des autres. Leur entrée en contact éventuelle peut provoquer une inflammation. Pour prévenir ce problème, il convient de répartir la cambrure régulièrement sur l'ensemble de la colonne vertébrale.

Les bienfaits

- *améliore la mobilité des hanches ;*
- *améliore la posture corporelle ;*
- *ouvre la poitrine et l'élargit, permettant une respiration costale ample et détendue ;*
- *dénoue les tensions dans le dos, la poitrine et le cou ;*
- *procure une sensation d'espace et de force dans la région du cœur ;*
- *favorise la concentration et la clarté de l'esprit.*

flottantes. Ceci a pour effet de stabiliser la jonction entre les colonnes lombaire et thoracique et de déplacer l'extension du bas vers le haut.

Prise de la posture

Allongez-vous sur le ventre, les pieds écartés de la largeur des épaules, le front posé sur le sol. *(Fig. 1)*

Fléchissez les genoux pour rapprocher les pieds des fessiers, de part et d'autre. Saisissez les jambes par l'extérieur, l'une après l'autre, juste au dessus de la cheville, les pouces vers le bas. Sur l'inspiration, portez l'arrière de la tête vers le haut. Dans le même temps, les tibias poussent contre les mains, ce qui a pour effet de décoller lentement du sol le haut du corps et les cuisses. *(Fig. 2)*

Sur l'expiration, tirez sur les chevilles pour les rapprocher l'une de l'autre et montez encore davantage les jambes. *(Fig. 3)*

À l'aide de la respiration, répartissez uniformément l'extension tout le long de la colonne vertébrale : sur l'expiration, rentrez le bas de la cage thoracique en direction du nombril, vers le bas et vers l'intérieur, tout en allongeant vers le haut la partie supérieure de la colonne lombaire. Laissez s'élargir l'espace du cœur. Maintenez la position en respirant profondément et calmement.

Pour quitter la posture, laissez les pieds redescendre lentement vers les fessiers sur une expiration et desserrez les mains. Placez les mains sous les épaules et en repoussant le sol, venez vous asseoir sur les talons dans la posture du diamant, puis posez le buste sur les cuisses. Dans cette position, si votre front repose naturellement sur le sol, relâchez les bras le long des jambes. Sinon, ménagez un support pour votre front en mettant les mains l'une sur l'autre, soit à plat, soit en fermant les poings, selon ce qui vous semblera le plus confortable. Restez quelques respirations dans cette position en vous concentrant sur votre ressenti.

La roue
Chakrasana · Urdhva dhanurasana

CHAKRA roue · URDHVA vers le haut, dressé · DHANURA arc
ASANA posture de yoga

Chakrasana est une puissante extension, qui consiste à prendre appui sur les mains et les pieds pour soulever tout le corps du sol comme une roue. On l'appelle aussi l'arc levé (*urdhva dhanurasana*), ou le pont.

Symbolique et mythologie

Le symbole de la roue est très répandu, autant dans la culture hindouiste que bouddhiste. On en trouve partout des représentations : dans les temples, les tankas (peintures tibétaines sur toile) et dans les supports de méditation.

La roue de la réincarnation

La posture symbolise la roue de la réincarnation et le cycle perpétuel et ininterrompu de la vie. Il rappelle à ceux qui le contemplent que toute vie est éphémère et que chaque mort est suivie d'une renaissance, déterminée par la manière dont a été menée la vie précédente. La roue est aussi le symbole de la loi de cause à effet, appelée « karma », selon laquelle chacune de nos pensées et chacun de nos actes nous amènent à accumuler du bon ou du mauvais karma.
Le principe du karma nous incite à choisir de manière responsable nos priorités et à décider des principes qui guident nos pensées, nos sentiments et nos actions. La pratique du yoga n'a pas seulement pour objet de purifier et d'apaiser notre esprit afin de nous permettre d'identifier les effets négatifs et malsains que nous générons sans cesse dans notre vie. Elle est surtout un moyen de nous aider à changer. L'un des buts essentiels du yoga est en effet d'épurer l'ancien karma sans en accumuler de nouveau, pour sortir enfin du cycle perpétuel des renaissances et pour que notre âme enfin libre trouve en dieu le repos.

L'activation des *chakras*

Mais le terme de *chakra* signifie aussi « volant » et il désigne, dans le tantrisme comme dans le hatha-yoga, les sept centres d'énergie situés le long de la colonne vertébrale. Chacun de ces centres d'énergie représente un état de conscience

Dans Kaya Sadhana, « la voie du corps », le hatha-yoga définit notre corps comme le lieu d'expérience et de vérité. Les chakras représentés ici sont les zones du corps permettant d'accéder à la connaissance et à la réalisation du Soi véritable.

spécifique et un domaine particulier de la vie (voir page 12 et suivantes).
Dans le yoga, on compare souvent les *chakras* à des fleurs de lotus. Tant que son domaine spécifique n'a pas encore été identifié et exploré, le *chakra* est en bouton. Il ne s'épanouit que lorsque sa thématique particulière a été travaillée. Si nous parvenons à l'intégrer dans notre vie, le *chakra* ressemble alors au fruit du lotus.
Aussi longtemps qu'un *chakra* est en bouton, l'énergie y est prisonnière. C'est une zone qui se révélera dans *chakrasana* comme raide ou difficile à mobiliser par la conscience. À force de patience, la pratique permet d'activer progressivement tous les centres d'énergie et de dissiper les blocages, de sorte que *prana* (page 9), l'énergie vitale, pourra à nouveau circuler librement. Cela demande un travail en conscience sur chaque *chakra*, qui passe par l'examen attentif de domaines encore inexplorés de notre vie.

L'expérience de *chakrasana*

Chakrasana est à bien des égards une posture très exigeante. D'abord, parce qu'elle soumet tout l'avant du corps à un puissant étirement. Ensuite, parce que se hisser vers le haut depuis la position allongée au sol nécessite une bonne technique et beaucoup de force. Enfin et surtout, parce qu'il faut être confiant dans la capacité de ses mains et de ses pieds à porter ainsi tout le poids du corps. La maîtrise de *chakrasana*, une fois acquise, renforce la confiance en soi. Lorsque l'on parvient à rester quelques instants dans cette exigeante posture d'extension, on ressent avant tout de l'espace, à la fois dans les aines, les aisselles, la gorge et en particulier l'espace du cœur. En se redressant après cet asana, on perçoit l'intense stimulation procurée à la colonne vertébrale, lieu d'enracinement de tous les *chakras*. On la sent longtemps vibrer, parcourue d'une énergie qui relie harmonieusement la tête et le bassin.

Précautions et contre-indications

- Pathologies de la colonne vertébrale, hernie discale ou glissement d'une vertèbre (spondylolysthésis) en particulier.
- Inflammation au niveau des apophyses épineuses de la colonne vertébrale.
- Inflammation aiguë et douleurs à l'aine, au petit trochanter en particulier.
- Arthrose ou autres pathologies de la hanche restreignant les mouvements de l'articulation.

✪ En cas de pathologie de l'épaule, arrêtez-vous au 2e stade (épaules au sol).

Point d'anatomie
Stabiliser la colonne vertébrale

On pourrait dire en simplifiant que les corps vertébraux s'empilent les uns sur les autres comme des briques, pour constituer la colonne vertébrale. Ils sont séparés par les disques intervertébraux et reliés entre eux par des facettes articulaires situées sur les arcs vertébraux (page 131). Lors d'une extension, les faces avant des corps vertébraux s'éloignent les unes des autres. De ce fait, chaque corps vertébral ne se trouve plus parallèle mais de biais par rapport à celui du dessous. Sous la pression générée, les vertèbres ont tendance à glisser vers l'avant, vers la cavité abdominale, mais elles sont retenues par les facettes articulaires et l'appareil ligamenteux de la colonne vertébrale. Cette structure peut à la longue être sur-sollicitée par la pratique inadaptée d'extensions. Il peut alors arriver qu'une vertèbre se déplace et glisse vers l'avant. Dans ce cas, on parle de spondylolysthésis, une affection qui peut survenir même sans extension excessive chez des personnes prédisposées. Bien des gens vivent avec une vertèbre légèrement déplacée sans s'en apercevoir. Mais avec le temps, le glissement vers l'avant du corps vertébral s'accentue et provoque un rétrécissement du canal médullaire, soumettant la moelle épinière à une pression douloureuse et comprimant la racine des nerfs rachidiens.

Il est donc important de stabiliser la colonne vertébrale par l'avant lors des extensions afin de prévenir un éventuel glissement de vertèbre. Une vertèbre légèrement déplacée pourra même retrouver progressivement son logement et cesser de causer des douleurs. La clé de cette stabilisation se trouve dans la mobilisation du plancher pelvien et des muscles du bas-ventre qui plaquent les organes de l'abdomen contre la colonne vertébrale. Quant à la contraction du diaphragme pendant l'inspiration, elle apporte un appui supplémentaire aux organes de l'abdomen par le haut. La pression qui en résulte pousse la colonne lombaire vers l'arrière et l'y maintient.

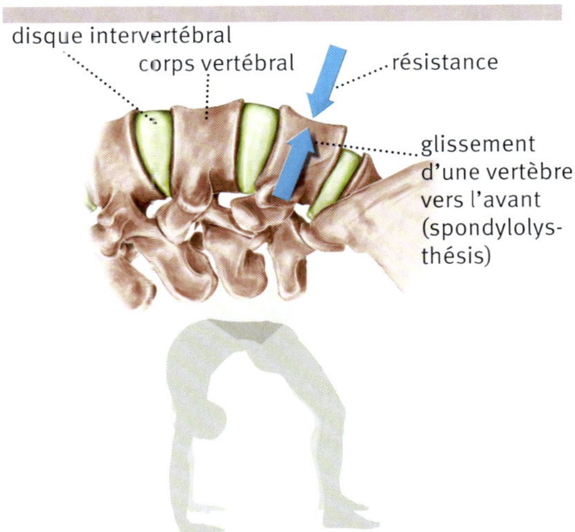

Entraînés par la dynamique de l'extension dorsale, les corps vertébraux peuvent être repoussés vers l'avant. La résistance exercée par les muscles de l'abdomen, du diaphragme et du plancher pelvien maintient la colonne vertébrale et évite le glissement des vertèbres.

1

2

Les bienfaits

- *assouplit l'articulation de la hanche et de l'épaule ;*
- *améliore la mobilité de la colonne vertébrale ;*
- *améliore la statique corporelle ;*
- *ouvre et élargit la poitrine, permettant une respiration costale fluide;*
- *dénoue les blocages énergétiques de la colonne vertébrale ;*
- *fait circuler le* prana *le long de toute la colonne.*

Prise de la posture

Allongez-vous sur le dos. Amenez les pieds au plus près du bassin, légèrement de côté par rapport aux fessiers. Vérifiez que les orteils pointent vers l'avant et que les genoux se trouvent à la verticale des chevilles. Placez les bras le long du corps, paumes vers le bas.

Sur l'expiration, appuyez fermement les épaules et le bassin au sol tout en rentrant les têtes des humérus et les aines. Sur l'inspiration, bombez la poitrine en décollant le dos du sol. *(Fig. 1)*

En expirant, contractez fortement le plancher pelvien et actionnez les muscles du bas-ventre pour stabiliser le bas de votre dos. Élevez ensuite lentement le sacrum au dessus du sol. C'est dans le sacrum et non dans le bassin que vous trouverez la dynamique de ce mouvement, auquel vous sentirez participer la musculature profonde du dos. *(Fig. 2)*

Si vous parvenez à rester dans cette position sans difficultés majeures, passez à l'étape suivante. Sur l'expiration, levez les bras à la verticale. Sur l'inspiration, fléchissez les coudes et posez les mains à côté des oreilles, les doigts en direction des épaules. *(Fig. 3)*

Sur l'expiration, prenez appui fortement sur vos mains et roulez lentement des épaules à l'arrière de la tête, jusqu'à ce que seul le sommet de la tête soit en contact avec le sol. *(Fig. 4)*

Pour continuer vers la posture aboutie, vous pouvez passer à l'étape suivante. Sur l'expiration, tendez les bras. La tête se décolle du sol. Conservez la nuque et l'arrière de la tête dans le prolongement de la colonne. *(Fig. 5)*

Vous répartirez l'extension sur toute la colonne vertébrale à l'aide de la respiration : mobilisez sur l'expiration le plancher pelvien, qui vient tirer le sacrum vers le bas et vers l'intérieur. Résistez à la tentation de bouger le bassin en même temps mais tout en inspirant, tendez plutôt vos jambes avec énergie. Expirez en rentrant puissamment le bas-ventre pour plaquer les organes contre la colonne vertébrale et la stabiliser. Restez ainsi, comme un arc levé, le temps de plusieurs respirations calmes et profondes.

Quittez la posture en fléchissant lentement les bras et les jambes, jusqu'à ce que le sommet du crâne touche le sol. Glissez très précautionneusement vers le bas pour reposer au sol l'arrière de la tête, puis les épaules, le dos et le bassin. Enlacez vos genoux et rapprochez-les du buste sur une expiration. Sentez se détendre les muscles du dos sollicités pendant la posture et savourez cette sensation.

La pince
Paschimottanasana

PASCHIMA ouest, arrière du corps (les yogis se tournant traditionnellement vers l'est et le soleil levant pour pratiquer) · UTATNA étirement intense · ASANA posture de yoga

Paschimottanasana est une flexion avant en position assise, jambes allongées, qui procure un étirement intense de tout l'arrière du corps. On l'appelle aussi *paschimatanasana*, et en Occident elle est connue sous le nom de « La pince », de par sa ressemblance avec cet outil.

Symbolique et mythologie

« Ayant étendu les deux jambes sur le sol, droites comme des bâtons, il faut saisir les deux pointes des pieds avec les bras, et posant la région du front sur les genoux, demeurer dans cette position ; c'est ce que l'on nomme *paschimatanasana*. Cet asana prééminent fait circuler le courant vital à l'arrière du corps (dans la *sushumna*). Il ranime le feu digestif, amincit le ventre, et confère la santé. » (*Hatha Yoga Pradipika* I, 28, 29)
Le *Hatha Yoga Pradipika* énonce clairement le but ultime de la posture, qui est de faire circuler le *prana* le long du canal central, la *sushumna*, (page 17) situé à l'intérieur de la colonne vertébrale. Selon les textes, *paschimottanasana* est la seule posture du hatha-yoga à permettre cette circulation, grâce à l'étirement de tout l'arrière du corps dans la flexion avant. Ce n'est pas uniquement la colonne vertébrale qui s'étire, mais aussi son canal le plus intérieur.
Selon le hatha-yoga, l'énergie vitale circule habituellement dans deux canaux (*nadis*) qui remontent en spirale le long de la colonne vertébrale. Ces deux *nadis* (*ida* et *pingala*) représentent respectivement le côté gauche et le côté droit, la lune et le soleil, le féminin et le masculin, le repos et l'activité, le froid et le chaud : en bref, le monde des polarités, le monde extérieur avec ses aspects contradictoires entre lesquels nous sommes constamment tiraillés. C'est particulièrement vrai pour ce qui est de l'opposition entre activité et repos. Dans le monde des polarités, nous sommes sans cesse incités à opter pour l'un des pôles, ce qui se fait forcement au détriment de

Paschimottanasana *procure un étirement intense de tout l'arrière du corps et permet ainsi au* prana *de remonter le long du canal central, la* sushumna.

l'autre. Il faut choisir soit le froid, soit le chaud, car la tiédeur ne fait vraiment rêver personne ! Insensiblement, les polarités se durcissent en dualités, c'est-à-dire des qualités qui s'excluent mutuellement. Dans cet état de choses où nous ne vivons toujours que l'un ou que l'autre, nous pensons « en noir et blanc », sans nuances, et c'est la porte ouverte au dogmatisme.

Voilà pourquoi les maîtres du hatha-yoga nous enjoignent de retrouver la voie du milieu, celle de l'Unité, la seule capable de réunir tout ce qui en nous est divergent. Cette voie, c'est la *sushumna*, la *nadi* du milieu. Lorsque l'énergie circule en elle, les polarités perdent leur puissance. Nous commençons à vivre dans l'Unité : actifs au repos et au repos dans l'action, nous sommes à la fois calmes, éveillés et lucides. Nous laissons s'épanouir notre part féminine autant que notre part masculine. Nous découvrons les mérites de la tiédeur, dans laquelle notre corps se détend et respire librement. Pour attirer le *prana* vers le milieu, il faut libérer le chemin pour y arriver de tous les blocages, en particulier ceux de la zone lombaire et des articulations du sacrum. C'est à cette fin que l'on allonge bien la colonne, comme un grand arc détendu. Lorsque les jambes sont tendues et qu'on saisit les pieds avec les mains, il se forme un grand circuit d'énergie que le *prana* parcourt en boucle, partant du milieu du bassin le long de la colonne, vers les bras et les jambes, et se diffusant au passage dans tout le corps.

L'expérience de *paschimottanasana*

Paschimottanasana nous permet de sentir la dilatation et l'ouverture de tous les circuits d'énergie qui se trouvent à l'arrière du corps. Mais il nous faudra dans les premiers temps de pratique de cette posture, rencontrer tous les blocages de la colonne et des zones voisines, qui empêchent la libre circulation de l'énergie.

Au fur et à mesure que le dos devient plus perméable dans la posture, la montée du *prana* devient plus perceptible. Il arrive que l'afflux d'énergie se manifeste par une sensation de chaleur, parfois intense, ou par des fourmillements. L'énergie se rassemble de plus en plus nettement au milieu du corps. Dès l'ouverture du canal central apparaît la sensation d'un trajet intérieur, le long duquel nos énergies réunies en un faisceau montent de la terre vers la lumière. L'esprit s'apaise, calme et éveillé. Dans cet état, le souffle se fait souvent très lent et extrêmement léger.

Précautions et contre-indications

- Crise de sciatique ou atteinte du nerf sciatique.
- Pathologies de la colonne vertébrale, hernie discale en particulier, l'enroulement du dos pouvant augmenter la pression sur les disques intervertébraux.
- Inflammations et blessures à l'arrière de la jambe, au niveau de l'ischion en particulier.

Point d'anatomie l'extension des ligaments

Chaque muscle est enveloppé de tissu conjonctif et composé de faisceaux. Chacun est lui-même entouré, contenu et protégé par une gaine conjonctive. Cette structure permet aux fibres musculaires de transformer leur force en mouvement. Pour pouvoir se raccourcir ou s'allonger, le tissu conjonctif se compose de fibres plus ou moins élastiques qui se rassemblent à chacune des extrémités du muscle pour former les tendons. Ceux-ci relient les muscles aux os en s'insérant dans le périoste et dans le tissu osseux lui-même.

Destinés avant tout à être résistants, les tendons se composent essentiellement de fibres robustes de faible élasticité. Lors de l'étirement d'un muscle, la traction se transmet à travers toute la chaîne du tissu conjonctif, de l'os au tendon, puis au muscle, puis au tendon suivant et à nouveau à l'os.

Par l'effet d'étirements dosés et réguliers, les fibres conjonctives de nos muscles peuvent s'allonger et mieux glisser les unes sur les autres. À la longue, la proportion de fibres élastiques augmente, nos muscles s'allongent et nous gagnons en souplesse. En revanche, les tissus conjonctifs des tendons, résistants à la traction, ne sont pas destinés à s'allonger ou s'assouplir. Poussé par l'ambition, on s'acharnerait en vain sur eux pour les étirer. Dans le meilleur des cas, on constaterait une stagnation dans la pratique. Mais des efforts intempestifs se soldent souvent par des inflammations des tendons et de leurs attaches. Une douleur aux lieux d'insertion des muscles signale une blessure imminente.

Dans le pire des cas, un tendon malmené et abîmé peut même finir par se déchirer. On s'appliquera donc toujours, au cours de la

Les fibres conjonctives des muscles sont élastiques : elles peuvent donc s'étirer et s'allonger. En revanche, les fibres de collagène des tendons, résistantes à la traction, ne sont pas destinées à s'assouplir.

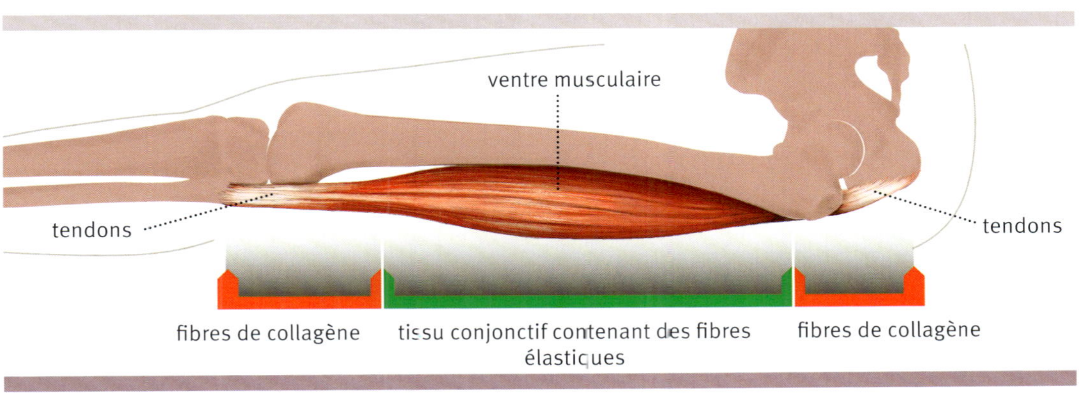

Les bienfaits

- *améliore la flexion de la hanche ;*
- *améliore la mobilité des articuations du bassin ;*
- *dénoue les contractures musculaires du bas du dos ;*
- *invite l'énergie* (prana) *à remonter le long de l'arrière du corps ;*
- *apaise l'esprit.*

pratique, à allonger le corps du muscle en tirant le moins possible sur les points d'insertion des tendons. *Paschimottanasana* se révèle une posture particulièrement intéressante pour acquérir ce savoir-faire.

Lorsqu'on commence à pratiquer cet asana, l'étirement se fait surtout sentir à l'arrière du genou, dans le creux poplité. Orienter les os iliaques vers l'avant fait glisser les ischions vers l'arrière et vers l'extérieur. L'extension se déplace alors vers le milieu des muscles de l'arrière-jambe. Elle est bien plus efficace ainsi et nous permet de gagner rapidement en souplesse.

Si le tissu conjonctif est déjà très souple, l'étirement se fera probablement sentir tout en haut de la jambe, près de l'ischion, signalant un éventuel déséquilibre dans l'extension. Ignorer cet avertissement pourrait résulter en une inflammation douloureuse et tenace, rendant pénible la simple position assise sur une chaise. Dans le pire des cas, la musculature de l'arrière-jambe peut s'arracher de l'ischion. Pour éviter de telles lésions, il faut s'efforcer de déplacer l'extension vers le milieu des ventres musculaires. On y parvient en veillant à la rotation externe des fémurs et en mobilisant les muscles du plancher pelvien.

Prise de la posture

Installez-vous en position assise, les jambes légèrement fléchies devant vous. Asseyez-vous un peu en avant de vos ischions, en les tirant vers l'extérieur et vers l'arrière. Gardez la colonne vertébrale aussi érigée que possible. *(Fig. 1)*

Accompagnez l'inspiration en glissant les mains vers l'avant et selon votre souplesse, saisissez les tibias ou les bords externes des pieds. Si vous le pouvez, liez les mains derrière les plantes de pied en enlaçant le poignet droit de la main gauche (voir la photo page 116). Étirez lentement les jambes en expirant. Vérifiez que le bassin reste basculé vers l'avant et en rotation interne. *(Fig. 2)*

Restez dans cette position pendant plusieurs respirations. Observez les muscles de l'arrière de

1

2

vos cuisses se relâcher progressivement et s'allonger. Contractez l'avant de la cuisse pour tirer légèrement les rotules en direction du bassin. Ceci vous aidera à détendre un peu plus l'arrière des cuisses et vous pourrez ainsi tendre un peu plus les jambes.

Sur l'expiration, inclinez le buste loin vers l'avant. Gardez la nuque longue et libre. Fléchissez autant que possible les coudes et tirez-les sur les côtés. *(Fig. 3)*

Demeurez pendant quelques respirations tranquilles dans cette posture. Essayez de centrer l'extension au milieu de l'arrière-cuisse, entre le creux poplité du genou et l'ischion, de la manière suivante :

- si vous ressentez surtout l'extension à l'arrière des genoux, faites basculer sur une expiration le bassin vers l'avant et vers l'intérieur. Les ischions sont ainsi repoussés vers l'arrière et vers l'extérieur, déplaçant l'extension vers les cuisses.
- si vous ressentez surtout l'extension dans la zone des ischions, contractez fermement le plancher pelvien. Ceci a pour effet d'orienter le sacrum dans le sens inverse de la bascule du bassin. En expirant, tournez les fémurs vers l'extérieur, ce qui a pour effet de déplacer l'extension vers le creux poplité des genoux.

Pour quitter la posture, fléchissez légèrement les jambes, lâchez les mains et redressez-vous lentement.

La posture de Vashishtha
Vasishthasana

VASISHTHA nom d'un sage de la mythologie hindoue

ASANA posture de yoga

Vashishthasana est une posture très exigeante attribuée au sage Vashishtha. Elle consiste en un appui en équilibre sur une main et le bord externe d'un pied.

Symbolique et mythologie

Dans la mythologie hindoue, le sage Vashishtha est l'un des sept grands *rishis* : les témoins de la connaissance divine, qui leur fut dévoilée pendant l'ère védique. Il était l'un des plus grands *satgurus* (guide spirituel) de son temps et on lui attribue la rédaction d'une partie des *Vedas*, les anciens textes sacrés de l'hindouisme. Vashishtha serait le fils de Varuna, le dieu du vent. Après sa mort il serait remonté au ciel pour former la constellation de la Grande Ourse.

On dit que Vashishtha fut le maître de Rama, l'un des avatars du dieu Vishnu. Dans son ashram d'Ayodhya, il forma le jeune prince d'origine divine aux enseignements du yoga qui firent de lui un souverain sage et pacifique.

Maître de l'ascèse, des pouvoirs surnaturels et des qualités du cœur

De nombreuses légendes évoquent les facultés extraordinaires et les forces surnaturelles de Vashishtha. Dans la *Vashishtha Samhita*, le recueil de ses textes, il déclare que seule la pratique assidue et rigoureuse du yoga doublée d'une stricte ascèse permet d'atteindre tout ce qui est important dans la vie. Il aurait lui-même pratiqué des années durant une ascèse des plus rigoureuses. Tout ce qui n'exigeait pas des efforts acharnés relevait pour lui de la paresse, qu'il considérait comme une maladie. Il y voyait la raison principale de l'incapacité des êtres humains à se sortir de situations fâcheuses.

La volonté surhumaine qu'il avait réussi à acquérir à force de pratique lui fut de la plus grande utilité pour défendre Nandini, sa vache au lait miraculeux capable de nourrir une multitude d'hommes et d'exaucer tous les vœux.

Pour le yoga, le sage Vashishtha (à gauche) symbolise l'autodiscipline et la persévérance, mais aussi la bonté et la compassion.

Cette vache prodigieuse avait excité la convoitise du roi Vishvamitra, lui-même doué d'une force exceptionnelle dont il comptait bien se servir pour enlever Nandini. Vashishtha et Vishvamitra s'affrontèrent lors d'un violent combat au cours duquel leurs *siddhis*, leurs pouvoirs surnaturels, se retrouvèrent à égalité. Finalement, Vashishtha eut le dessus grâce à sa puissance spirituelle, développée par sa pratique du yoga. Sa sagesse lui permit de dompter ses sens et ses passions tout en gardant l'esprit clair et le cœur bienveillant. Son attitude au cours du combat fit sur Vishvamitra une telle impression qu'il renonça à la victoire, se retira du monde et consacra le reste de ses jours à l'épanouissement de sa puissance spirituelle. Vashishtha est donc le symbole de l'être humain qui, a force de persévérance et de discipline, parvient à développer l'ensemble des facultés humaines au plus haut point mais n'en fait pas usage à des fins égoïstes. Bien au contraire, il les met exclusivement au service de ses buts spirituels : l'esprit de paix, l'altruisme, la compassion et la bonté.

L'expérience de *Vashishthasana*

Pour maîtriser cette posture en équilibre sur le côté, il faut autant de force que de sérénité : de la force, pour se repousser du sol d'une main et d'un pied ; de la sérénité pour se maintenir en équilibre et pour soutenir dans la durée l'effort que cet asana exige de tout le corps.
Vashishthasana a une structure très claire, presque graphique. Une main est appuyée à terre tandis que l'autre pointe vers le ciel. Au milieu, la poitrine bien large offre aux bras leur point d'ancrage. Le dos, le ventre, le bassin et les jambes sont sollicités avec intensité pour maintenir le corps à l'oblique et dans un même plan, sans laisser le bassin partir vers l'arrière. Lorsque les deux axes (jambes-tronc-tête et bras-cœur-bras) sont alignés avec précision, on prend conscience que le cœur se trouve à leur croisée.
Le cœur est le centre de cet asana : toutes les lignes de force en partent et y reviennent, ce qui nous permet de ressentir la conjonction de force physique et de qualités de cœur qui caractérisait le sage Vashishtha.

Précautions et contre-indications

- En cas de pathologie de l'épaule, vous pouvez réduire la pression exercée sur cette articulation en fléchissant les genoux et en les posant au sol, et en maintenant l'alignement entre les genoux et les épaules.
- Si vous avez une tension artérielle très instable ou si vous souffrez facilement de vertiges, les postures d'équilibre sont à aborder avec prudence et sans hâte.
- Si vous souffrez d'un rétrécissement des artères du cou (artères vertébrales), porter le regard vers le haut, et ici loin sur le côté peut provoquer des vertiges. Dans ce cas, regardez vers l'avant.

Point d'anatomie
Force et souplesse

Nos articulations ne peuvent se mouvoir librement et trouver l'alignement optimal que si nos muscles et nos ligaments ont la souplesse nécessaire. Cette souplesse peut alors permettre, par exemple, à un dos raide et contracté de retrouver une statique harmonieuse ou la symétrie. Mais la force musculaire nous est tout aussi indispensable pour pouvoir développer une bonne posture corporelle. Avec le temps, nos muscles parvenant à un nouvel équilibre, une position peu familière au départ finit par nous sembler naturelle. D'une interaction harmonieuse entre force et souplesse dépendent à la fois la santé de l'appareil moteur et la qualité de notre posture debout.
Vashishthasana est une posture exigeante pour la musculature du tronc. Les petits muscles spinaux sont particulièrement sollicités car ils ont ici pour rôle de maintenir la rectitude de la colonne dans une orientation inhabituelle par rapport à la gravité. Cet effort se fait rapidement sentir, après quelques respirations à peine. En plus de renforcer la musculature, *Vashishthasana* améliore aussi l'interaction neuromusculaire (page 59), comme toutes les postures d'équilibre. Une pratique régulière permet aux muscles de se renforcer mais aussi d'apporter un maintien de la colonne plus efficace, ce qui est particulièrement important pour les personnes souples mais insuffisamment musclées.

Prise de la posture

Installez-vous à quatre pattes. Veillez à ce que les genoux soient à la verticale des hanches et les mains légèrement en avant de la verticale des épaules. Écartez bien les doigts, les index vers l'avant. *(Fig. 1)*

Retournez les orteils. En inspirant, tendez une jambe puis l'autre à l'arrière jusqu'à ce que votre corps forme une ligne droite. *(Fig. 2)*

Sur l'expiration suivante, transférez tout votre poids sur la main droite et sur le bord externe du pied droit. Soulevez lentement l'épaule gauche, jusqu'à ce qu'elle se trouve au dessus de l'épaule droite, à la verticale. Stabilisez le corps en maintenant sa rectitude.

Tendez le bras gauche le long du corps, paume contre la cuisse gauche. Regardez vers le bas. *(Fig. 3)*

Les bienfaits

- *améliore la posture corporelle ;*
- *renforce la musculature du tronc et des épaules ;.*
- *corrige les dissymétries du corps ;*
- *favorise la stabilité et un bon alignement ;*
- *améliore le sens de l'équilibre ;*
- *apporte à l'esprit concentration et stabilité ;*
- *procure une sensation de grande force intérieure et de rectitude.*

Si jusqu'ici *vashishthasana* vous semble facile à tenir, les exigences croissantes des variantes suivantes vous permettront d'augmenter la difficulté.

Sur l'inspiration suivante, tournez le regard vers le haut, par dessus l'épaule gauche. En même temps, tendez le bras gauche vers le haut, paume de main vers l'avant, parallèlement à l'avant du corps. *(Fig. 4)*

En inspirant, tournez la cuisse gauche vers l'extérieur jusqu'à ce que la rotule pointe vers le haut. Soulevez alors la jambe tendue. En expirant, crochetez si possible le gros orteil gauche avec l'index et le majeur de la main gauche. La paume de la main reste dirigée vers l'avant, parallèlement à l'avant du corps. *(Fig. 5)*

Gardez ainsi l'équilibre pendant plusieurs respirations calmes et profondes. Vérifiez que le tronc reste droit. Allongez le plus possible la colonne vertébrale en veillant à l'alignement de la cheville, du genou, de la hanche et de l'épaule.

Pour quitter la posture, abaissez d'abord la jambe gauche, puis le bras gauche. Laissez ensuite le bassin descendre doucement pour vous retrouver à quatre pattes. Répétez *vashishthasana* de l'autre côté.

La demi-posture de Matsyendra
Ardha matsyendrasana

ARDHA moitié · MATSYA poisson

INDRA puissant, roi des dieux dans la tradition védique, dieu du tonnerre

MATSYENDRA le fondateur mythique du hatha-yoga · ASANA posture de yoga

Ardha matsyendrasana est une torsion de la colonne vertébrale en position assise. Connue aussi sous le nom de « torsion assise », cette posture présente de nombreuses variantes.

Symbolique et mythologie

Selon les textes anciens du hatha-yoga, c'est le dieu Shiva lui-même qui aurait fait don de la voie du yoga à l'humanité.

À la découverte du Soi véritable

Parvati, son épouse, la Grande Mère, créatrice de toute vie sur terre, perçut le désir ardent de ses créatures de trouver une voie pour retourner intérieurement à la source dont ils étaient issus, hors du monde extérieur des apparences et de l'impermanence. Parvati supplia alors Shiva de lui enseigner des méthodes et des techniques qui permettraient aux hommes de redécouvrir le noyau le plus intime de leur être et d'atteindre à la connaissance de leur Soi véritable. Shiva consentit et se retira avec Parvati sur une île déserte au milieu d'un fleuve, afin que rien ne vienne troubler la transmission de ce savoir. Ils restèrent longtemps assis sur la rive, tandis que Shiva révélait à la déesse de la création les techniques et les méditations de cette voie mystique.

Un poisson (*matsya*) qui se trouvait dans les roseaux prêta attention à ses paroles. Touché jusqu au fond du cœur par ce qu'il entendait, il comprit la profondeur de la connaissance transmise par Shiva. Il resta immobile, complètement figé, pour ne pas en perdre un seul mot.

À la fin de la leçon, le poisson voulut partir immediatement, impatient qu'il était de transmettre ce savoir et d annoncer à tous que l'origine de l'Homme se trouve dans le divin. C'est alors que Shiva l'aperçut, bondit dans les roseaux et le saisit. Il comprit immédiatement ce qui s'était

Shiva est souvent représenté comme l'unification des forces opposées : le soleil (le masculin, côté droit du corps) et la lune (le féminin, côté gauche du corps).

passé et eut l'intuition des sentiments qui animaient le poisson. Impressionné par l'ampleur de la tâche que le poisson s'était lui-même assignée, il décida de lui octroyer une forme humaine et de le nommer « Seigneur des poissons » (*Matsyendra*). Il le chargea de transmettre aux hommes le savoir qu'il venait de révéler et de leur enseigner les méthodes du yoga.

Depuis, Matsyendra (ou Matsyendranath) est considéré comme le premier maître mythique du hatha-yoga.

La réunion du soleil et de la lune

La posture représente Matsyendra dans ses deux polarités : d'une part, *matsya*, le poisson, symbole de la réceptivité, de l'énergie de la lune et du côté gauche du corps ; d'autre part, *indra,* symbole de l'efficacité, de l'énergie du soleil et du côté droit du corps. Réunis dans *matsyendrasana*, les deux pôles s'interpénètrent et se complètent parfaitement. Le thème des polarités est présent jusque dans la notion même de « hatha-yoga », puisque *ha* signifie « soleil » et *tha*, « lune ». Selon les enseignements de Matsyendra, le but du hatha-yoga est de réunir ces forces opposées et divergentes, afin qu'elles s'équilibrent et se fécondent mutuellement (page 16).

L'expérience de *matsyendrasana*

Matsyendrasana est une posture asymétrique dans laquelle la colonne vertébrale opère une rotation d'abord à gauche, puis à droite, à partir d'une assise stable. Chaque torsion permet d'explorer un aspect de ces polarités fondamentales. En vous tournant à gauche, vous vous orientez vers l'énergie de la lune, calme, froide et intériorisée ; à droite, vers l'énergie du soleil, active, chaude et rayonnante. Puisque tout être humain penche naturellement plus vers un pôle que l'autre, vous découvrirez certainement que la rotation vous est plus facile d'un côté que de l'autre. La pratique régulière des postures en torsion permet d'équilibrer durablement les deux pôles. *Matsyendrasana* œuvre donc dans le même sens que *pratiloma pranayama*, une forme de respiration alternée (page 226).

Précautions et contre-indications

- Pathologies aiguës du dos (lumbago, hernie discale) et du nerf sciatique.
- Irritation des nerfs entraînant à chaque torsion des douleurs dans le haut du dos.

- Inflammation dans la zone abdominale.
- Après une opération dans la zone abdominale.
- À partir du 6e mois de grossesse.

Point d'anatomie
La rotation de la colonne vertébrale

La colonne vertébrale est formée de 24 vertèbres reliées entre elles par les facettes articulaires, qui lui assurent sa mobilité. Les facettes articulaires sont orientées différemment selon la zone à laquelle elles appartiennent. Ce sont elles qui déterminent les types de mouvements permis ou limités pour la colonne vertébrale.
Ceci explique les différences de mobilité d'une zone à l'autre de la colonne vertébrale :

- Dans la zone lombaire, les facettes articulaires sont presque parallèles aux flancs (dans le plan sagittal). Leurs surfaces articulaires glissent ainsi librement vers le haut ou vers le bas, permettant la flexion jusqu'à 90 degrés. L'inclinaison latérale est plus restreinte : jusqu'à 25 degrés environ. Quant à la rotation, elle se bloque déjà entre 2 et 5 degrés. Il est impératif de respecter cette limite. Si on tentait d'aller au delà, on imposerait aux facettes articulaires une surcharge excessive, risquant de provoquer une inflammation douloureuse.
- Dans la zone thoracique, il en va autrement. Les facettes articulaires sont presque parallèles au plan frontal (plan vertical passant par le front). Leurs surfaces articulaires glissent ainsi facilement l'une sur l'autre en rotation. Même si la cage thoracique limite un peu le mouvement, des rotations allant jusqu'à 30 degrés sont possibles, voire 45 degrés chez des personnes particulièrement souples. En revanche, l'inclinaison latérale, la flexion et l'extension atteignent leur limite dès 30 degrés.

Les indications qui suivent vous aideront à intensifier la rotation de la colonne thoracique sans solliciter excessivement la colonne lombaire. La cage thoracique deviendra plus souple, libérant la respiration. Les muscles du haut du dos, à la fois étirés et renforcés, retrouveront leur tonicité naturelle. Vous ressentirez rapidement ces effets bénéfiques si vous souffrez de contractures dans cette zone.

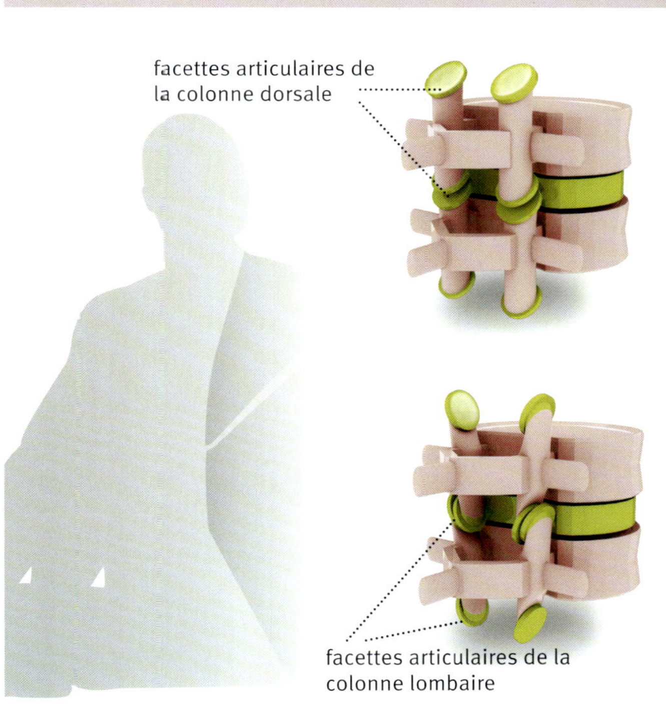

Presque parallèles aux flancs, les facettes articulaires de la colonne lombaire ne permettent guère la torsion. Celles de la colonne thoracique, en revanche, sont presque parallèles à l'avant du corps, rendant possible la rotation.

Prise de la posture

Asseyez-vous, jambes fléchies. Prenez appui sur les mains placées à l'arrière du bassin. *(Fig. 1)*

Glissez le pied gauche juste à côté de la fesse droite. Le genou gauche se trouve dans l'axe du corps. Posez la plante du pied droit sur le sol, à l'extérieur du genou gauche. La cheville droite s'appuie légèrement sur l'extérieur de de la cuisse gauche et le deuxième orteil pointe vers l'avant. *(Fig. 2)*

Du coude gauche, enlacez le tibia droit juste sous le genou, tout en expirant. La main droite reste appuyée à l'arrière. Redressez-vous, en utilisant la force du bras gauche, l'appui du bras droit et l'inspiration.

Tournez-vous lentement vers la droite, dans un mouvement en spirale, de bas en haut. La tête suit la rotation en dernier. Détendez les épaules

Les bienfaits

- *dénoue les contractures de la colonne thoracique ;*
- *stimule les organes du haut de l'abdomen et donc la digestion ;*
- *augmente la mobilité de la cage thoracique ;*
- *renforce toute la musculature qui soutient le tronc ;*
- *étire les muscles fessiers ;*
- *corrige les déviations latérales de la colonne vertébrale (scoliose) ;*
- *nous permet de ressentir l'influence énergétique du côté gauche puis du côté droit du corps.*
- *procure un sentiment d'harmonisation, de centrage et de rectitude intérieure.*

dans la largeur et en profondeur. L'espace du cœur est ouvert et libre. *(Fig. 3)*

Si votre respiration reste calme et aisée dans cette position, vous pouvez accentuer la torsion. Sur l'expiration, poussez de la main droite la cuisse droite. Passez le haut du bras gauche juste à l'extérieur de la jambe droite. Sur l'inspiration suivante, intensifiez la torsion en repoussant la jambe droite du haut du bras gauche. Tendez le bras gauche et saisissez soit le bord interne du pied droit, soit la cheville droite. Sur l'expiration suivante, passez le bras droit derrière le dos, jusqu'à trouver prise sur la cuisse gauche avec la main droite. *(Fig. 4)*

Demeurez dans la posture pendant plusieurs respirations. Sur le souffle, allongez la colonne vertébrale et accentuez sa torsion dans l'axe. En inspirant, la cage thoracique se tend vers le haut et vers l'avant, créant un espace dans la colonne thoracique, qui permet d'intensifier encore un peu sa torsion. En expirant, ancrez-vous solidement dans le sol par l'intermédiaire du bassin pour stabiliser la colonne lombaire.

Pour quitter la posture, commencez par lâcher les mains, puis retrouvez la position de départ. Glissez ensuite le pied droit jusqu'à côté de la fesse gauche puis posez la plante du pied gauche à l'extérieur du genou droit. Répétez la posture en inversant la torsion.

3

4

Le cobra
Bhujangasana

BHUJANGA cobra

ASANA posture de yoga

Bhujangasana est une extension à partir de la position allongée sur le ventre. La posture évoque celle d'un cobra redressé.

Symbolique et mythologie

D'une grande richesse, la symbolique du cobra (ou du serpent) est présente depuis des millénaires dans le monde indien où l'Homme et le cobra ont toujours vécu dans une étroite proximité.

En Inde, on attribue au serpent le rôle d'intermédiaire entre les différentes sphères de l'existence car il vit à la fois dans l'eau et dans des terriers creusés sous terre (domaine de l'inconscient), sur la terre (domaine de la conscience ordinaire) et dans les hauteurs des arbres (domaine de la conscience transformée). Les serpents originels vivaient et vivent encore, pour certains, dans la mer. Ils en sont sortis pour conquérir la terre et même les airs, comme le cobra. Ils symbolisent donc le cheminement de l'être humain et du yogi de l'inconscient vers le conscient.

Le déploiement de l'énergie de la conscience

Comme tous les serpents, le cobra s'enroule sur lui-même quand il est au repos. Dans cet état, il est le symbole de l'énergie de conscience inactive qui repose en nous, nommée *kundalini* (littéralement, « celle qui est lovée », voir page 10). Dès que le cobra sort de son sommeil, cette énergie s'éveille et se dirige vers le haut. C'est cette phase de l'éveil que représente *bhujangasana*. La posture symbolise par conséquent l'énergie de conscience (*prana*) qui s'éveille, se déploie et circule librement.

Le serpent évoque un autre aspect important de la transformation : celui de la mue. Dans la vie, il nous arrive de temps à autre de nous sentir à l'étroit, que ce soit dans la routine du quotidien, le travail, notre relation aux autres ou nos

Le cobra est vénéré en Inde depuis la nuit des temps en tant que gardien des trésors de la terre et symbole de fertilité. Sous la forme du serpent cosmique Ananta (« sans fin »), il sert aussi de couche à Vishnu lorsque celui-ci se repose entre les cycles cosmiques.

propres schémas de pensée et de comportement. Nous sentons grandir à l'intérieur de nous-mêmes quelque chose qui ne demande qu'à se développer mais qui n'en a pas la place. Lorsque nous décidons de nous libérer des carcans qui nous enserrent, nous sommes un peu comme un serpent pendant la mue. Comme nous, il a besoin de se frotter à des éléments résistants pour se débarrasser de certains lambeaux de sa vieille peau particulièrement tenaces. Comme nous, dans sa nouvelle peau, il commence par se sentir fragile et vulnérable. Cependant, notre nouvelle peau élastique et perméable nous procure un sentiment de grande vivacité et de fraîcheur. Le serpent nous fait comprendre que le fait de grandir et de se renouveler est un processus normal qui se répète dans l'existence de manière cyclique, et ceci souvent jusqu'à un âge avancé. En cela, il aborde l'un des thèmes essentiels du yoga.

L'expérience de *bhujangasana*

Le cobra est un grand serpent très puissant qui se redresse sans effort. Ceci arrive si on le provoque et plus généralement lorsqu'il a besoin d'étendre son champ visuel au-dessus de l'herbe. Pour l'être humain, le redressement représente une étape importante de la vie : il est d'abord un bébé couché dans son berceau, puis un petit enfant qui commence par ramper avant de marcher. Voilà pourquoi la pratique de la posture du cobra rappelle à notre système nerveux ce « bébé cobra » que nous avons été, que nous avons « pratiqué » un nombre incalculable de fois pour découvrir le monde qui nous entourait et pour renforcer simultanément la musculature du dos, des épaules et du cou. Sollicité par son sens visuel, c'est tout d'abord en position allongée sur le ventre que le bébé se redresse pour regarder tout autour de lui. Si aujourd'hui, en tant qu'adulte, vous vous laissez guider par les yeux et la vue pour vous redresser dans la posture du cobra, cet asana vous semblera plus facile. En outre, vous parviendrez sans même vous en apercevoir à coordonner correctement votre corps et à trouver l'effort juste pour vous à ce moment-là. Dans *bhujangasana*, vous découvrez que c'est la force de votre dos qui vous permet de vous redresser et de grandir vers la lumière. C'est en cela qu'il est l'une des postures essentielles du hatha-yoga.

Précautions et contre-indications

- Pathologies aiguës du dos (lumbago, hernie discale).
- Inflammations ou hernies dans l'abdomen ou le bas-ventre.
- Pendant la grossesse, dès que la position allongée sur le ventre n'est plus possible.

Point d'anatomie
La musculature du cou et de la nuque

Selon la manière dont ils sont exposés à la gravité, les divers muscles du corps présentent des propriétés différentes. En gros, ils se divisent en deux catégories : ceux qui réagissent à l'inactivité ou au surmenage en s'affaissant et en s'étiolant, et ceux qui au contraire, tendent à se durcir et à se rigidifier.

Dans le haut du corps, la musculature de la nuque et celle de la poitrine (les pectoraux) est sujette aux contractures, tandis que celle du haut du dos et de l'avant du cou aurait plutôt tendance à se relâcher. Cette tendance est amplifiée par notre mode de vie sédentaire.

En position assise prolongée, devant un écran ou en lisant mais aussi en cas de stress, la tête et les épaules finissent par glisser vers l'avant. Ceci oblige les muscles de la nuque à supporter le poids de la tête décalée de l'axe du corps tandis que l'avant du cou se relâche. Souvent déficiente, la musculature dorsale a du mal à redresser le dos qui s'arrondit toujours davantage, surtout si en plus les épaules sont tirées vers l'avant par des pectoraux raccourcis. Ce déséquilibre provoque douleurs et contractures dans la nuque et dans le haut du dos. Par ailleurs, la mauvaise position dans laquelle se trouvent alors les omoplates malmène aussi les articulations des épaules.

Fort heureusement, une pratique de yoga adaptée permet de lutter efficacement contre ces déséquilibres musculaires. Il s'agit de détendre et d'étirer les muscles contractés ou raccourcis, tout en renforçant ceux qui sont flasques ou sur-sollicités.

Bhujangasana est ici la posture idéale car elle rétablit l'équilibre musculaire entre la nuque et le haut du dos.

Telle qu'elle est décrite ici, la pratique de *bhujangasana* fortifie le haut du dos sans raidir la nuque et elle allonge les pectoraux. Elle vise également à tonifier les muscles de l'avant du cou.

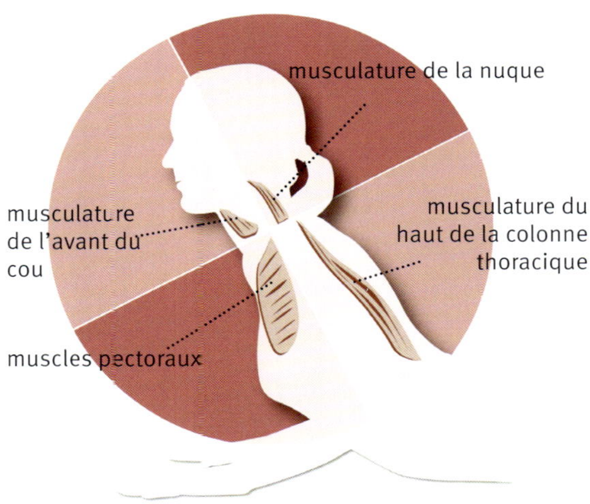

Correctement réalisé, bhujangasana *fortifie les muscles du haut de la colonne thoracique et de l'avant du cou tout en étirant et en allongeant ceux de la nuque et de la poitrine, ce qui rétablit un équilibre fréquemment perturbé.*

Les bienfaits

- *renforce la musculature du dos et de la colonne thoracique ;*
- *étire les pectoraux ;*
- *tonifie les muscles de l'avant du cou ;*
- *dénoue les contractures de la nuque ;*
- *améliore la mobilité de la cage thoracique ;*
- *améliore la statique corporelle ;*
- *amène une respiration plus profonde ;*
- *nous permet de sentir la force du dos qui nous soulève du sol ;*
- *élargit et libère agréablement l'espace du cœur ;*
- *favorise la concentration et apaise le mental.*

Prise de la posture

Allongez-vous sur le ventre. Placez vos jambes de manière à ce que les avant-pieds se touchent mais que les talons soient écartés d'environ deux doigts. Vérifiez que le milieu de chaque cou-de-pied repose sur le sol et que le deuxième orteil pointe vers l'arrière.

Appuyez légèrement le dessus des genoux sur le sol, ce qui aura pour effet de soulever un peu les aines. Engagez le plancher pelvien sur l'expiration. Observez votre sacrum basculer vers le bas, en réponse à la légère bascule du bassin. Sur l'inspiration, resserrez le bas-ventre juste à l'arrière du pubis, vers l'intérieur et vers le haut. La colonne lombaire s'en trouve stabilisée et le bas-ventre se soulève légèrement du sol.

En expirant, posez les paumes de main au sol sous les aisselles. Écartez bien les doigts en veillant à ce que l'index pointe vers l'avant.

1

Amenez les coudes au contact de la cage thoracique. *(Fig. 1)*

Soulevez légèrement les épaules du sol sur une inspiration, le front restant appuyé au sol. Poursuivez l'inspiration en étirant l'arrière de la tête loin vers l'avant. La nuque s'allonge.

Maintenez la musculature du bas-ventre contractée et la nuque longue. Sur l'inspiration suivante, allez chercher dans les muscles du dos la force de vous redresser lentement. Vous pouvez appuyer légèrement les mains au sol pour accompagner le mouvement. *(Fig. 2)*

Demeurez dans la posture et continuez à respirer calmement et profondément.

Sans les bouger, tirez avec les mains sur le sol vers l'arrière et resserrez les omoplates vers la colonne. Observez l'expansion de l'espace du cœur, à chaque inspiration. À chaque expiration, baissez légèrement le menton pour que la nuque reste longue et libre tout en continuant à soulever lentement le haut du corps.

Pour quitter la posture, reposez doucement le haut du corps sur le sol. Tournez la tête de côté et posez confortablement la joue sur vos mains. Détendez-vous ainsi sur le ventre pendant quelques respirations.

2

Le poisson
Matsyasana

MATSYA poisson

ASANA posture de yoga

Matsyasana est une extension à partir de la position allongée sur le dos.

Symbolique et mythologie

Dans la mythologie hindoue, le poisson symbolise tout ce qui est féminin. Il représente la lune, l'eau, le froid, la réceptivité et la force passive. Au pôle opposé, on trouve l'énergie du soleil, du feu, de la chaleur et de l'activité. Ces deux qualités doivent s'équilibrer car sans la bonne dose de passivité, de réceptivité et d'énergie lunaire, notre organisme s'épuiserait bien vite et finirait par se consumer. Avec sa symbolique sans équivoque, la posture du poisson s'adresse clairement au pôle de la réceptivité. Elle évoque le don total. La tête renversée en arrière, la gorge et la zone du cœur offertes, nous sommes là, confiants, ouverts et sans défense, comme dans l'amour. Le don en question est l'abandon à la force divine, nommée en yoga *bhakti*. Le poisson symbolise notre aptitude intérieure au don de soi et à l'amour.

Confiance et don de soi

Le don total est impossible sans la confiance. Dans le contexte du yoga, il s'agit d'être confiants dans la voie sur laquelle nous avançons et dans l'intelligence de la force vitale (*prana*), qui œuvre en nous en permanence et toujours pour notre bien. Confiants dans l'existence d'un principe supérieur, que l'esprit humain ne saurait concevoir en entier, qui nous conduit et prend soin de nous. Confiants que tout ce qui nous arrive, toute notre vie dans son ensemble, a un sens et que par notre simple existence nous participons au grand Tout. Le bhakti-yoga, la voie de l'amour et de la dévotion au divin, est considérée comme l'une des formes les plus exigeantes et les plus difficiles du yoga. Cette voie nous engage à cesser de nous en remettre à notre seule raison mais à nous donner à la Vie, corps et âme et à l'accepter pleinement. Le poisson nage dans l'eau de la Vie. Il ne discute pas, ne doute pas, mais vit d'instant en instant. Trouver cette profonde confiance, qui met un

Dans son incarnation en tant que poisson, Vishnu avertit le roi Satyavrata d'un déluge imminent. Il lui fait parvenir une arche et le sauve, lui et les sept grands rishis des Vedas, porteurs du savoir de l'humanité.

terme à nos soucis et à nos doutes, est considéré comme une grande grâce dans le yoga. L'asana du poisson nous propose de nous entraîner à nous ouvrir, à lâcher prise pas à pas et à faire don de nous-mêmes. La raison est exclue de cette recherche. C'est le cœur qui sait quand le don total de soi, au-delà d'être simplement possible, vient exaucer notre désir le plus profond.

L'expérience de *matsyasana*

C'est surtout dans la poitrine que l'énergie lunaire de cet asana est perceptible, et en particulier dans le cœur, que *matsyasana* « élargit » véritablement. Mais pour que cette expansion et cette ouverture puissent se manifester, il faut, en plus d'une grande souplesse de la cage thoracique, beaucoup de force dans les bras, la ceinture scapulaire et le dos. Les qualités lunaires que sont la passivité et le don de soi ne pourront s'épanouir à l'avant de votre corps que si l'arrière a suffisamment de force pour tenir la posture dans la durée. Ceci fait de matsyasana une posture très équilibrée énergétiquement.

Après la pratique de *matsyasana*, vous vous sentirez souvent étonnamment stimulé et revitalisé, car l'extension vigoureuse de la cage thoracique active *prana-vayu* (p. 14), l'aspect de l'énergie vitale (*prana*) qui gère l'inspiration et le ressourcement.

Allongé sur le sol à la sortie de la posture, vous sentirez votre ceinture scapulaire particulièrement détendue. Même après avoir quitté *matsyasana*, le lâcher-prise auquel vous parviendrez sera si complet et si agréable qu'il vous ôtera l'appréhension que cette extension pouvait vous inspirer.

Précautions et contre-indications

- Pathologies aiguës de la colonne cervicale.
- Inflammations des articulations des épaules.
- Névralgie intercostale.
- Douleurs aiguës dans le bas du dos.

Point d'anatomie Les artères vertébrales

La colonne cervicale est constituée de sept vertèbres délicatement articulées dont la fine structure en fait la partie la plus souple de la colonne. Une pratique mal conduite de *matsyasana* peut avoir pour effet de tasser la colonne cervicale, ce qui peut à la longue étirer les ligaments et accentuer la courbure.

De chaque côté du rachis, les artères vertébrales montent vers le cerveau en passant par le canal formé par les apophyses transverses. Une cambrure excessive de la colonne cervicale peut les écraser ou les déformer. Il arrive alors que les vaisseaux se rétrécissent durablement, réduisant l'irrigation du cerveau.

D'où la nécessité de veiller à un mouvement harmonieux et équilibré de la colonne cervicale, dans *matsyasana* comme dans les autres postures où la tête est renversée en arrière. Vous y parviendrez en suivant les indications ci-après. Il est essentiel de maintenir la musculature du cou contractée pendant la posture. Pour vous y aider, visualisez le menton rentré vers la gorge et l'expansion de l'espace du cœur. En même temps, allongez en conscience la colonne cervicale en tirant l'arrière de la tête loin vers le haut.

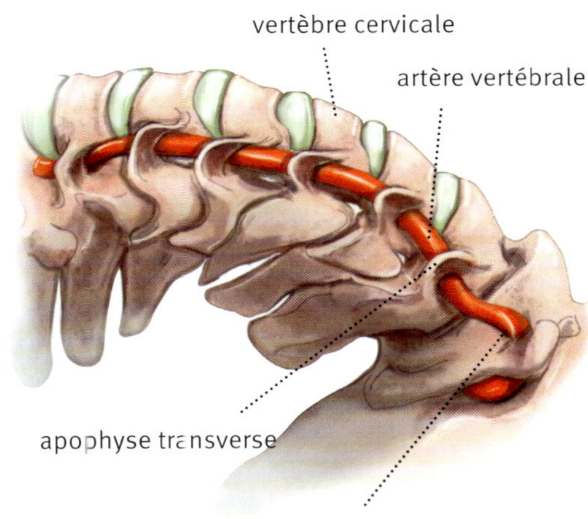

Les artères vertébrales parcourent un étroit canal osseux formé par les apophyses transverses des vertèbres. En « cassant » la nuque, on risque d'écraser et de léser ces vaisseaux. On veillera donc à répartir harmonieusement un mouvement d'une ampleur modérée.

Prise de la posture

Installez-vous en position assise, jambes allongées. Asseyez-vous un peu à l'avant de vos ischions, en les tirant vers l'extérieur et vers l'arrière. Prenez appui sur les mains à l'arrière des fessiers. Écartez les doigts au maximum, index vers l'avant. *(Fig. 1)*

Contractez le plancher pelvien en expirant sans bouger le bassin. Ceci a pour effet de redresser le sacrum et d'allonger la colonne lombaire.

En inspirant, bombez la cage thoracique loin vers le haut et vers l'avant. En expirant, rentrez légèrement le menton vers le sternum pour garder la nuque détendue.

Sur une expiration, poussez avec les mains vers l'avant sans les bouger. Quand vient l'inspiration, tournez le haut des bras vers l'extérieur : vos coudes se fléchissent légèrement en se rapprochant l'un de l'autre. Vérifiez que les saignées des coudes sont dirigées vers l'avant. Observez le glissement de vos omoplates en direction de la colonne et l'expansion de l'espace du cœur.

Sur une longue expiration, continuez à appuyer les mains vers l'avant et à fléchir les coudes jusqu'à ce que vous puissiez les poser au sol juste derrière vous. Vérifiez que le menton reste rentré. *(Fig. 2)*

Les bienfaits

- *renforce la musculature profonde du cou ;*
- *renforce et vascularise intensivement la musculature des épaules ;*
- *renforce la musculature du dos tout le long de la colonne vertébrale ;*
- *étire l'avant du tronc et en particulier la cage thoracique, induisant une respiration plus profonde ;*
- *dilate l'espace du cœur ;*
- *permet l'expérience du don de soi.*

Si vous respirez facilement dans cette position, poursuivez : sur l'inspiration suivante, commencez par chercher à tirer l'arrière de la tête loin vers le haut. Tout en gardant la nuque bien longue, laissez doucement descendre la tête en arrière. Pendant tout le mouvement, aidez-vous de l'expiration pour rentrer le menton, ce qui maintiendra l'avant du cou tonique et favorisera une courbure harmonieuse de la nuque. Si le sommet de votre tête arrive jusqu'au sol sur cette expiration, ne vous y appuyez que légèrement pour éviter de comprimer la zone de la nuque. *(Fig. 3)*

Demeurez dans cette posture en prenant quelques respirations calmes et profondes. Maintenez une extension harmonieuse du dos en évitant de « casser » la nuque : ouvrez la région du cœur loin vers le haut à chaque inspiration, et rentrez le menton à chaque expiration.

Pour quitter la posture, repoussez fortement le sol avec les mains en soulevant le sternum vers le haut et vers l'avant. Retrouvez la position assise, la tête suivant le mouvement de la cage thoracique et ne se redressant que tout à la fin.

Concentrez-vous sur votre ressenti pendant plusieurs respirations en *yoga mudra* (posture de l'enfant). Pour cela, asseyez-vous sur les talons et déposez le buste sur les cuisses. Ménagez un support confortable pour le front avec vos mains. Si le front parvient jusqu'au sol sans difficulté, vous pouvez aussi poser les bras au sol le long du corps.

Le chien tête en bas
Adho mukha shvanasana

ADHO vers le bas · *MUKHA la face*

SHVANA le chien · *ASANA posture de yoga*

Cette posture inversée en appui sur les mains et les pieds procure un étirement intense de l'arrière du corps. Il existe aussi une posture du « chien tête en haut » (*urdhva mukha shvanasana*), qui complète la précédente : elle consiste en une forte extension du dos qui étire l'avant du corps.

Symbolique et mythologie

Dans la culture indienne, le chien est toujours associé à Shiva, l'un des dieux les plus anciens du panthéon hindou, qui fait son apparition dans les mythes il y a bien 3000 ans en tant que « protecteur des animaux » (*pashupatinath*). Selon les légendes il parcourt en ascète les forêts de l'Inde, toujours accompagné d'un chien.

Dans la très ancienne culture védique, le chien était (et est toujours) considéré comme maléfique et impur, car il symbolise l'ego et les bas instincts.

L'ego apprivoisé

Les chiens remuent la queue quand on s'intéresse à eux et geignent quand on les ignore. Ce comportement social tout à fait naturel pour un animal de meute fut assimilé par les prêtres aux caractéristiques d'un ego humain prisonnier de lui-même, sans cesse à quémander attention et caresses comme un chien, et rapidement d'humeur morose, voire méchante, s'il se sent délaissé.

Notre ego serait, selon eux, toujours occupé à défendre son territoire et tel un chien là aussi, prêt à gronder et même à mordre quiconque s'y aventurerait sans autorisation. Ils avaient remarqué en outre que les chiens réagissent agressivement lorsqu'on essaye de leur prendre leur os, de même que l'ego humain est prêt à défendre bec et ongles les « os du mental » que sont ses principes et ses croyances.

Tout comme les chiens de meute, les humains sont enclins à établir de strictes hiérarchies qui se traduisent par des gestuelles flagrantes de domination et de soumission. Shiva en ascète et « Seigneur du yoga » (*yogeshvara*) a le pouvoir de dompter ces instincts obscurs du chien ou de l'ego sans

Le chien est le fidèle compagnon de Rudra, la forme terrible de Shiva. Malheureusement, cela ne joue pas en Inde en faveur des chiens.

user de la force, mais uniquement par la confiance. C'est ainsi que les chiens qui l'accompagnent en pèlerinage sautent toujours joyeusement autour de lui, en toute liberté. À condition de se dévouer à Dieu comme le chien se dévoue à son maître, qui veille sur lui et le cajole, il est dit que l'ego humain perd son égoïsme et son agressivité. Shiva est parfois représenté sous la forme terrible de Bhairava, dansant sur un chien. Dans la mythologie indienne, cette image symbolise à nouveau un apprivoisement auquel le chien se soumet de son plein gré et pour son bien. L'asana du « chien tête en bas » nous rappelle que par le yoga, nous pouvons apprendre à dominer nos instincts animaux les plus profonds, à les « dresser à rester au pied », toujours soumis à leur maître, notre intelligence supérieure. Ceci vaut mieux que de briser leur volonté ou d'essayer de les éradiquer, car le rejet ne suscite que résistance, durcissement et surtout, refoulement. Mais si nous parvenons à maîtriser notre ego en douceur, nous saurons le mettre à notre service et nous pourrons vivre en harmonie avec ses puissants instincts.

L'expérience d'*adho mukha shvanasana*

Le chien tête en bas, qui est peut-être l'un des asanas les plus pratiqués aujourd'hui, est devenu une posture incontournable du yoga moderne. Bien des adeptes la trouve si confortable qu'ils considèrent ce chien comme le « meilleur ami du yogi » ! Vous comprendrez pourquoi la prochaine fois que vous ressentirez des tensions dans la colonne vertébrale, les muscles du dos ou des épaules. Vous adorerez alors cette posture car vous ressentirez un bien-être unique en vous étirant ainsi comme un chien. Dans le yoga iyengar, on intercale même le chien tête en bas comme posture de repos entre des asanas plus exigeants pour permettre au corps de tirer les bénéfices du travail réalisé, à la respiration de se calmer et à l'esprit de s'apaiser grâce à l'inversion. « Le chien tête en bas » invite votre tête à un « lâcher-prise » complet et votre esprit à se déposer paisiblement à la terre. Pour vous y aider, dites-vous que dans cette posture, la raison et l'ego se soumettent à la sagesse du corps. Son intuition vous permettra de vous étirer comme un chien. Ainsi, par la respiration, vous débarrasserez votre corps et votre esprit des tensions superflues.

Précautions et contre-indications

- Processus inflammatoire (arthrite) ou dégénératif (arthrose) grave des articulations des poignets, des coudes ou des épaules.
- Forte surcharge pondérale.
- Grossesse avancée.

Point d'anatomie
L'acromion

L'acromion est une extension de l'omoplate qui forme l'extrémité de l'épaule. Cette protubérance de forme triangulaire et aplatie protège la partie supérieure de l'articulation de l'épaule, très mobile, des blessures occasionnées par des traumatismes. Pour nous permettre de lever le bras, l'humérus bascule vers le haut en s'articulant à l'omoplate. Lors de ce mouvement, il peut se rapprocher trop près de l'acromion, réduisant ainsi l'espace entre ce dernier et la tête de l'humérus. Le tendon du muscle supra-épineux, l'un des muscles de la coiffe des rotateurs, se trouve alors coincé lorsque le bras s'élève. Des frottements répétés peuvent provoquer une inflammation chronique du tendon, qui peut se calcifier avec le temps, voire se déchirer. Ce processus douloureux est connu sous le nom de syndrome de la coiffe des rotateurs.

Si l'omoplate accompagne le mouvement de l'humérus, c'est pour éviter de coincer le tendon du muscle supra-épineux mais aussi pour ménager le cartilage de la cavité glénoïdale, l'une des surfaces articulaires de l'omoplate. La cavité glénoïdale est moins étendue que la tête de l'humérus. Lorsqu'une pression s'exerce sur cette dernière, il est vital que cette petite surface articulaire qui se trouve derrière la tête de l'humérus se place le plus possible à la verticale, ceci pour répartir la charge du bras uniformément sur toute la surface du cartilage. Si la tête de l'humérus se place de biais par rapport à la cavité glénoïdale, la pression du bras s'exerce uniquement sur le bord de la surface articulaire, occasionnant des lésions du cartilage.

En principe, l'omoplate accompagne naturellement l'épaule, sans que nous ayons à nous en préoccuper. Cependant, l'amplitude de son mouvement n'est pas suffisante chez de nombreuses personnes présentant un déficit de coordination, avec pour conséquences des lésions des tendons, l'usure des cartilages et des douleurs articulaires. Il est donc important de toujours veiller à mobiliser correctement les omoplates au cours de la pratique.

Pour accompagner l'étirement des bras et l'appui sur les mains dans *adho mukha shvanasana*, les omoplates doivent effectuer un mouvement très ample et très complexe, qui suit deux trajectoires :

- Élévation : l'acromion se déplace vers le haut et légèrement vers l'arrière, tandis que la pointe inférieure de l'omoplate s'écarte du tronc.
- Bascule et rotation (« sonnette externe ») : l'acromion se déplace vers le haut et vers l'arrière, tandis que la pointe inférieure de l'omoplate glisse latéralement sur le tronc, vers l'avant.

Adho mukha shvanasana nous permet d'effectuer ces deux mouvements en conscience et dans l'alignement indiqué.

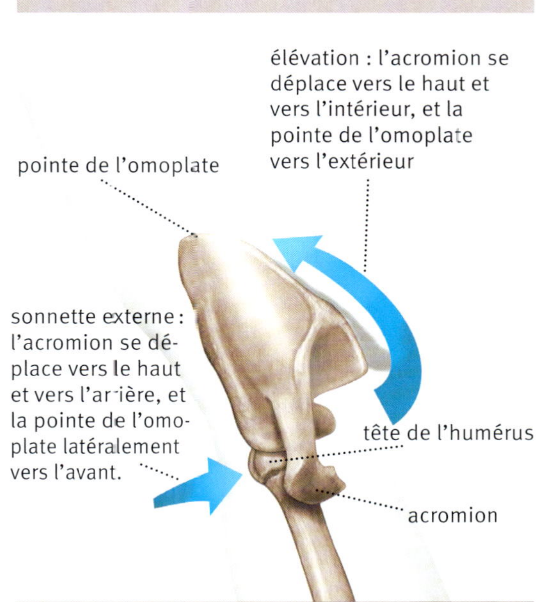

Pour éviter de coincer le tendon du muscle supra-épineux sous l'acromion, l'omoplate doit effectuer un mouvement d'élévation et de sonnette externe (page 150)

Les bienfaits

- *corrige le dos rond par l'extension de la colonne thoracique et l'étirement des aisselles ;*
- *renforce les muscles des bras et des épaules ;*
- *étire l'arrière des jambes ;*
- *améliore la capacité respiratoire en élargissant la cage thoracique ;*
- *fortifie le cœur ;*
- *apaise le système nerveux ;*
- *aide à combattre la nervosité et les troubles du sommeil ;*
- *régénère le système nerveux végétatif et rafraîchit l'esprit ;*
- *aide à ramener l'esprit vers l'intérieur.*

Prise de la posture

Placez-vous à quatre pattes. Veillez à ce que les genoux soient à la verticale des hanches et les poignets à l'aplomb des épaules. Écartez les doigts autant que possible, index vers l'avant. Retournez les orteils. Sur une inspiration, amenez les aisselles vers le haut et vers l'arrière. Observez vos omoplates : les acromions, qui forment leur partie supérieure, se soulèvent tandis que les pointes inférieures se plaquent contre le dos.

Basculez le bassin vers l'avant sur une inspiration. En expirant, contractez le plancher pelvien et rentrez les côtes flottantes, ce qui a pour effet d'allonger la colonne vertébrale et de stabiliser sa courbure naturelle en forme de S. ***(Fig. 1)***

Tendez lentement les jambes sur l'expiration suivante. Poussez les talons vers le sol et les fessiers vers l'arrière et vers le haut. Sur une expiration, orientez les os iliaques vers l'intérieur en continuant d'étirer les jambes. Observez vos ischions s'écarter, créant entre eux un espace. Veillez à ce que les rotules restent dirigées vers l'avant. Accompagnez la rotation interne des os iliaques d'une rotation externe des fémurs. *(Fig. 2)*

Sur l'inspiration suivante, repoussez avec l'aide des bras le tronc plus loin vers l'arrière pour ouvrir l'espace sous les aisselles. Dans le même mouvement, tournez les coudes vers l'intérieur jusqu'à ce que leurs saignées soient face à face. Relâchez et laissez pendre la tête. *(Fig. 3)*

Demeurez dans cette position en respirant plusieurs fois profondément. Sur le souffle, créez un espace dans les épaules. Allongez les flancs tout en inspirant et ancrez fermement les bras bien tendus dans le sol. Sentez chaque acromion se déplacer de côté vers le haut, augmentant l'espace autour de la tête de l'humérus. Intensifiez ce phénomène en tirant les aisselles vers le haut et vers l'arrière. Puis, sur une expiration, plaquez fermement les pointes des omoplates contre le buste.

Pour quitter la posture, fléchissez les jambes et revenez à la position à quatre pattes.

3

La grue
Bakasana

BAKA grue

ASANA posture de yoga

Dans *bakasana*, les genoux sont posés sur le haut des bras et le poids du corps est en équilibre sur les mains.

Symbolique et mythologie

En Orient et au Proche-Orient, la grue est considérée comme un oiseau particulier, souvent même sacré. De nombreuses cultures la vénèrent comme symbole du soleil (en Égypte) ou oiseau céleste (en Chine). En Inde, où elle est l'oiseau de l'âme, elle symbolise l'attention et la vigilance.

De la pesanteur à la légèreté

La grue est le « grand oiseau » qui donne son nom à *uddiyana bandha* (l'envol des grands oiseaux, page 184). Elle symbolise alors la montée de l'énergie qui parvient à laisser derrière elle le poids de la matière pour s'élever vers la lumière. *Bakasana* est une posture en équilibre sur les bras et les mains, dont le thème est la recherche de la légèreté. Tous ceux qui s'essaient à cette posture commencent par se dire que soulever ainsi tout le poids du tronc est tout bonnement impossible. Même avec une technique parfaite, le mental a du mal à concevoir qu'il parviendra à faire s'envoler ces « grands oiseaux ». La réussite dépend de la capacité de l'esprit à larguer le fardeau de ses réticences. Et même là, plusieurs tentatives peuvent s'avérer nécessaires, de même que pour les grues qui doivent souvent courir assez loin pour prendre leur élan (et elles sont alors tout sauf gracieuses !) avant de s'élever enfin dans les airs. Puis soudain, une fois la pesanteur vaincue, apparaît une grande légèreté. Ce passage de la pesanteur à la légèreté obtenu par une pratique à la fois ludique et inlassable représente un champ d'apprentissage important pour les équilibres sur les bras.

Même un oiseau grand et lourd comme la grue peut parvenir à s'élever dans les airs avec une grande légèreté, pourvu qu'il s'en donne la peine. Ce symbole nous montre la voie de la spiritualisation (l'envol) de la matière (notre corps grossier).

L'expérience de *bakasana*

Au cours de la pratique de *bakasana*, vous prendrez conscience de la force des mains et des bras ainsi que du poids du corps. Au fur et à mesure que vous sentirez vos bras se renforcer, votre confiance dans leur capacité à vous porter grandira. Petit à petit et à l'aide d'une bonne technique, vous parviendrez de plus en plus souvent à vaincre la pesanteur et à hisser tout le poids du corps sur les bras.

Pour cela, vous avez besoin de développer la sensation de votre centre de gravité, dans le bas-ventre,

dénommé *kanda* en yoga. Vous finirez par sentir que par le seul déplacement de ce centre de gravité le poids du corps se transfère aux bras et mains. Vous apprendrez à utiliser l'énergie montante (*udana-vayu*) pour laisser votre centre de gravité se déporter ainsi sans effort.
Lorsque vous commencerez à maîtriser cet asana, il vous arrivera la même chose qu'à la grue qui s'élance dans les airs : vous en éprouverez de la légèreté et de la joie.

Précautions et contre-indications

- processus inflammatoire (arthrite) ou dégénératif (arthrose) grave des articulations des poignets, des coudes ou des épaules ;
- hypertension ;
- forte surcharge pondérale ;
- grossesse avancée.

Point d'anatomie L'articulation du poignet

Il existe plusieurs postures de yoga en équilibre sur les mains. L'articulation du poignet supportant alors tout le poids du corps, elle est considérablement sollicitée : il est donc essentiel que le placement des mains soit précis.
Lors d'un appui au sol sur une main, le dos de la main se rapproche de l'avant-bras. En anatomie, on parle d'hyperextension du poignet. Le mouvement est localisé à la fois au niveau des os du poignet (le carpe) et entre le carpe et l'avant-bras. On distingue alors deux pliures entre le dos de la main et l'avant-bras. Si une seule pliure est visible, cela signifie généralement que l'une de ces deux articulations, celle du carpe probablement, n'est pas assez mobile.
Si nous pratiquions une posture comme *bakasana* dans ces conditions, les articulations des poignets subiraient une surcharge. Il s'ensuivrait une inflammation douloureuse à terme, des lésions du cartilage. Il est donc indispensable de faire précéder toute posture en équilibre sur les bras d'un échauffement et d'un assouplissement suffisants, par exemple en faisant des cercles avec les mains et en les secouant en douceur.
Il importe aussi de laisser aux articulations des poignets le temps d'acquérir progressivement la force et la souplesse nécessaires.

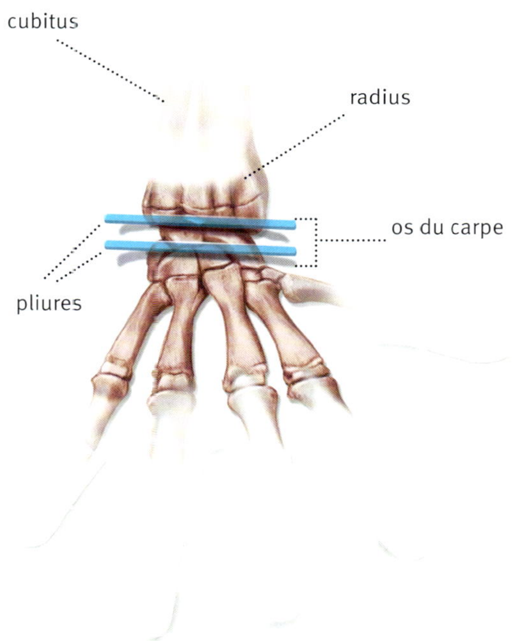

Sous peine de soumettre le poignet à une pression excessive, le mouvement ne doit pas seulement prendre place entre le carpe et l'avant-bras. Il doit également solliciter les articulations des os du carpe.

Prise de la posture

Placez-vous en position accroupie, avec les pieds parallèles à peu près écartés de la largeur des épaules. Étendez les bras loin devant vous, les genoux calés sous les aisselles. *(Fig. 1)*

Sur l'expiration, transférez lentement le poids du corps vers l'avant, sur la pointe des pieds, jusqu'à ce que les mains entrent en contact avec le sol. Écartez largement les doigts et posez les mains au sol, espacées d'environ la largeur des épaules, index vers l'avant. Tout en expirant, déplacez le poids du corps progressivement vers l'avant et sur les mains. Sur l'inspiration, avancez encore les épaules en maintenant les bras bien tendus. Observez vos orteils se soulever lentement du sol et l'équilibre sur les bras se mettre en place. *(Fig. 2)*

Les bienfaits

- *renforce les bras, les poignets et les épaules ;*
- *étire les muscles et les tendons raccourcis de l'intérieur des bras ;*
- *fortifie le cœur, comme toutes les postures en équilibre sur les mains ;*
- *stimule tout l'organisme ;*
- *améliore le sens de l'équilibre ;*
- *aide à regarder en face ses doutes et ses peurs et à les surmonter ;*
- *aide à développer le courage et la confiance en soi ;*
- *permet l'expérience de la légèreté.*

Pour maintenir cet équilibre plus facilement, fixez un point devant vous.

Sur l'expiration, tendez les pointes de pieds tout en tournant légèrement le bas des jambes vers l'intérieur, alignant ainsi les tibias, les cous-de-pied et les deuxièmes orteils. En appuyant fortement les genoux contre le haut des bras, le bassin se soulèvera davantage. *(Fig. 3)*

Demeurez dans cette position en respirant plusieurs fois énergiquement. Sur l'expiration, enfoncez fortement dans le sol les pouces et les bords latéraux des mains. Sur l'inspiration, creusez les paumes des mains pour répartir la pression arrivant à l'articulation du poignet. Tournez les avant-bras de manière à ce que les pliures des poignets se trouvent à angle droit avec les index pointés vers l'avant.

Quittez la posture en basculant lentement vers l'arrière jusqu'à poser les pieds au sol.

La chandelle
Salamba sarvangasana

SALAMBA soutenu · *SARVA tous* · *ANGA membres*

ASANA posture de yoga

Salamba Sarvangasana est une posture d'équilibre sur les épaules. Dans cette variante, les mains érigent et soutiennent le tronc au niveau du dos ou du bassin.

Symbolique et mythologie

Cette posture se rattache à la symbolique de l'inversion, qui sera présentée en détail à partir de la page 165. Mais elle est en lien avec le thème de *samasthitih* (étymologiquement : qui se tient dans l'équilibre parfait), l'attention globale, c'est à dire à chaque partie de notre être. Le hatha-yoga connaît plusieurs postures où tout le corps participe, notamment les équilibres sur les épaules et sur les mains. Elles visent toutes un principe central de la pratique du hatha-yoga : l'attention simultanée à toutes les parties du corps (*sarva anga*).
Dans des circonstances normales, nous parvenons tous au bout de quelques années de pratique à bouger intentionnellement ou à maintenir immobiles certaines parties du corps dans les asanas. C'est pourquoi la plupart des postures ont un objectif précis, sur lequel se concentre toute l'attention du pratiquant.

L'attention globale

En revanche, les postures où tout le corps participe exigent que nous soyons attentifs à tous les aspects de notre activité comme de notre repos, c'est-à-dire que nous nous scrutions et embrassions de notre conscience l'intégralité de notre être à chaque instant. Ceci requiert un niveau élevé d'attention qui vient avec le développement des qualités du yoga que sont la persévérance (*abhyasa*) et la fermeté (*sthira*).
Mais pour garder un mental détendu et ouvert tout en restant très concentrés, il nous faut pratiquer en même temps le lâcher-prise (*vairagya*) et la légèreté (*sukha*). Ceci afin d'associer au travail de tout le corps la pratique mentale des polarités

La pratique des inversions sans support des mains exige le contrôle de toutes les parties du corps avec une attention accrue.

abhyasa/vairagya (persévérance/lâcher-prise) et *sthira/sukha* (fermeté/légèreté).

L'importance de ces qualités pour la réussite des postures est particulièrement manifeste dans la pratique de la variante sans support des bras (*niralamba sarvangasana*) car la nuque est alors très sollicitée. L'adepte qui l'entreprendrait en manquant de *sukha* (légèreté) et de *vairagya* (littéralement : détachement) risquerait fort de se blesser.

L'expérience de *salamba sarvangasana*

Sri B.K.S. Iyengar considère *sarvangasana* comme « la mère de toutes les postures » (l'équilibre sur la tête étant le père, voir page 165) : telle une mère qui veille à la bonne santé et à la bonne conduite de chacun de ses enfants, l'adepte surveille avec bienveillance chacune des parties de son corps. Il s'assure de leur bon alignement et dose leur effort avec une patience et une sollicitude toute maternelle.

Essentiellement, tous les asanas complexes exigent le même degré élevé de précaution et de vigilance. Mais les équilibres sur les épaules sollicitent intensément une zone et une musculature particulièrement délicates : celles de la nuque. Toute inattention, impatience ou effort excessif peut avoir des conséquences douloureuses et persistantes ou permanentes. C'est pourquoi, précisément dans cet asana, nous devons nous observer et nous étudier très attentivement afin de trouver notre équilibre intérieur et de prévenir toute élongation. Au cours de cette pratique, amenez donc à travers tout votre corps une attention bienveillante et vigilante.

Par ailleurs, *salamba sarvangasana* est une posture remarquablement énergétique, qui vous régénèrera si vous êtes tendu ou fatigué. Elle vous aidera aussi à retrouver le calme et à vous recentrer lorsque vous vous sentez surmené et stressé.

Précautions et contre-indications

- Thrombose veineuse ou phlébite.
- Insuffisance cardiaque ou autres maladies du cœur.
- Hypertension artérielle.
- Processus inflammatoire (arthrite) ou dégénératif (arthrose) sévère de la zone cervicale, syndrome cervical traumatique ou « coup du lapin ».

- Pathologies aiguës ou chroniques de la zone de la tête : maux de tête, migraine, rage de dents, sinusite, otite, élévation de la pression intraoculaire, acouphènes.

Point d'anatomie
Le retour veineux

Le sang, propulsé par les contractions du cœur, circule par les artères vers les organes et les muscles. La plus grande partie de la pression artérielle produite par le cœur est dissipée lors du passage dans les organes. Lorsque le sang les quitte pour rejoindre les veines, la pression est très faible. C'est grâce à l'action des pompes musculaires que le sang remonte vers le cœur. Les veines sont munies de valvules qui n'autorisent la circulation du sang que dans un sens, vers le cœur. En se contractant, les muscles entourant les veines les compriment et envoient ainsi le sang dans la seule direction possible : celle du cœur, vers le haut. Lorsque les muscles se détendent, les veines se dilatent à nouveau. Les valvules se ferment alors, empêchant le sang propulsé vers le haut de repartir en sens inverse. Les veines se remplissent à nouveau de sang, qui remontera un peu plus haut vers le cœur à la faveur des contractions musculaires suivantes. Le retour veineux dépend donc d'une activité musculaire régulière, faute de quoi il stagne dans les organes du bas du corps et dans les membres, en particulier les pieds et les mollets. C'est un phénomène que nous connaissons bien : il se manifeste lorsque nous passons un long moment à piétiner sur place, comme par exemple lors de la visite d'une exposition. Le sang s'accumule dans les jambes et le liquide plasmatique quitte les vaisseaux sanguins pour envahir les tissus. Nos jambes se font lourdes. Si nous n'y remédions pas en nous mettant en mouvement, nos pieds se mettent à enfler (œdème).

Il suffit souvent de quelques pas énergiques pour rétablir la circulation. Les jambes s'allègent et dégonflent.
Les postures de yoga inversées offrent une possibilité de drainer encore plus rapidement le sang ainsi accumulé. C'est la pesanteur qui se charge de ramener le sang vers le cœur. Le liquide plasmatique réintègre les vaisseaux sanguins et peut à nouveau circuler.

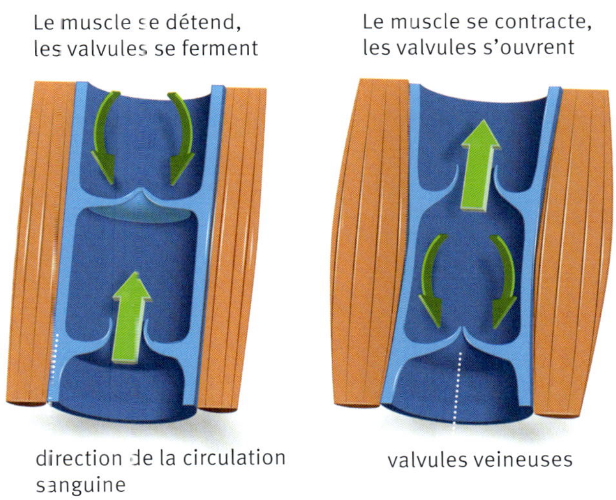

Les valvules veineuses orientent le flux sanguin vers le cœur. La contraction des muscles entourant les veines propulse le sang vers le haut.

Prise de la posture

Allongez-vous sur le sol, jambes jointes, bras resserrés le long du corps, paumes au sol. Fléchissez les chevilles, les orteils pointant à la verticale. Sur une expiration, tirez les épaules vers l'arrière et vers le bas et plaquez bien les omoplates au sol.

Sur l'inspiration suivante, soulevez les jambes tendues à la verticale à partir des hanches. Repoussez les avant-pieds loin de vous, les cous-de-pied dans le prolongement des tibias. Les avant-pieds sont fortement pressés l'un contre l'autre tandis que les talons sont écartés de deux travers de doigt. *(Fig. 1)*

Dans cette position, vous profitez déjà d'une bonne partie des effets bénéfiques de l'équilibre sur les épaules. Mais étape par étape, à l'aide des indications suivantes, vous pouvez aller vers une pratique plus exigeante de la posture :

Les bienfaits

- *stimule le système cardio-vasculaire ;*
- *allège les jambes en favorisant le retour veineux du sang et de la lymphe ;*
- *renforce toute la musculature du tronc ;*
- *étire la musculature de la nuque et de l'arrière de la ceinture scapulaire ;*
- *redresse les dos voûtés ;*
- *aide à retrouver le calme intérieur, lutte contre la nervosité et les troubles du sommeil ;*
- *apaise et régénère l'esprit.*

Sur une expiration, inclinez les jambes vers l'arrière jusqu'à ce que les tibias se trouvent au-dessus du nez. Ceci a pour effet de soulever le bassin du sol. *(Fig. 2)*

Sur une inspiration, engagez les muscles du dos et poussez les avant-pieds vers le haut. Le dos commence ainsi à s'ériger. Sur la même inspiration, tournez les avant-bras vers l'extérieur et fléchissez les coudes jusqu'à ce que les mains viennent s'appliquer contre le dos, doigts dirigés vers le haut. Appuyez fortement les mains contre le dos tout en expirant. Laissez vos épaules suivre cet élan vers l'arrière et vers le bas, ce qui va rapprocher les coudes l'un de l'autre. Déplacez les mains en direction des omoplates et de la colonne vertébrale, jusqu'à ce que vos petits-doigts se touchent. Veillez à ce qu'il reste un peu d'espace entre le menton et le sternum. A présent, votre poids se répartit principalement sur les omoplates et dans une moindre mesure sur l'arrière de la tête. Entre ces trois points, les cervicales sont légèrement espacées du sol. *(Fig. 3)*

Restez dans cette position en continuant de respirer calmement et profondément.

Pour quitter la posture, descendez lentement les jambes à partir des hanches, jusqu'à ce que les tibias se retrouvent à nouveau à peu près à l'aplomb du nez. Ramenez alors le dos au sol en le déroulant vertèbre après vertèbre jusqu'à ce que le bassin se dépose. En compensation, pratiquez à la suite *matsyasana*, la posture du poisson (page 141).

L'équilibre sur la tête
Shirshasana

SHIRSHA tête

ASANA posture de yoga

Le nom de *shirshasana* rassemble de nombreuses variantes sur le thème de l'équilibre sur la tête. C'est la posture de base qui est décrite ici.

Symbolique et mythologie

En Occident, l'équilibre sur la tête représente, avec la posture du lotus, le symbole même du yoga. L'idée de se tenir sur la tête inspire à la plupart des gens un profond respect. Certains mettent alors tout en œuvre pour maîtriser cette posture, tandis que d'autres trouvent mille prétextes pour ne jamais s'y essayer. Lorsqu'on se tient sur la tête, tout est à l'envers. On qualifie couramment de « sens dessus dessous » un ordre habituel dérangé. On peut comprendre qu'un tel bouleversement n'ait pas que des effets agréables. Mais le yoga nous invite à faire cette tentative : mettre intentionnellement tout ce qui nous est connu sens dessus dessous pour faire l'expérience du monde vu sous un angle différent.

Changement radical

C'est justement ceci que symbolise l'équilibre sur la tête : un changement radical, un revirement, une transformation : les thèmes clés du yoga ! Toutes les voies du yoga transmises au cours des siècles, voire des millénaires, ont exactement le même but : découvrir où nous nous sommes fourvoyés ou enlisés dans notre vie, puis nous aider à changer de cap pour de bon, grâce aux propositions et à la pratique du yoga.
Le premier pas symbolique dans une nouvelle direction consiste à envisager d'autres points de vue. Comme par exemple, se mettre sur la tête pour constater que le monde nous apparaît alors tout différent de notre représentation habituelle. Il s'agit aussi d'envisager d'aller à contre-courant (*pratipaksha*) pour donner à notre vie une nouvelle orientation.
Dans le yoga-sutra, rama nous conseille de nous demander régulièrement où mènent, à long terme, nos comportements actuels et les schémas

de pensée qui nous gouvernent. Si cette perspective ne nous plaît pas, ce qui est généralement le cas, il nous invite à en considérer une autre, « à contre-courant », puis à trouver les moyens de nous y engager. Nous pouvons, par exemple, passer de la perspective du « verre à moitié vide » (vision du monde négative) à celle du « verre à moitié plein » (vision du monde constructive).

Et si la crainte de l'échec vous empêche de tenter l'équilibre sur la tête, changez d'attitude et dites-vous : « Je vais essayer tranquillement avec une bonne technique et je verrai bien jusqu'où j'arriverai ». Au lieu d'une hâte et d'une ambition démesurée (« *Shirshasana* en 6 semaines ! »), la nouvelle attitude consiste à se dire : « Je fais ce que je peux aussi bien que cela m'est possible aujourd'hui. Ni plus, ni moins ».

La pratique de *shirshasana* peut ainsi vous offrir l'occasion de remettre en question vos schémas de pensée et vos représentations intérieures et de changer de cap, à titre expérimental, pour tester des points de vue radicalement nouveaux. Dans de nombreuses traditions du yoga, on appelle *shirshasana* le « père de tous les asanas ». Autrefois, c'est le père de famille qui prenait les décisions concernant l'épanouissement et le parcours de ses enfants. Il lui revenait de veiller à ce qu'ils se réalisent tous au mieux de leurs possibilités. De même, dans la pratique du yoga, l'équilibre sur la tête nous invite à explorer diverses perspectives, à vaincre nos peurs, le cas échéant, et à déployer tranquillement tout notre potentiel pour nous construire une vie riche et pleine.

Lexpérience de *shirshasana*

En vous entraînant à l'équilibre sur la tête, vous rencontrerez certainement les mêmes obstacles que ceux qui vous entravent dans la vie de tous les jours. Habituellement, il s'agit soit de l'appréhension devant l'étape suivante (dans la posture sur la tête, celle de monter les pieds vers le ciel), soit du manque de patience qui se manifeste à chaque fois qu'une chose prend trop de temps à notre goût. Par pur volontarisme, il nous arrive alors d'aller au-delà de nos limites, ce qui en *shirshasana* a généralement pour conséquence la perte d'équilibre et la chute. Si nous nous écroulons ainsi, c'est parce nous ne nous sommes pas donné le temps nécessaire, qui se compte en mois et en années, pour muscler suffisamment la ceinture scapulaire qui doit nous soutenir, et développer notre sens de l'équilibre.

Plus que toute autre posture, *shirshasana* vous apprendra à ne pas brûler les étapes. Vous serez étonné d'arriver si loin tout en progressant pas à pas. Si vous persévérez dans la pratique, mais à votre rythme, sans forcer, vous sentirez votre confiance en vous se construire petit à petit. Cet asana vous aidera à développer des dispositions d'esprit essentielles dans votre chemin de vie et à les intégrer dans votre quotidien.

Précautions et contre-indications

- Thrombose veineuse ou phlébite.
- Insuffisance cardiaque ou autres maladies du cœur.
- Hypertension artérielle.
- Processus inflammatoire (arthrite) ou dégénératif (arthrose) sévère de la zone cervicale, syndrome cervical traumatique ou « coup du lapin ».
- Pathologies aiguës ou chroniques de la zone de la tête : maux de tête, migraine, rage de dents, sinusite, otite, élévation de la pression intraoculaire, acouphènes.

Point d'anatomie
La pression artérielle et les vaisseaux sanguins

À chacune de ses contractions, le cœur propulse le sang dans l'aorte (artère principale) avec une certaine pression. Dans les branches qui en dérivent, la pression dépend ensuite du débit cardiaque et de la force de la pesanteur. En position debout, la pression peut monter à 260 mmHg dans les artères des pieds. La raison en est que le poids de toute la colonne de sang (environ 140 mmHg) s'y ajoute à la force du cœur (120 mmHg, en principe). À l'inverse, la pression au-dessus du niveau du cœur se réduit : dans les artères de la tête, la pression artérielle moyenne mesurée n'est plus que de 100 mmHg.

La position tête en bas modifie la répartition des pressions. Le cœur se trouve alors en dessous des pieds et au-dessus de la tête. La pression sanguine dans les artères principales des pieds se rapproche de zéro. En revanche, elle atteint 140 mmHg dans celles du cerveau. Cependant, la situation du cerveau, d'un organe ou d'un muscle par rapport au niveau du cœur n'a que peu d'incidence sur son irrigation sanguine. Les artérioles qui s'y trouvent régulent efficacement le débit et la pression sanguines en se rétrécissant et en se dilatant pour répondre aux besoins de l'organe indépendamment de la pression artérielle à l'entrée des artérioles.

Cela signifie que les artérioles du cerveau se rétrécissent en posture inversée afin d'absorber l'élévation de la pression sanguine dans les artères principales. L'irrigation du cerveau reste donc constante, même en posture sur la tête.

En pratiquant les inversions, nous entraînons nos vaisseaux à s'adapter rapidement et efficacement à des modifications de l'afflux sanguin en se rétrécissant et en se dilatant. Il est possible de prévenir ainsi certains maux de tête dus à un défaut de régulation de ce mécanisme où un excès de sang dans le cerveau exerce sur les méninges une pression douloureuse.

Prudence en cas d'hypertension artérielle

En cas d'hypertension artérielle, on usera cependant de prudence dans les postures inversées. Si le cœur envoie le sang dans l'aorte avec une pression de 200 mmHg par exemple, celle-ci s'élèvera à 240 mmHg dans le cerveau en posture sur la tête. Ceci est susceptible d'abîmer les vaisseaux, voire, dans le pire des cas, de provoquer une hémorragie cérébrale.

La prudence est de mise même si la pression artérielle est maintenue à une valeur normale par un traitement médicamenteux. En effet, certains remèdes contre l'hypertension (inhibiteurs du calcium, nitrates) empêchent le rétrécissement des artérioles. Une sensation douloureuse de pression peut alors apparaître avec la prise d'une posture inversée. Dans ce cas, on évitera de pratiquer longuement ce type de posture.

Prise de la posture

Mettez-vous à genoux. Croisez les mains et glissez vers l'intérieur, contre la paume de la main, le petit-doigt qui se trouve à l'extérieur. A présent, placez sur le sol les avant-bras et le tranchant des mains de manière à ce qu'ils forment un angle aigu devant vous. L'écart entre les coudes est légèrement inférieur à la longueur des avant-bras. *(Fig. 1)*

Posez la partie plate du sommet du crâne sur le sol devant vos mains, les petits-doigts et les paumes enserrant l'arrière de la tête. Les poignets doivent rester droits. *(Fig. 2)*

Retournez les orteils et sur une expiration, tendez les jambes. Montez le bassin vers l'arrière. Les pieds avancent lentement vers la tête. Lorsque vous arrivez sur l'extrême pointe des pieds, stabilisez le tronc à la verticale, le bassin en équilibre au-dessus de la tête. *(Fig. 3)*

Les indications suivantes vous guident vers des étapes de plus en plus exigeantes.

En inspirant, basculez le bassin plus loin vers l'arrière. Observez alors vos pieds se soulever du sol sans effort. *(Fig. 4)*

Pour tenir plus facilement l'équilibre, commencez

Les bienfaits

- *stimule le système cardio-vasculaire ;*
- *allège les jambes en favorisant le retour veineux du sang et de la lymphe ;*
- *renforce la musculature du tronc ;*
- *améliore le sens de l'équilibre ;*
- *aide à dissiper les craintes ;*
- *apaise l'esprit.*

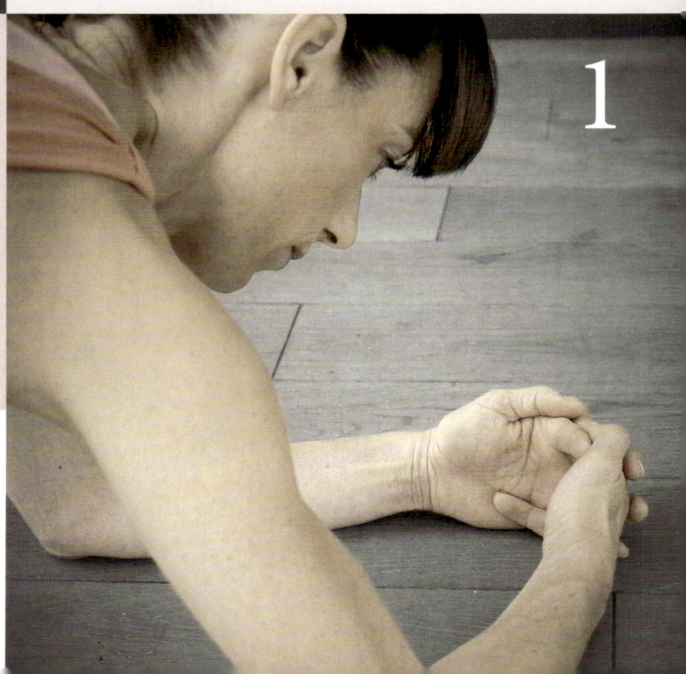

4

par fléchir les genoux sur une expiration, puis amenez les talons vers les fessiers. Stabilisez-vous ainsi sur quelques respirations. *(Fig. 5)*

Sur une inspiration, tendez lentement les jambes à la verticale. Avec un peu d'entraînement, vous parviendrez bientôt à les monter tendues vers le haut. *(Fig. 6)*

Restez quelque temps dans cette position, détendu et stable. Observez votre respiration qui vous aide à allonger et étirer la colonne vertébrale.

Pour quitter la posture, commencez par descendre lentement les jambes, de la même manière que vous les avez montées.

Passez par la position à quatre pattes (Fig. 2) pour vous asseoir sur les talons et déposez le haut du corps sur les cuisses (yoga mudra, posture de l'enfant). Demeurez ainsi durant plusieurs respirations calmes et profondes avant de vous redresser lentement.

5

6

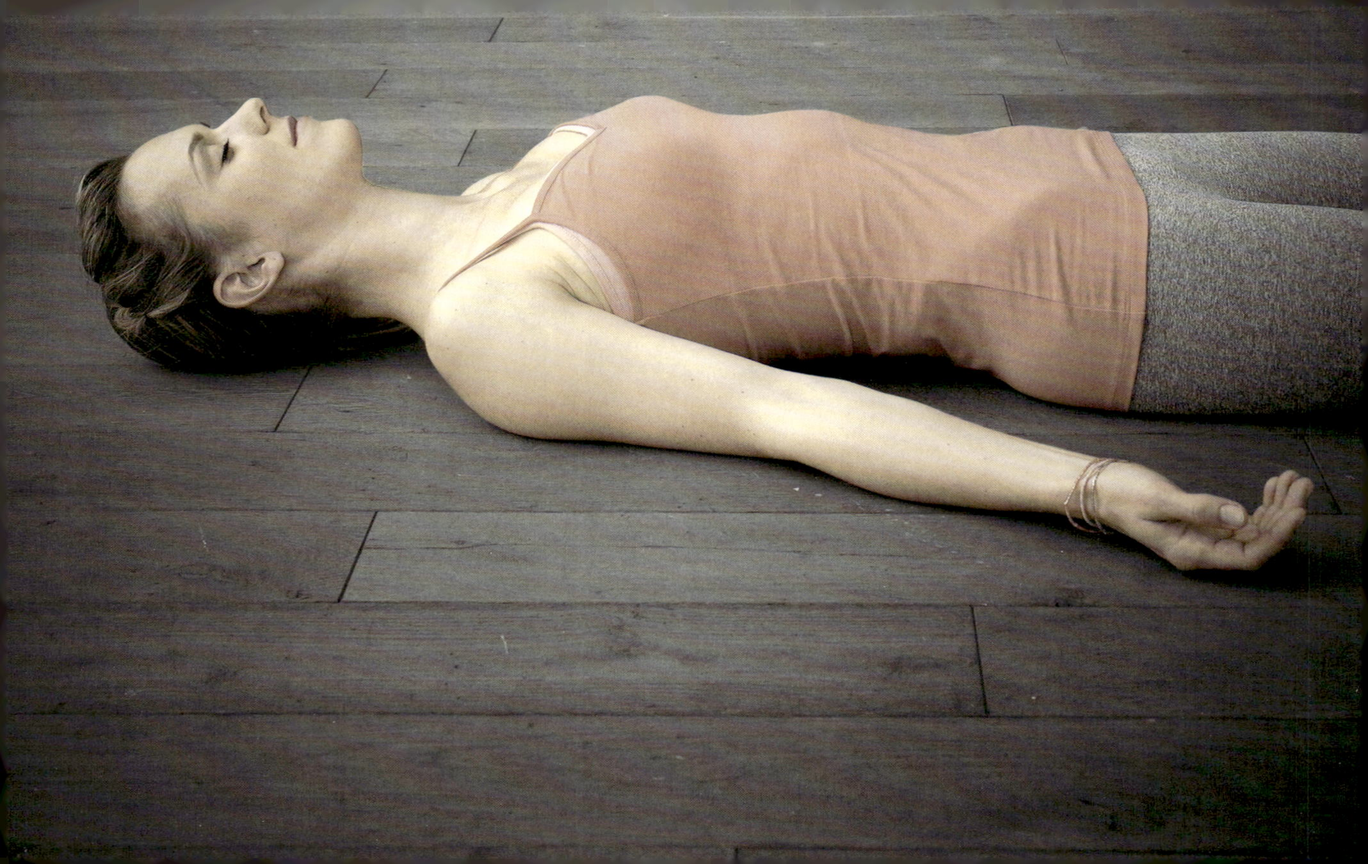

La posture du cadavre Shavasana

SHAVA cadavre

ASANA posture de yoga

Dans *shavasana*, on est allongé sur le dos, calme et éveillé. Cette posture est souvent désignée à tort comme une posture de relaxation ou confondue avec *shantiasana* (posture de détente).

Symbolique et mythologie

Contrairement à ce qui se passe en Occident, la mort est omniprésente en Inde. En raison de la chaleur, toute personne décédée doit être incinérée en l'espace de 24 heures. En dehors des grandes métropoles qui disposent de crématoriums, le corps est exposé puis recouvert d'un linceul, transporté sur le lieu de crémation sur une civière en bambou et ensuite brûlé au vu et au su de tous. En conséquence, la vue d'un cadavre n'a rien d'inhabituel ni d'effrayant pour un Indien, au contraire d'un Occidental. Le nom de cet asana n'a donc rien de choquant.

Immobile comme un cadavre

Dans la mythologie indienne, le cadavre est étroitement associé à Shiva. Ce dieu représente la pure conscience reposant en elle-même, qui ne devient perceptible que lorsqu'elle s'unit à Shakti, la force créatrice féminine. Selon les textes anciens du tantrisme, Shiva sans Shakti ne serait qu'un « cadavre ». Cela signifie que la conscience pure ne peut pas faire seule l'expérience d'elle-même, mais qu'elle a besoin pour cela de tout ce qui a été créé, y compris la raison ; la mémoire ; les sens et avant tout les organes sensoriels ; le système nerveux avec le cerveau en tant qu'organe ou traitant les perceptions des sens.

Normalement, nous faisons l'expérience de nous-mêmes dans le mouvement et l'activité. Dans la posture du cadavre, en revanche, il s'agit de percevoir aussi la pulsation de la Vie dans l'immobilité.

Le cadavre est un symbole profondément tantrique. Selon le Tantra, tout, absolument tout,

Ardhanarishvara, forme androgyne de Shiva, est moitié homme, moitié femme. Il symbolise ainsi l'équilibre parfait de toutes les polarités énergétiques de l'être humain. Cet équilibre induit la vivacité mentale au cœur de la tranquillité et la plus profonde tranquillité dans l'état de veille. Il permet aussi l'épanouissement de l'aspect féminin dans le masculin et de l'aspect masculin dans le féminin.

n'est qu'énergie. *Shavasana* met en évidence que la force consciente et intelligente qui ordonne la création poursuit son œuvre dans la mort. Ce qui reste, même après avoir quitté son enveloppe corporelle, c'est l'empreinte énergétique de l'être. Ce qui reste, c'est tout ce que l'être a accompli dans le cours de son existence car toujours selon le Tantra, toute action, de même que toute non-action, laisse derrière elle une trace qui ne s'efface jamais.

Vaincre la mort par la méditation

Tous les textes du hatha-yoga mentionnent que les yogis veulent apprendre à « vaincre la mort ». À cette fin, ils font de la mort l'objet de leur profonde réflexion et de leur méditation. En *shavasana* et en méditation, votre corps semble inanimé, comme mort, et pourtant, intérieurement, vous êtes plus vivant que jamais. C'est ainsi que le yogi commence à comprendre que dans la mort, seul son corps physique disparaîtra, mais que son corps énergétique survivra au processus physiologique de l'arrêt de la vie car, de même que l'âme dans la tradition chrétienne, il est invulnérable, immortel et éternel.

Le yoga vise à nous apprendre à mourir en nous incitant à lâcher de notre vivant de ce que nous n'emporterons pas avec nous dans la mort : tout ce qui nous encombre et qui masque le véritable noyau de notre être, comme nos possessions superflues, notre statut social et avant tout notre ego. Demandons-nous s'il est vraiment souhaitable de nous accrocher à des choses ou à des personnes, au pouvoir ou à un statut social dont nous devrons forcément un jour nous séparer. Ne vaut-il pas mieux dépenser notre énergie à des activités bénéfiques ou à essayer de mettre plus de sérénité dans notre vie ? Réfléchir à notre mortalité et savoir qu'il nous faudra mourir, à un moment qui ne nous est pas connu, doit nous aider à définir nos priorités en toute conscience et par conséquent, à vivre plus pleinement.

L'expérience de *shavasana*

En vous allongeant en *shavasana*, vous pouvez vous abandonner totalement à la terre et y déposer toutes les tensions superflues dans vos muscles, vos organes, vos nerfs et votre peau. Immobile et lourd comme un cadavre, vous faites l'expérience d'un véritable lâcher-prise. Dans cet état d'extrême tranquillité, votre esprit doit cependant rester éveillé et vigilant. Il se fait le témoin de tout ce qui est vivant en vous, mais sans réagir aux perceptions ni même les commenter.

Il arrive que la position du cadavre fasse remonter à la surface toutes sortes de souvenirs et de sentiments qui restent enfouis dans l'inconscient avec le tourbillon des activités quotidiennes. Prenez le temps de vous habituer graduellement à ce lâcher-prise. Et autorisez-vous à quitter la posture dès que vous vous sentez mal à l'aise ou agité, voire anxieux. Le simple fait d'ouvrir les yeux ou de contracter brièvement et fermement les muscles des bras suffit généralement à dissiper ces impressions désagréables.

Précautions et contre-indications

- En cas de déviation importante de la colonne vertébrale, la position allongée au sol provoque parfois des contractures dans la nuque, qu'un support sous la tête peut suffire à prévenir. Sinon, choisissez plutôt l'une des variantes décrites en page 175.
- Tendance à la dépression et à l'agitation intérieure.

Point d'anatomie
Le système nerveux

Le système nerveux végétatif est divisé en système nerveux parasympathique et système nerveux sympathique. Ce dernier prépare l'organisme à l'activité tandis que le premier est responsable de sa mise au repos. Dans l'agitation du monde moderne, le système sympathique est souvent dominant. Ceci s'explique par les multiples stimulations dont nous sommes assaillis et notre propre désir de performance. L'activité du système sympathique nous met en état d'alerte permanente, ce qui finit par provoquer stress et nervosité. Nous dormons mal et sommes incapables de trouver le calme. Notre tension artérielle augmente, ce qui est néfaste pour le cœur. Nous grinçons peut-être des dents la nuit ou souffrons de contractures dans la nuque.

Toute pratique du yoga devrait donc se conclure par shavasana. Nous établissons ainsi consciemment un pôle opposé, celui du calme, qui aide le système parasympathique à rétablir l'équilibre. Si vous ne parvenez pas à vous détendre sur le dos, n'hésitez pas à choisir une autre position : sur le ventre, sur le côté, ou sur le dos jambes et bras fléchis. Ces variantes sont très appréciées. L'essentiel est que vous trouviez une position de détente confortable pour vous.

Prise de la posture

Allongez-vous sur le dos, tout le dos au plus près du sol. Écartez les pieds de la largeur des épaules et placez les mains, à environ 20 centimètres du corps, paumes vers le haut. *(Fig. 1)*

Sur une expiration, abandonnez les jambes à la force de gravité. Observez les pieds rouler vers l'extérieur, détendus.

Prenez conscience de l'effet de cette force sur les épaules, qui à chaque expiration se relâchent un peu plus sur les côtés vers le sol.

Les bienfaits

- *détend le corps et l'esprit ;*
- *permet l'expérience d'un lâcher-prise complet ;*
- *apporte au système nerveux calme et équilibre ;*
- *aide à se ressourcer rapidement et durablement.*

Sur une inspiration, éloignez légèrement la tête du corps. Observez votre nuque gagner en longueur et se détendre. Sur une expiration, laissez l'arrière de la tête s'enfoncer lourdement dans le sol.

Profitez d'une expiration pour détendre la peau du visage. Observez les rides du front, celles du pourtour des yeux, du nez et de la bouche se lisser sous l'effet de la gravité.

Savourez la pesanteur et la tranquillité qui s'installent dans cette position en restant sans bouger pendant quelques minutes. Respirez calmement et profondément en laissant se dénouer toutes les tensions.

Pour finir, roulez sur le côté droit et asseyez-vous en vous aidant de vos mains appuyées au sol.

1

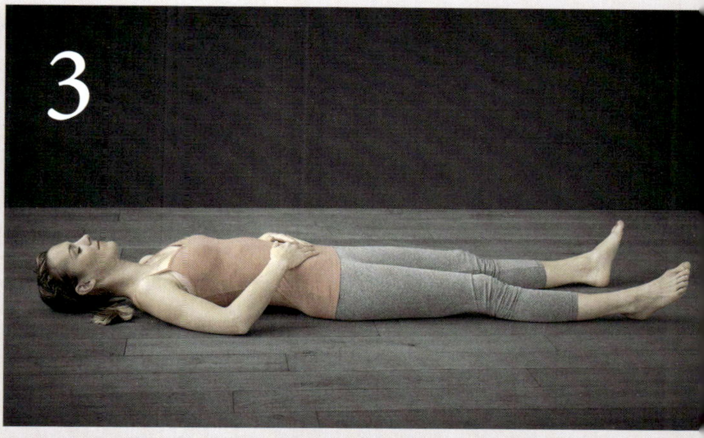

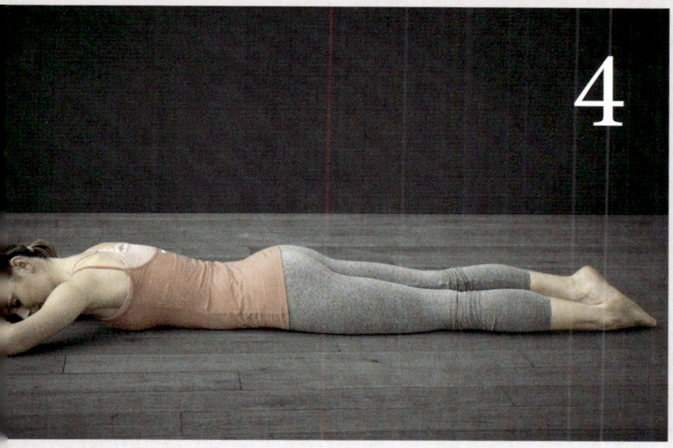

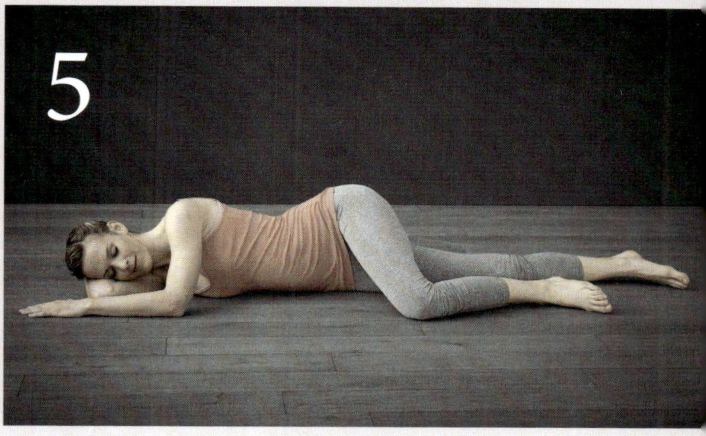

Variantes

La position allongée sur le dos jambes fléchies est particulièrement indiquée si vous souffrez de contractures de la colonne lombaire. *(Fig. 2)*

La position allongée sur le dos avec les mains sur le ventre est plus confortable si vous n'arrivez pas à laisser les épaules descendre complètement vers le sol. Suivez les mouvements respiratoires de l'abdomen avec les mains et glissez ainsi vers la détente. *(Fig. 3)*

La position ventrale convient aux personnes qui sur le dos se sentent trop exposées émotionnellement. *(Fig. 4)*

Si vous vous allongez sur le côté, placez un bras sous la tête et l'autre devant vous. C'est la position de détente ideale pendant la grossesse : tout en ayant suffisamment de place, le ventre n'appuie pas sur les vaisseaux sanguins de l'abdomen comme en position allongée sur le dos. *(Fig. 5)*

Bandha et mudra

Ligatures et sceaux

L'expérience du prana

Le hatha-yoga est aussi appelé yoga de l'énergie (prana-yoga) ou yoga de l'énergie de conscience ascendante (kundalini-yoga), car il propose une voie concrète pour faire réellement l'expérience du prana *à travers une pratique éprouvée, sans se contenter d'adhérer au concept.*

Dans le hatha-yoga, le *prana* est la manifestation de la force créatrice vivante et intelligente, l'expression de la *Shakti* qui à l'origine de la création naquit de *Shiva*, la pure conscience.

Shakti, la force créatrice

Au moment de son apparition, la *Shakti* ignore encore qu'elle est née de la conscience sans forme, intemporelle et indestructible qui est aussi la source qui la nourrit. Cette conscience universelle la traverse en permanence et se manifeste par la capacité des organismes du vivant à se créer eux-mêmes, à s'ordonner et à s'organiser, que la science moderne appelle l'autopoïèse.

Nous sommes témoins de ce miracle à chaque fois que d'un ovule fécondé, naît un enfant. Chaque cellule sait exactement comment grandir, avec quelles cellules elle doit s'associer et quelles fonctions particulières sont les siennes dans un organisme composé de milliards de ses semblables. Selon les yogis du tantrisme, ceci est l'œuvre de la *Shakti*, l'énergie de création. Nous en faisons l'expérience en nous-mêmes sous deux formes : *prana*, l'expression du vivant en perpétuelle transformation, et *Shakti*, la force structurante de cette transformation.

Dans le processus de création, plus la *Shakti* crée de matière (voir page 10) et se glisse ainsi dans une enveloppe grossière, plus elle s'éloigne de son fondement, la pure conscience. Elle oublie qu'elle est davantage que ce corps. Voilà pourquoi les êtres humains considèrent leur corps comme une machine, dont ils attendent qu'elle fonctionne, et le traitent comme tel au lieu de voir en lui la manifestation indissociable et totale de leur participation au vivant.

Mudra : percevoir et reconnaître l'énergie de conscience

Traduit littéralement, *mudra* signifie un sceau, un signe ou un geste. Il s'agit d'une posture du corps dans laquelle nous indiquons quelque chose : par exemple dans le geste inversé (*viparita karani mudra*), nous manifestons que nous nous détournons de notre comportement habituel pour retourner vers la source qui est en nous. La pratique des mudras inclut toujours le corps et l'esprit tout entiers, à l'exception des *hasta-mudras* (gestuelle des mains).

Les *mudras* sont des techniques de hatha-yoga qui nous font plonger si profondément dans la matérialité de notre corps que la manière dont chaque cellule exprime l'énergie de conscience divine nous devient perceptible. Lors de la pratique des *mudras*, nous scellons la relation intime dans laquelle nous entrons avec l'énergie de conscience et la connaissance que nous avons de la véritable nature profonde de notre être.

La pratique des *mudras*, centrale dans le hatha-yoga, est d'une grande portée symbolique. Elle ne porte ses fruits que si nous comprenons le concept d'énergie dans le hatha-yoga car sans cela, les *mudras*, ainsi que les *bandhas* qui leur sont associés, ne seraient rien de plus que des positions assorties de contractions musculaires. En d'autres termes, on pourrait dire que les *mudras* nous servent à expérimenter en nous-mêmes le *prana* et les effets de la *Shakti*, tandis que le rôle des *bandhas* est de concentrer le *prana* et de le diriger vers les niveaux subtils de notre être, symbolisés par les *chakras* supérieurs. La pratique nous permet d'observer en nous-mêmes la force infiniment subtile qui à chaque instant orchestre la mort et le renouvellement de millions de nos cellules, année après année, et ce jusqu'à ce que son incroyable vigueur régénératrice s'épuise petit à petit. Les *mudras* nous révèlent que notre essence même, c'est cette force vivante qui est en nous, et non pas notre enveloppe extérieure éphémère.

Les *bandhas* : concentrer et guider le *prana*

Dans les organismes vivants, la force du *prana* se divise en différentes fonctions, appelées les *vayus* (page 14). Les deux principaux vayus sont *prana-vayu*, localisé dans la poitrine, et *apana-vayu*, dans le bas-ventre. Ils tendent tous deux à se dissiper, vers le haut (*prana*) ou vers le bas (*apana*). Pour remédier à cela, le hatha-yoga a inventé les *bandhas*.

Le terme de *bandha* vient de la racine sanscrite « *bandh* », qui signifie lier ou rassembler. Les *bandhas* désignent donc quelque chose que l'on lie pour le fermer. Ces ligatures empêchent *prana* et *apana* de se dissiper et permettent au contraire de les guider.

Ainsi, on peut diriger *apana-vayu* vers le haut à l'aide de *mula bandha* (verrou racine) et *prana-vayu* vers le bas à l'aide de *jalandhra bandha* (verrou de la gorge). Selon le texte fondateur, *la Hatha-Yoga Pradipika*, ceci a pour effet d'attiser fortement le feu digestif et d'en orienter les flammes vers le bas. L'intense chaleur générée ainsi dans le bas-ventre réveille l'énergie de conscience endormie, la *kundalini* (« celle qui est lovée »), qui commence alors à bouger. Pour échapper à la chaleur, elle se déroule et redevient du *prana* circulant librement. Il s'engage dans la *sushumna* (page 17), le canal d'énergie situé au plus profond de la colonne vertébrale, où il commence à s'élever.

Les trois *bandhas* étirent et détendent la colonne vertébrale. *Mula bandha* et *uddiyana bandha* allongent le bas du dos. *Uddiyana* et *jalandhara bandha* étirent le haut du dos et favorisent la détente de la nuque. Ainsi, la *sushumna* peut se dilater pour laisser monter le *prana* de *chakra* en *chakra*. Sans les *bandhas*, il ne serait pas possible de concentrer et de diriger l'énergie. C'est ce qui en fait des exercices-clés du hatha-yoga.

En outre, les *bandhas* ont aussi d'autres fonctions. Ils empêchent la pression de trop augmenter dans le corps lors des suspensions poumons pleins : *jalandhara bandha* protège la tête et le cerveau et *mula bandha* le plancher pelvien, tandis qu'*uddiyana bandha* renforce les muscles qui tapissent la paroi abdominale. Ils protègent également l'organisme dans les phases de suspension à vide.

Le verrou racine
Mula bandha

MULA racine

BANDHA verrou, lien, conduite de l'énergie

Mula bandha est le *bandha* le plus important du hatha-yoga : le verrou « qu'il faut pratiquer sans relâche.» (HYP III, 69)

Symbolique et mythologie

L'espace d'enracinement, à la base de notre bassin, est considéré par le hatha-yoga comme le domaine où nous trouvons stabilité et sécurité dans tous les aspects de notre présence au monde. Nos origines, notre famille, notre corps et toutes les expériences de notre vie qui nous ont fait ce que nous sommes, sont les sources qui nous nourrissent à travers notre espace d'enracinement. Ainsi établis, nous pouvons grandir et nous développer comme un arbre qui se nourrit de ses racines. Mais les maîtres de yoga disent qu'au fil des années, s'accumulent dans l'espace d'enracinement aussi des choses qui nous entravent. Ce sont par exemple toutes les mauvaises expériences qui nous ont fait perdre en partie notre confiance, notre courage ou notre énergie. D'autre part, pour le hatha-yoga comme pour l'*ayurvéda*, les résidus (*mala*) produits par une mauvaise alimentation, un métabolisme diminué ou une élimination (*apana-vayu*, page 14) insuffisante descendent dans l'espace d'enracinement et s'y accumulent petit à petit.

Mula bandha fait remonter vers le nombril les résidus du mental ou du métabolisme. Ainsi poussés vers le haut, ils servent de combustible au feu digestif (*agni*). Les flammes ravivées dégagent une telle chaleur que l'énergie pure de conscience endormie dans le bas-ventre (*kundalini*) se réveille et commence à s'élever (pages 12 et 179).

Un autre principe entre en résonance avec ce travail de l'énergie. Lorsque l'espace d'enracinement, mobilisé, se ferme à travers une contraction rythmée ou continue du plancher pelvien, l'énergie vitale (*prana*) ne peut plus se diriger vers le bas, ce qui est toujours sa tendance et se traduit par de la lourdeur, de l'indolence et un manque de vitalité et d'élan. Les maîtres de yoga disent que pour éviter d'être dominés par les forces d'inertie et de pesanteur (*tamas*, page 15), nous devons nous efforcer de faire remonter notre énergie par une pratique soutenue de *mula bandha*. Sur la voie du yoga, nous sommes confrontés à des « résidus » en tous genres, qu'il s'agisse de nos anciens schémas de pensée et de comportement, de la paresse ou de la peur du changement. Le travail énergique et puissamment symbolique de *mula bandha* est donc nécessaire pour contrer ces forces qui nous empêchent d'avancer car elles résistent à toute évolution. On comprendra donc que le yogi doive « pratiquer (ce *bandha)* quotidiennement et sans relâche » car c'est à cette condition qu'il sera sûr de rester sur la voie du yoga et de purifier et affiner ses énergies. Le yogi qui s'est clairement engagé sur la voie du hatha-yoga, dans son mode de vie comme dans sa pratique pourra associer systématiquement *mula bandha* aux *asanas* et aux *pranayamas*.

L'expérience de *mula bandha*

Lorsque vous commencerez à pratiquer *mula bandha*, vous commencerez par constater que vous avez peu sollicité les muscles de votre périnée jusque là. Il vous faudra donc beaucoup de patience et de persévérance avant de maîtriser *mula bandha* et d'arriver à bien fermer le verrou du bas. Plus régulière sera votre pratique de *mula bandha*, plus elle aura d'effet sur votre équilibre énergétique car sa mise en place, une alternance de contraction et de détente, se situe au niveau du plancher pelvien, là où dort votre énergie vitale. Avec la pratique, vous observerez son réveil tout d'abord d'une manière diffuse, en vous sentant de plus en plus éveillé et énergique. Si vous persistez dans une pratique régulière (mais mesurée), vous vous apercevrez que vous avez de moins en moins besoin de sommeil : votre corps se réveillera plus tôt tandis que votre esprit s'animera plus vite et aura moins tendance à somnoler. Ceci était l'effet recherché par les yogis pour atteindre leur but : développer leur corps et leur mental à travers la pratique du yoga.

Il arrive que la mobilisation intense de la zone du plancher pelvien fasse ressurgir du passé des chagrins ou des colères enfouis, qui demandent à être accueillis et retravaillés. Une pratique régulière, mesurée mais vigoureuse, vous y aidera car elle vous apportera la stabilité nécessaire pour examiner ces émotions et vous procurera un exutoire, celui du souffle, pour enfin lâcher prise.

Précautions et contre-indications

- À la suite d'une opération chirurgicale du périnée.
- Pendant la grossesse et après l'accouchement.

Les serpents comme gardiens de l'espace d'enracinement

Point d'anatomie
Le plancher pelvien

Le plancher pelvien se compose de trois couches, appelées des plans :

- le plan musculaire superficiel (le périnée) a l'aspect d'un huit, entourant le sphincter anal et les organes sexuels ;
- le plan musculaire moyen est constitué par le diaphragme uro-génital, tendu entre les ischions ;
- le plan le plus profond est le diaphragme pelvien, dont la musculature en forme de hamac relie les deux branches du pubis au coccyx. Cette dernière couche est essentielle pour *mula bandha*.

Les bienfaits

- *améliore la statique corporelle ;*
- *efficace en cas d'incontinence, de dyspareunie (douleurs pendant le rapport sexuel) et d'impuissance ;*
- *stabilise les articulations sacro-iliaques et lutte efficacement contre les inflammations dans cette zone ;*
- *procure un sentiment d'enracinement dans la Vie ;*
- *revitalise tout l'organisme en activant la circulation de l'énergie vitale (prana) dans le corps.*

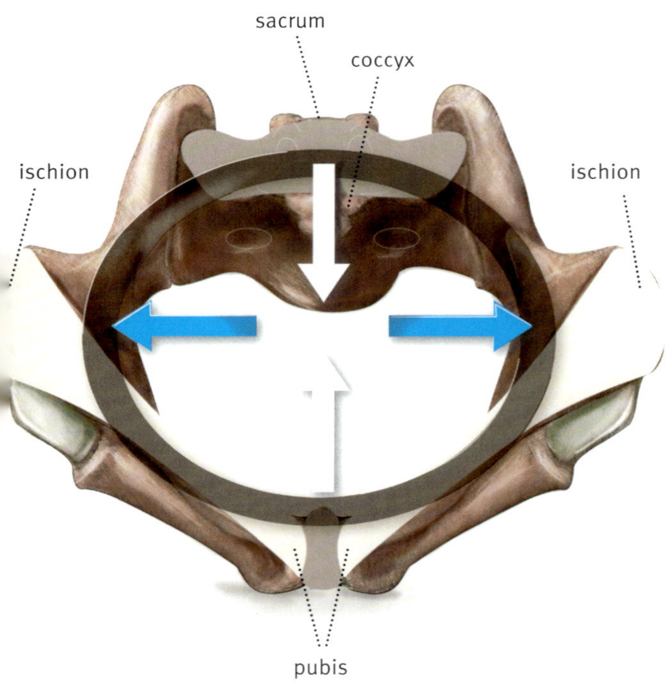

Lorsque nous contractons la couche musculaire la plus profonde du périnée, le pubis et le coccyx se rapprochent. Cela induit un mouvement en opposition subtil mais néanmoins perceptible, d'antéversion du bassin et de redressement du sacrum. Dans *mula bandha*, la couche moyenne du périnée est intentionnellement maintenue détendue pour préserver l'écart entre les ischions et la mobilité des articulations sacro-iliaques.

Mula bandha procure une base stable sur laquelle la colonne vertébrale peut s'ériger naturellement et avec souplesse. *Mula bandha* représente donc en yoga un fondement essentiel de toute bonne pratique posturale et respiratoire.

Mise en place du *bandha*

Le schéma montre le bassin vu d'en bas.
Dans mula bandha, *la contraction du diaphragme pelvien – le plan le plus profond du plancher pelvien – tire l'os pubien et le coccyx l'un vers l'autre (flèches blanches). En revanche le diaphragme uro-génital – plan moyen – reste détendu, maintenant ainsi l'écart entre les ischions (flèches bleues).*

Préparation : se familiariser avec son plancher pelvien

Asseyez-vous bien droit et confortablement : sur le sol, sur un coussin, un petit banc ou même une chaise. Placez une main, paume vers le haut, sous un fessier.

Contractez plusieurs fois le périnée comme si vous réprimiez un besoin urgent d'aller aux toilettes, puis relâchez. Une autre manière de sentir la contraction du périnée est de tousser. *(Fig. 1)*

À présent, repérez la forme de votre plancher pelvien. Il se situe entre l'os pubien, à l'avant, le coccyx, à l'arrière, et les ischions à droite et à gauche en contact avec votre support. Tout cet espace se rétrécit lors de sa contraction puis s'élargit lors de son relâchement. Observez ce mouvement. Ensuite, essayez de diriger la contraction du périnée de manière à rapprocher le pubis (à l'avant) et le coccyx (à l'arrière), tandis que les ischions restent bien espacés. C'est ce qui se passe lorsque seule la couche musculaire la plus profonde se contracte, tandis que les couches moyenne et superficielle restent détendues.
La pratique vous permettra bientôt de contrôler votre plancher pelvien avec la précision nécessaire. Lorsque *mula bandha* est correctement installé, le rapprochement du pubis et du coccyx induit le redressement du sacrum, soulageant la colonne lombaire. Si l'écartement des ischions est simultanément maintenu, les articulations sacro-iliaques conservent leur mobilité naturelle.

Utilisation de *mula bandha*

Un fois maîtrisé, *mula bandha* deviendra un atout précieux dans votre pratique du yoga.

- Dans les exercices respiratoires, *mula bandha* préserve le souffle et dirige l'énergie (*prana*). Utilisez donc *mula bandha* dans tous les exercices respiratoires, sauf indication contraire.
- Lors de tout travail corporel, *mula bandha* joue un rôle essentiel en favorisant l'allongement et la stabilité de la colonne vertébrale. Bien des postures exigeantes deviennent alors accessibles. Maintenez donc *mula bandha* durant toute pratique posturale. Ceci nécessite de la concentration et de l'entraînement. Dans votre pratique, ramenez régulièrement votre concentration sur votre plancher pelvien pour réinstaller *mula bandha*. Ceci constitue par ailleurs une aide efficace pour la concentration.

Diriger l'énergie vers le haut
Uddiyana bandha

UDDIYANA vers le haut, l'envol des grands oiseaux

BANDHA verrou, lien, conduite de l'énergie

Uddiyana bandha est un exercice essentiel dans la pratique avancée du yoga. Dans le *pranayama*, l'énergie se dirige automatiquement vers le haut lorsqu'on engage *mula bandha* et *jalandhara bandha* (pages 180 et 189), ce qui crée une aspiration de la paroi abdominale.

Symbolique et mythologie

Dans le hatha-yoga, le nombril est le siège du feu digestif (*agni*), considéré comme une force de transformation universelle. En effet, *agni* est capable de convertir les nourritures les plus denses (comme des graines de céréale) en une substance aussi subtile que l'énergie motrice ou l'énergie spirituelle. Situé dans le haut de l'abdomen, le diaphragme est davantage qu'une simple séparation entre la cavité thoracique et la cavité abdominale. A travers ses mouvements, il agit également comme intermédiaire entre ces deux zones où règnent des niveaux de pression très différents. Lorsque le sang et les organes de l'abdomen, remplis de fluides, sont entraînés vers le bas par la gravité, ce sont les contractions rythmiques du diaphragme qui empêchent l'énergie de s'effondrer et la dirigent vers le haut jusqu'à la cage thoracique.

L'envol de l'énergie

« *Uddiyana* est ainsi appelé par les yogis parce que grâce à lui le *prana*, après qu'il soit contrôlé, s'élève le long de la *sushumna*. Parce que c'est grâce à lui que les grands oiseaux peuvent s'envoler dans les airs, le *bandha* qui va maintenant être décrit se nomme *uddiyana*. » (HYP III, 55-56 ; *sushumna*, voir page 17).
Les « grands oiseaux » représentent tout ce qui semble trop lourd pour s'envoler sans aide. L'envol symbolise le fait de s'élever au-dessus du monde matériel des trois *chakras* (page 12) inférieurs, celui du plancher pelvien, du bas-ventre et du nombril, pour entrer dans le monde subtil des *chakras* supérieurs, celui du cœur, de la gorge et

du front. Ce processus de transformation et de transcendance trouve en *uddiyana bandha* un moyen d'acheminer l'énergie vers le haut.

Mort et transcendance

« Voilà l'*uddiyana bandha* qui, tel le lion, vainc l'éléphant de la mort. » nous assure le texte source (HYP III, 57), évoquant ainsi la vision du monde des yogis, selon laquelle la mort est uniquement un phénomène du monde matériel. Les hatha-yogis sont convaincus que dans le monde, tout n'est qu'énergie, de densités de vibration et donc de densités de matière différentes. Pour eux, la dissolution de l'être et sa disparition dans la mort ne représentent que le passage d'une forme d'énergie à une autre. En fait, ils voient dans la mort un processus qui nous libère de l'aspect matériel de notre corps pour nous faire redevenir un corps d'énergie à l'état pur. *Uddiyana bandha* permet ce passage et cette métamorphose. « *Uddiyana* est le *bandha* le plus important. Lorsque *uddiyana bandha* est maîtrisé, la libération a lieu spontanément. » dit le texte fondateur (HYP III, 60), qui nous conseille de le pratiquer régulièrement pendant six mois, au terme desquels nous aurons suffisamment souvent ressenti cet « envol » de l'énergie pour être familiarisés avec les vibrations subtiles des *chakras* supérieurs. Nous saurons alors qu'il existe un autre monde au-delà des limites de la réalité quotidienne. Ce savoir, au plus profond de nous, est représenté par le lion (le maître) qui vainc l'apparence de la mort (l'éléphant).
Si nous parvenons à franchir cette étape dans la connaissance, nous laissons derrière nous le monde extérieur dans lequel tout se présente en pôles opposés (lumière/obscurité, mâle/femelle...) pour accéder à la vision de l'Unité. Celle-ci est symbolisée par la *sushumna*, le canal sacré qui se trouve au plus profond de la colonne vertébrale.

L'expérience d'*uddiyana bandha*

La pratique de ce *bandha* active fortement le feu digestif et peut provoquer une intense sensation de chaleur interne. Des exercices réguliers vous permettront également de stabiliser votre centre. Après l'exercice, on éprouve fréquemment la sensation que le centre énergétique du corps se trouve juste derrière le nombril et que, tel un soleil, il palpite, génère de l'énergie en continu et l'envoie dans toutes les directions, en particulier vers le haut.
Immédiatement après, vous sentirez que votre énergie se transforme et se purifie, car vous vous apercevrez que vos pensées et vos sentiments changent de forme et de nature, devenant plus clairs et plus subtils. Par la pratique assidue de *uddiyana bandha*, vous éprouverez que tout en vous est énergie, vibrant à des fréquences diverses et circulant plus ou moins librement. À l'aide de ce *bandha*, vous sentirez votre énergie se diriger vers le haut, sans pour autant perdre le contact à la terre.

Précautions et contre-indications

- Après une opération dans la zone abdominale ou thoracique.
- Emphysème du poumon. La baisse de pression occasionnée dans la cage thoracique par la première variante serait susceptible de faire éclater une alvéole pulmonaire dilatée par la maladie.
- Déchirure du diaphragme. Sous l'effet de la baisse de pression occasionnée par la première variante, des viscères abdominaux pourraient s'introduire dans la cage thoracique.

Mise en place du *bandha*

1ère variante pour le *pranayama* : *uddiyana bhanda*, en suspension à vide

Placez-vous en position debout, les pieds écartés de la largeur du bassin. Penchez-vous vers l'avant, les mains prenant appui sur les genoux légèrement pliés.

Expirez complètement, jusqu'à avoir le sentiment d'expulser de vos poumons le dernier souffle d'air. *(Fig. 1)*

Tout en maintenant les poumons vides, faites comme si vous vouliez inspirer mais en resserrant la gorge : soulevez la poitrine et ouvrez les côtes sur les côtés tout en appuyant les mains sur les genoux. Le diaphragme et la paroi abdominale doivent rester détendus. Constatez que la paroi abdominale se trouve aspirée vers le haut et vers l'intérieur. Restez quelques instants ainsi, en suspension à vide.

Ensuite, déglutissez en laissant retomber la cage thoracique, ce qui a pour effet d'ouvrir l'épiglotte et de laisser le ventre revenir vers l'avant. N'inspirez que maintenant puis reprenez une respiration normale.

Respirez plusieurs fois calmement avant de répéter l'exercice de deux à cinq fois. *Uddiyana bhanda* peut se pratiquer dans tous les exercices respiratoires de yoga où l'on suspend sa respiration à vide. *(Fig. 2)*

Les bienfaits

- *améliore la posture du corps ;*
- *soulage les disques intervertébraux ;*
- *masse les organes abdominaux, favorisant ainsi la digestion ;*
- *active le feu digestif* (agni)*, ou* samana-vayu *(page 179)*
- *favorise l'ascension de l'énergie vitale* (prana) *vers le sommet du crâne ;*
- *stimule et aiguise l'esprit.*

2ème variante, pour les asanas

Asseyez-vous bien droit et confortablement : sur le sol, sur un coussin, un petit banc ou même une chaise. Respirez calmement en émettant le léger son *ujjayi* (page 222).

Posez une main à plat sur le nombril et observez-le se gonfler à l'inspiration et se creuser à l'expiration.

À la fin d'une expiration, activez le bas de l'abdomen. Inspirez tout en gardant rentrée la zone du nombril (tout autour et juste en dessous). Lors de l'inspiration, observez l'abdomen qui reçoit la pression exercée par le diaphragme tandis que, en appui sur cette base solide, la cage thoracique s'élargit latéralement. Accompagnez l'expiration en tirant vos côtes vers le bas par l'action des muscles larges de l'abdomen (constitués des obliques internes et externes et du transverse).

Utilisation d'*uddiyana bandha*

Lorsque vous contrôlerez bien votre respiration et les muscles de votre abdomen, vous pourrez introduire *uddiyana bandha* dans de nombreuses techniques de yoga.

- Au cours d'un exercice respiratoire, *uddiyana bandha* soutient la respiration et conduit l'énergie (*prana*). Vous pouvez donc l'utiliser dans tous les exercices respiratoires du yoga, sauf en cas de mention contraire.
- Au cours d'un travail corporel, l'utilisation combinée d'*uddiyana bandha* et de *mula bandha* allonge et stabilise la colonne vertébrale sans en limiter la mobilité. Grâce à cela, de nombreuses postures exigeantes deviennent praticables. Tout au long d'une séance d'*asana*, maintenez consciemment ces deux *bandhas*. Vous y parviendrez avec de la concentration et de la pratique. Dans toute pratique, ramenez toujours votre concentration sur la conduite du souffle avec *uddiyana bandha*.

Point d'anatomie
Le diaphragme et les muscles intercostaux

La pratique d'*uddiyana bandha* nous apprend à contrôler consciemment notre musculature respiratoire. Lorsque la cage thoracique se soulève à l'inspiration, deux groupes de muscles sont mobilisés : d'une part, le diaphragme, qui soulève la cage thoracique par le bas, et d'autre part les muscles intercostaux et les muscles respiratoires accessoires de la ceinture scapulaire qui la soulèvent par le haut. Lors d'*uddiyana bandha*, seuls les muscles intercostaux et les muscles respiratoires accessoires sont sollicités.
Lépiglotte reste fermée. Lorsqu'on soulève la poitrine, il se produit une baisse de pression dans la cage thoracique, aspirant vers le haut le diaphragme décontracté. A présent, la baisse de pression se répercute à l'étage inférieur, celui de la cavité abdominale. Si la paroi abdominale est décontractée, elle suivra, de même que les organes de l'abdomen, le mouvement du diaphragme vers le haut et vers l'intérieur. La pratique répétée d'*uddiyana bandha* masse les organes de l'abdomen de manière très efficace. Mais attention à toujours pratiquer l'estomac vide.

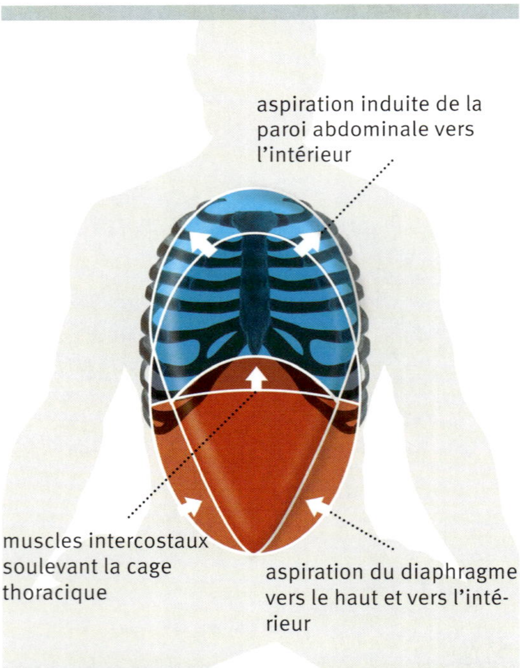

Dans la 1ère version d'uddiyana bandha les muscles intercostaux soulèvent et élargissent la cage thoracique. Le diaphragme reste décontracté et se trouve aspiré vers le haut. La paroi abdominale est à son tour aspirée vers l'intérieur.

Uddiyana bandha dans le *pranyama* et dans les *asanas*.

- La première version d'*uddiyana bandha* décrite en page 186 n'est compatible qu'avec des exercices au cours desquels on pratique la suspension à vide.
- La deuxième version d'*uddiyana bandha*, associée à une respiration *ujjayi* (voir page 222) bien régulière, permet de soulager la colonne lombaire. Les muscles larges de l'abdomen entrent en action. Prolongés par leur lame tendineuse, ils gainent le tronc en trois couches. Lorsqu'ils sont contractés, ils contiennent les organes de l'abdomen par les côtés et par l'avant. Ces derniers offrent à leur tour un appui au centre du diaphragme. En se contractant, le diaphragme tire vers le haut la colonne lombaire et les côtes tandis que la cage thoracique se gonfle lors de l'inspiration.

À présent, le poids du corps ne repose plus exclusivement sur la colonne vertébrale mais il prend appui sur les organes abdominaux, eux-mêmes maintenus et stabilisés par les muscles larges de l'abdomen, le plancher pelvien et le diaphragme. Ainsi, la deuxième version d'*uddiyana bandha* constitue une base importante du travail corporel du yoga. Cette technique aide aussi à se tenir debout bien droit tout en ménageant son dos.

Le verrou de la gorge
Jalandhara bandha

JALA filet · ADHARA support

BANDHA verrou, lien, conduite de l'énergie

Dans le « verrou de la gorge », le menton se rapproche du sternum. Ce *bandha* est indissociable des *pranayamas* où le souffle est suspendu, poumons pleins ou poumons vides.

Symbolique et mythologie

La symbolique de cet exercice est contenue dans son nom : le verrouillage du support du filet. Le sens de ces mots renvoie à un concept de l'énergie particulier au hatha-yoga, selon lequel chaque être vivant porte dans l'espace de son front une coupe remplie de nectar de vie (*amrita*). La quantité de ce précieux liquide est déterminée à la naissance. Les yogis pensent qu'au cours de la vie, le nectar s'écoule goutte à goutte vers le bas et tombe dans *F*, le feu digestif, où il se consume. Lorsque la coupe est vide, il nous faut mourir. Pour allonger la durée de notre vie, nous devons apprendre à économiser le nectar et à l'empêcher de s'écouler. Le meilleur moyen pour cela est la pratique de *jalandhara bandha*.

« Ce *bandha* appelé *jalandhara* détruit la vieillesse et la mort. Il ligature le réseau (*jala*) des vaisseaux et empêche l'eau de la voûte céleste (le nectar) de s'écouler vers le bas. Lorsque *jalandhara bandha* est engagé et que la gorge est serrée, le nectar ne tombe plus dans le feu et le vent (c'est-à-dire les *vayus*, voir page 14) se calme. Avec la contraction de la gorge, il est possible d'immobiliser fermement les deux *nadis*. » (H.Y.P., III, 69 , 75)

Dominer sa propre énergie vitale

Le texte énonce clairement que l'action de cet exercice se situe sur le plan énergétique. Lorsque le nectar ne s'écoule plus vers le bas, grâce au « verrou de la gorge », c'est que l'on a quitté la vie normale, ce que le texte signifie par le blocage des *nadis* : *ida* et *pingala*, les deux canaux d'énergie (page 17), qui symbolisent le monde des polarités.

Jalandhara bandha vous permet à tout moment de vous recentrer, de revenir à votre pratique et de vous retirer du monde qui vous entoure. Le métabolisme se modifie et les vayus sont désactivés. Le pratiquant pénètre dans son espace intérieur et entre en contact avec son être le plus profond, qui est pure essence. Dans ce lieu, la vieillesse et la mort sont « détruites », c'est-à-dire qu'elles perdent tout pouvoir sur nous car nous nous sentons reliés à la vie éternelle, grâce au souffle suspendu. *Jalandhara bandha* symbolise ainsi l'être humain qui se rend maître de son énergie vitale grâce au yoga. Il lui est loisible à tout moment de se retirer dans un espace où il est hors d'atteinte du monde extérieur éphémère. Il peut y faire l'expérience de son être énergétique authentique et incommensurable : la pure énergie vitale, la force divine du *prana*. Il comprend qu'il est immortel comme la force vitale universelle et inépuisable dont il fait partie, même si un jour la quantité de nectar qui lui a été impartie s'épuise et qu'il doit quitter son enveloppe corporelle.

L'expérience de *jalandhara bandha*

Jalandhara bandha est un exercice physique, énergétique et mental complexe. En maintenant ce *bandha* après une inspiration, vous vous apercevrez que toute votre attention est concentrée sur son maintien et les multiples sensations dans votre espace intérieur. Observez-les avec équanimité et en toute sérénité, puis, le moment venu, expirez calmement.

Restez toujours complètement détendu pendant le maintien et la répétition de *jalandhara bandha*, faute de quoi vous vous sentiriez angoissé et oppressé ou vous seriez envahi d'un stress difficilement maîtrisable. En revanche, si vous parvenez à rester détendu, vous pourrez tranquillement contempler tous ces phénomènes de votre esprit et vous constaterez que tout cela ne diffère guère de votre quotidien. Alors le « vent » se calmera et une paix profonde, véritable, s'installera. Établi en vous-même, vous y reposerez. Votre esprit y gagnera en stabilité et ne se laissera plus alarmer aussi facilement.

De plus, *jalandhara bandha* évite la fuite vers le haut de l'énergie que représentent les pensées qui nous tournent dans la tête, ou même qui nous font « perdre la tête ». Ce *bandha* est très efficace pour concentrer l'esprit et canaliser ainsi l'énergie. Comme ce verrou repousse vers le bas le flux de l'énergie ascendante, il constitue le pôle opposé du de *mula bandha* et lui est donc presque toujours associé dans les *pranayamas*.

Mise en place du *bandha*

Asseyez-vous bien droit et confortablement : sur le sol, sur un coussin, un petit banc ou même une chaise. Sur une expiration, baissez le menton tout en portant l'arrière de la tête vers le haut. Veillez à garder un espace entre la mâchoire inférieure et l'avant du cou.

Sur une inspiration, bombez la cage thoracique pour rapprocher la poitrine du menton. Redressez la colonne lombaire en contractant le plancher pelvien (*mula bandha*, page 180) et en aspirant les côtes flottantes vers l'intérieur (*uddiyana bandha*, page 184). *(Fig. 1)*

Restez dans cette position pendant quelques respirations profondes. Savourez le redressement du haut du dos, l'expansion de la zone du cœur et l'allongement de la nuque.

Utilisation de *jalandhara bandha*

Une fois maîtrisé, *jalandhara bandha* sera pour vous un outil précieux dans la plupart des techniques de yoga :

- Dans la mesure où *jalandhara bandha* aide à diriger le souffle et l'énergie (*prana*), son utilisation est recommandée dans tous les exercices respiratoires du yoga, sauf indication contraire.
- Dans les *asanas*, *jalandhara bandha* protège efficacement la colonne cervicale. Lorsque vous inclinez la tête vers l'arrière, *jalandhra bandha* préserve la longueur de la nuque, harmonise le mouvement, prévient les torsions des vaisseaux et évite les contractures de la nuque. Maintenez donc *jalandhara bandha* dans tous les *asanas*.

Les bienfaits

- *soulage la colonne cervicale en rétablissant l'équilibre musculaire entre la nuque et le cou ;*
- *diminue le rythme cardiaque ;*
- *réduit la pression interne pendant les longues suspensions de souffle ;*
- *permet à l'énergie de monter au sommet du crâne ;*
- *concentre l'esprit et le dirige vers l'intérieur.*

Précautions et contre-indications

- En cas de pathologies aiguës ou chroniques dans la zone de la nuque et du cou, il est préférable de ne pratiquer cet exercice que sous la conduite d'un professeur de yoga expérimenté.

Selon le mythe, c'est le barattage de la mer de lait qui produit amrita, le nectar de vie tant convoité par les dieux. Dans le hatha-yoga, nous apprenons à le conserver avec l'aide de jalandhara bandha *afin de rallonger la durée de notre vie.*

Point d'anatomie
L'harmonie de la nuque et du cou

Notre mode de vie actuel nous amène à passer beaucoup de temps assis. La tête part en avant, car le regard se porte sur un livre ou sur un écran. Plus la tête s'écarte de l'axe vertical, plus la position du corps est néfaste et plus les muscles de la nuque sont sollicités, ce qui se traduit par de plus en plus de contractures.

Il en va tout autrement de la musculature de l'avant du cou. Lorsque la tête s'avance, elle se relâche et perd en tonicité. Un déséquilibre apparaît entre les muscles de l'avant et de l'arrière du cou, de telle sorte que la tête glisse encore plus vers l'avant. Ce cercle vicieux peut provoquer des contractures de plus en plus douloureuses et même des maux de tête.

Avec *jalandhara bandha*, en abaissant le menton et en tirant l'arrière de la tête vers l'arrière et vers le haut, nous inversons ce processus. Nous rétablissons ainsi l'équilibre entre l'avant et l'arrière du cou. Nous renforçons les muscles de l'avant du cou et les muscles de la nuque retrouvent leur longueur. *Jalandhara Bandha* est la garantie d'un bon alignement dans le travail corporel du yoga. Même en inclinant la tête vers l'arrière, nous pouvons rentrer le menton et étirer l'arrière de la tête vers le haut. Ceci nous aidera aussi précieusement à équilibrer la nuque et le cou dans notre quotidien.

L'utilisation de ce *bandha* est particulièrement indiquée dans la pratique de *matsyasana* (page 144) ou *virabhadrasana I* (page 49), par exemple, et d'une manière générale, dans toutes les postures où la tête est penchée en arrière.

Le geste inversé
Viparita karani mudra

VIPARITA *inversé* · *KARANI* *geste*

MUDRA *posture de yoga dans laquelle nous exprimons notre état intérieur*

Viparita karani mudra est emblématique de toutes les postures inversées du hatha-yoga, en particulier l'équilibre sur les épaules (ou chandelle), décrit dans la *Hatha-Yoga Pradipika*, et l'équilibre sur la tête, décrit dans la *Gheranda Samhita*. La posture présentée ici est également appelée demi-chandelle.

Symbolique et mythologie

L'inversion, un des grands symboles de la voie du yoga, est une position que nous prenons souvent quand nous remarquons que nous nous sommes perdus dans la confusion du quotidien. Dans le yoga, l'inversion signifie « revenir à soi ». Il s'agit de rentrer en soi et de se retirer des valeurs éphémères du monde extérieur pour découvrir celles, immuables, du noyau de l'Être, du Soi. Dans cette optique le sens profond de l'inversion dans le yoga est le suivant : à chaque fois que quelque chose dans notre vie nous pèse et prend une mauvaise tournure, il ne faut pas nous contenter de légers ajustements mais plutôt changer radicalement de trajectoire pour partir dans la direction opposée.

Tourner le dos à la souffrance pour retourner à la source de notre existence

Faire volte-face est la seule mesure réellement efficace, comme nous le révèle le sens littéral du mot « *duhkha* » (souffrance, en sanscrit) : « *duh* » signifie sombre ou étroit et « *kha* » signifie la chambre. L'état de souffrance est donc comme une petite pièce sombre. D'une manière ou d'une autre, nous nous y sommes introduits. Faire quelques changements mineurs dans ce réduit n'apporterait rien.
Non, si nous voulons le quitter, il faut prendre un virage à 180°. C'est à cette condition que nous laisserons derrière nous *duhkha*, la souffrance,

pour nous tourner à nouveau vers cet espace vaste et lumineux dont nous sommes issus.
Dans le yoga, l'inversion signifie aussi le retour à la source de notre existence. Cette source, dans la plupart des voies du yoga, c'est l'expérience de l'Unité, que chaque être a connue au début de sa vie et qu'il cherche ensuite à retrouver. Nous pouvons trouver cette source en Dieu, par exemple, ou en faisant l'expérience qu'à chaque respiration, chaque signe de vie de notre corps, nous faisons directement partie de la Vie dans sa totalité. D'après la plupart des textes du yoga (à l'exception de ceux du *Samkhya*), cette expérience nous aide à abandonner la douloureuse illusion selon laquelle l'Homme serait , scindé, isolé, séparé du « Grand Tout ». En prenant conscience de notre union, au plus profond de nous-mêmes, avec la source de Tout ce qui est, nous ne nous sentirons plus jamais séparés ni isolés. Ce qui incidemment libérera notre vie affective consciente et inconsciente d'un puissant facteur de stress !

Tout mettre à l'envers et prolonger ainsi la vie

L'inversion signifie aussi, d'une manière tout à fait concrète, tout mettre à l'envers : opinions, principes, croyances, schémas de pensées etc. Tout ce qui nous a gouvernés jusque là. Les maîtres du hatha-yoga savaient que le monde vu d'en bas a un aspect tout à fait différent et ils recommandaient la pratique des postures inversées pour rester jeune et souple et toujours regarder d'un œil neuf ce que nous croyons connaître.
La position tête en bas a encore pour effet d'inverser le flux de l'énergie. Selon les textes du hatha-yoga, elle empêche *amrita*, le nectar d'immortalité, de s'écouler dans le feu digestif (page 189). Lorsque le nombril se trouve plus haut que le palais, le nectar, naturellement préservé, s'épuise moins vite. Voilà pourquoi les maîtres du hatha-yoga ont la conviction que les postures inversées ne se bornent pas à nous régénérer puissamment, mais qu'en économisant le nectar, elles ont le pouvoir d'allonger la durée de notre vie. Ils nous conseillent de pratiquer assidument, pour arriver progressivement à trois heures par jour ! Nous verrons alors disparaître rides et cheveux gris et la mort sera vaincue.
La victoire sur la vieillesse et la mort est possible quand le regard que nous portons sur ces transformations inéluctables a changé. Reliés à la source de vie, nous savons alors que seul notre corps peut mourir, tandis que le noyau de notre être est invulnérable et immortel.

Mise en place de la *mudra*

Allongez-vous sur le dos, bras le long du corps et paumes au sol. Les chevilles sont fléchies et les pieds joints, à la verticale. Sur une expiration, amenez les épaules vers le bas et vers l'arrière jusqu'à ce qu'elles soient plaquées au sol. Sur une expiration, fléchissez les genoux et rapprochez-les du tronc. Puis inspirez en tendant autant que possible les jambes à la verticale. Lorsque votre colonne lombaire aura acquis la stabilité nécessaire par la pratique de *mula bandha* et d'*uddiyana bandha*, vous pourrez facilement soulever les jambes tendues directement. *(Fig. 1)*

Sur l'expiration suivante, montez les jambes au-dessus de la tête, à l'oblique. Le bassin suit le mouvement en se soulevant.

En inspirant, tournez les avant-bras vers l'extérieur et fléchissez les coudes. Sur l'expiration suivante, placez les mains à plat, doigts vers le haut, sur le bord supérieur du bassin. Les jambes et le haut du corps forment un angle à 45 degrés environ. *(Fig. 2)*

Transférez tout le poids du bassin sur les paumes des mains en amenant les jambes tendues autant que possible en équilibre à la verticale des mains. Sentez la colonne vertébrale s'étirer et l'espace entre les omoplates aspiré vers le haut. *(Fig. 3)*

Demeurez ainsi, détendu, et prenez conscience de tous les effets de la position inversée sur le corps et l'esprit. Pour quitter la posture, retirez les mains du bassin et laissez le dos se dérouler lentement sur le sol. Restez allongé en respirant plusieurs fois calmement et observez les sensations.

L'expérience de *viparita karani mudra*

Le « geste inversé » permet de faire l'expérience du monde dans une perspective différente. Tant que vous demeurez dans cette position, vos pieds sont dans le ciel au-dessus de vous tandis que le poids du corps repose sur les épaules et le haut des bras. C'est pourquoi *viparita karani mudra* compte parmi les postures « à ne pas pratiquer quotidiennement » (*vishesha*), car il est clair que les pieds se trouvent normalement en bas et la tête en haut.
Par ailleurs, *viparita karani mudra* est connue pour son effet régénérant aussi intense que rapide. Beaucoup d'écoles de yoga en ont même fait la posture régénérante par excellence ! Elle vous permettra à tout le moins de faire une vraie pause dans l'agitation de la journée pour réfléchir à vos façons de penser, vos attentes et votre comportement et le cas échéant, initier un changement d'orientation.
Pratiquez de préférence cette *mudra* le soir, car elle procure un sommeil bienfaisant.

Les bienfaits

- *favorise le retour veineux dans les jambes ;*
- *stimule le système cardio-vasculaire ;*
- *calme et régénère le système nerveux ;*
- *amène calme et recentrage ;*
- *revitalise en cas de fatigue ou d'épuisement ;*
- *nous aide à regarder sous un autre angle.*

Précautions et contre-indications

- Thrombose veineuse ou phlébite.
- Insuffisance cardiaque ou autre maladie du cœur.
- Hypertension artérielle.
- Arthrite ou arthrose sévère de la zone cervicale, syndrome cervical traumatique ou « coup du lapin ».
- Pathologies aiguës ou chroniques de la tête : maux de tête, migraine, rage de dents, sinusite, otite, élévation de la pression intra-oculaire, acouphènes.

Point d'anatomie
Travail cardiaque et oxygénation

Dans cette *mudra*, les jambes se trouvent au-dessus du niveau du cœur. Obéissant à la loi de la pesanteur, le sang quitte les jambes et afflue massivement vers le cœur. Le cœur réagit en augmentant sa puissance de pompage. Un peu comme lorsqu'on descend une côte à bicyclette, notre activité cardiaque est en roue libre, entraînée par la pesanteur. Un cardio-training sans effort ! L'afflux de sang parti des jambes envahit maintenant les poumons. Il s'enrichit en oxygène et le cœur le propulse à nouveau dans l'organisme. Grâce à la position inversée, le cerveau reçoit un apport supplémentaire de sang neuf riche en oxygène. Après quelques respirations à peine, nous nous sentons éveillés et concentrés.

Le grand sceau
Maha mudra

MAHA grand, majestueux

MUDRA posture de yoga dans laquelle nous exprimons notre état intérieur

Maha mudra est une flexion avant en position assise. Le tronc s'incline dos droit sur une jambe tandis que l'autre jambe est repliée. Elle représente ici toutes les postures du hatha-yoga qui raniment l'énergie vitale endormie, c'est à dire inconsciente, appelée *kundalini*. La mise en place des trois *bandhas* et l'étirement intense du dos différencient *maha mudra* de la posture de la tête au genou (*janu shirshasana* page 63).

Symbolique et mythologie

Voici ce que dit la *Hatha-Yoga Pradipika,* le texte fondateur, sur les effets de *maha mudra* : « Cette *mudra* détruit les causes principales de la souffrance et tous les maux, à commencer par la mort. C'est pourquoi les sages l'ont appelée *maha mudra*, la grande *mudra*. Pour celui qui pratique cette *mudra,* il n'y a plus aucune nourriture recommandée ni interdite. Tous les aliments, même ceux qui ont perdu leur saveur, même les poisons dangereux, sont digérés comme du nectar. » (HYP III, 14/16) Les « nourritures » en question sont spirituelles. Cette posture du hatha-yoga symbolise la grande force de transformation de la pensée, ou en d'autres termes, la capacité qu'a l'être humain de relativiser consciemment ou de transcender toutes ses expériences. Dans son langage symbolique, le texte nous livre des précisions supplémentaires à ce sujet.

Le réveil de la *kundalini* par la transformation spirituelle

D'après les yogis, « les causes principales de la souffrance » dont il est question ne dépendent pas du monde extérieur ou de circonstances données, mais exclusivement de notre manière d'évaluer et de hiérarchiser ce qui nous arrive. Comme le Bouddha, tous les maîtres de yoga soutiennent que la cause fondamentale de nos souffrances se

trouve en nous-mêmes, car nous persistons à nous identifier avec ce qui est fragile et éphémère et donc, en réalité, négligeable : notre ego, en particulier, avec ses opinions et ses principes, notre corps, notre statut, nos possessions, notre pouvoir et notre importance.
Les maîtres du hatha-yoga l'affirment : tant que nous refusons de reconnaître que nous n'emporterons rien, absolument rien de tout cela dans la mort, nous percevrons l'impermanence et la mort comme une menace, qui nous fait peur et que nous essayons d'écarter par tous les moyens. En même temps, nous avons tendance à nous accrocher à ce qui est éphémère : à notre jeunesse, nos performances, notre personnalité etc. Dès que nous parvenons à nous détacher de ces identifications pour nous concentrer sur l'essentiel, le noyau de notre être, invulnérable et immortel, nous devenons moins susceptibles à la souffrance et nous considérons la mort différemment.
Dans le hatha-yoga, l'humeur et les comportements, éphémères par nature, sont symbolisés par la *kundalini* endormie (page 10). Ainsi assoupie, notre énergie de conscience (*prana*) n'est pas en mesure de pénétrer le sens et le dessein de notre existence et de reconnaître que chaque être humain est une représentation de la perfection du divin, à travers son corps, son esprit et sa vie en tant que telle. Pour le hatha-yoga, cette perfection englobe aussi ce qui nous parait mauvais, corrompu ou toxique, comme les ténèbres font partie de la lumière et la nuit du jour.
Cette *mudra* nous rappelle que c'est à nous de décider si une chose nous fait du mal et si nous la laissons nous détruire ou nous empoisonner la vie. Par la puissance transformatrice de la pensée, nous pouvons apprendre à hiérarchiser tout ce qui nous arrive pour en tirer quelque chose de positif et de bénéfique, comme le dit la maxime : « Les choses sont ce qu'elles sont. La situation est mon maître ! » (Jens Corssen, psychologue et coach).

L'expérience de *maha mudra*

L'aspect postural de cette *mudra* ne donne aucune indication sur sa signification profonde, même si elle est très appropriée pour favoriser l'ascension de la *kundalini* par l'intérieur de la colonne vertébrale. On peut plutôt voir en *maha mudra* une posture illustrant une certaine symbolique, ici celle de la Transformation et de la Transcendance. Si vous associez constamment cette posture à cette disposition d'esprit, la prise de la posture ou la simple évocation de son nom suffiront un jour pour lancer en vous le « programme » qui vous permet d'évaluer consciemment vos impressions et vos pensées pour les agencer dans une perspective bénéfique. En tant qu'exercice spirituel, *maha mudra* peut vous aider à tendre toujours plus vers ce qui est bienfaisant, épanouissant et salutaire intérieurement.

Précautions et contre-indications

- Affection aiguë ou chronique de l'articulation du genou de la jambe fléchie dans la posture : l'exercice ne doit occasionner aucune douleur au genou.
- Inflammation au niveau de l'ischion de la jambe tendue : un étirement répété et excessif pourrait provoquer une irritation chronique et abîmer certains muscles et tendons. On fléchira alors légèrement la jambe.
- Pathologie de la colonne lombaire, hernie discale en particulier. Une courbure involontaire et excessive de la colonne lombaire peut accroître la pression sur les disques intervertébraux.

Point d'anatomie
La colonne vertébrale et la racine des nerfs rachidiens

La colonne vertébrale se compose de 24 vertèbres séparées par les disques intervertébraux. À l'arrière des corps vertébraux circule la moelle épinière, protégée par les arcs vertébraux. Celle-ci sert d'intermédiaire entre le cerveau et les organes. Les espaces intervertébraux laissent passer les racines des nerfs rachidiens.
Ces nerfs transmettent les influx nerveux de la moelle épinière vers les muscles ou les organes. Ils amènent également des informations sensorielles et des signaux en sens inverse. La moelle épinière est capable de traiter elle-même une partie des signaux transmis par les nerfs et de renvoyer de nouveaux influx nerveux vers les organes. Elle transmet les autres signaux au cerveau. De même, elle renvoie vers les muscles et les organes les ordres en provenance du cerveau.
Une posture corporelle incorrecte ou avachie provoque le tassement de la colonne. On observera facilement ce phénomène en se mettant sous la toise matin et soir. Il est normal de constater une différence de taille allant jusqu'à deux centimètres. En outre, beaucoup de gens rapetissent avec l'âge. Les racines des nerfs disposent alors de moins d'espace. Dans certains cas, les nerfs sont comprimés et des douleurs surviennent.
Maha mudra nous affranchit de la pesanteur. En étirant la colonne vertébrale, nous créons davantage d'espace pour le passage des racines des nerfs rachidiens. Mais pour cela, la colonne doit rester absolument droite. La moindre courbure de la colonne lombaire peut contrecarrer l'effet souhaité et se traduire par une pression sur les disques intervertébraux.

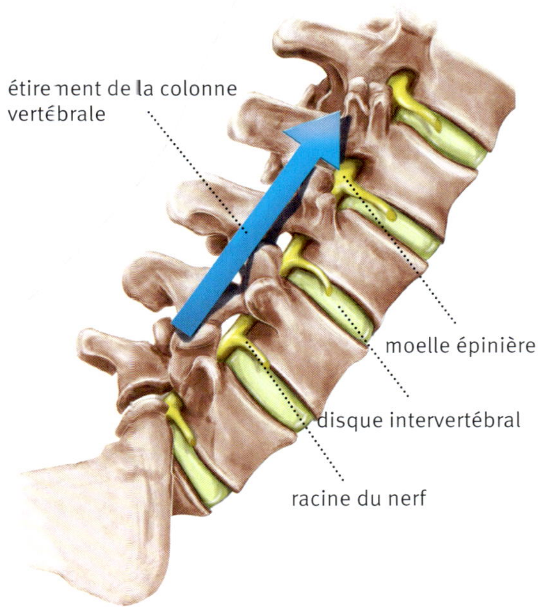

Dans maha mudra, *la colonne vertébrale doit être longue et droite. Ceci étire la moelle épinière et procure plus d'espace aux racines des nerfs rachidiens.*

Les bienfaits

- *assouplit les hanches et l'arrière des jambes ;*
- *corrige les dissymétries du corps ;*
- *étire et allonge la musculature du dos ;*
- *allonge la colonne vertébrale et procure plus d'espace aux racines des nerfs rachidiens ;*
- *rend perceptible notre axe intérieur comme un lien entre les pôles de la terre et du ciel ;*
- *étire le canal central de l'énergie, favorisant la montée du* prana *;*
- *apaise l'esprit, réduit le stress.*

Mise en place de la *mudra*

Asseyez-vous, jambes légèrement fléchies. Tirez les ischions vers l'arrière et vers l'extérieur. Gardez la colonne vertébrale aussi droite que possible. *(Fig. 1)*

En inspirant, tendez la jambe gauche devant vous aussi loin que possible sans basculer le bassin vers l'arrière. La cheville gauche est fléchie, pied à la verticale.

Sur une inspiration, laissez maintenant descendre la jambe droite vers l'extérieur à partir de la hanche et tirez vers vous le pied droit pour l'amener au plus près de la hanche. Soulevez légèrement le talon et laissez l'avant-pied glisser sur le sol. Servez-vous de vos mains, si vous le souhaitez, pour placer le pied droit tout près du bassin, contre l'intérieur de la cuisse gauche. Pendant tout l'exercice, soyez attentif à toute sensation de gêne qui se développerait dans votre genou droit.

Sur une expiration, appuyez fortement le talon droit contre l'intérieur de la cuisse gauche. Constatez l'espace créé par cette pression dans la hanche droite. Utilisez cet espace pour tourner la cuisse droite vers l'extérieur.

Tournez aussi le tibia droit le plus possible vers l'extérieur. Vous pouvez vous aider de vos mains en tirant légèrement le mollet et l'arrière-cuisse vers le haut. Le mollet droit se soulève légèrement du sol. Observez la diminution de la pression dans la partie médiale de l'articulation du genou. *(Fig. 2)*

Inspirez en étirant le dos. Saisissez le bord externe du pied gauche avec la main gauche et le bord interne avec la main droite. Posez les pouces sur la pointe du gros orteil. *(Fig. 3)*

Il est également possible de placer une chaise au-dessus de la jambe tendue et de saisir les bords de son assise. Vous garderez ainsi plus facilement la colonne vertébrale bien droite. En effet, la moindre courbure de la colonne lombaire suffirait à compromettre les effets bénéfiques attendus.

Sur l'expiration suivante, appuyez fortement les mains vers le bas, sur le gros orteil ou sur l'assise de la chaise. Observez en réaction la colonne vertébrale s'allonger et s'étirer.

Remplissez bien vos poumons. Engagez *mula bandha* (page 180) et *uddiyana bandha* (variante 2 page 187). Observez attentivement comme une onde redresser progressivement la colonne en partant du plancher pelvien. Lorsque le mouvement parvient à la nuque, baissez le menton pour engager *jalandhara bandha* (page 189). Accueillez une sensation d'énergie (*prana*) qui monte par la colonne vertébrale en extension, le long du canal de la *sushumna*. *(Fig. 4)*

Suspendez votre respiration pendant quelques instants, jusqu'à ce que le besoin d'expirer se fasse sentir. Soulevez alors le menton et laissez l'expiration se faire lentement et progressivement. Prenez ensuite quelques respirations lentes et tranquilles. Vous pouvez enchaîner ainsi quelques cycles de *maha mudra* (trois, par exemple) avant de prendre la posture de l'autre côté.

Le geste du bonheur
Shambhavi mudra

SHAMBHAVI la bienfaitrice · SHAMBHU le bienfaiteur, un des noms de Shiva

MUDRA posture de yoga dans laquelle nous exprimons notre état intérieur

Shambhavi mudra permet une détente complète du regard. Son nom fait référence à l'une des représentations de Shiva dans l'iconographie hindouiste, le montrant en pleine méditation et néanmoins fixant le monde.

Symbolique et mythologie

Le dieu Shiva est vénéré en Inde depuis des millénaires. Au fil du temps, il lui a été attribué d'innombrables apparences différentes qui se traduisent aujourd'hui par les 108 noms par lesquels on peut s'adresser à lui.

À l'origine, Shiva symbolisait tous les aspects sauvage, imprévisible et destructeur de la nature. Il était considéré comme le dieu de la faune sauvage et le seigneur d'une foule innombrable d'esprits de la nature, de démons et de lutins. Dans cette forme primitive, il était connu sous le nom de Rudra (Maître des larmes). Par leurs prières et leurs offrandes, ses fidèles sollicitaient son influence bénéfique sur ces forces qui les remplissaient d'effroi. Comme les Indiens pensent que le nom que l'on attribue à quelqu'un agit sur son énergie, ils se sont mis à donner à Rudra d'autres noms. Le plus connu est Shiva (le miséricordieux). C'est sous ce nom que ce dieu très ancien, qui vivait en pleine nature, pénètre enfin dans le panthéon hindouiste et devient l'une des figures divines les plus puissantes du sous-continent indien.

Dans la trinité hindoue (*trimurti*), Shiva représente la destruction, Brahma la création et Vishnu la préservation. Lorsque Shiva remplit son office, les cycles de la nature prennent fin très simplement car il veille à livrer à la décomposition ce qui est usé, ce qui a fait son temps pour faire place au renouveau. En Inde on considère donc son aspect destructeur comme indispensable et bénéfique. Sans lui, le désordre s'emparerait de la création car il n'y aurait plus ni renouvellement ni évolution.

Shiva sous la forme de Shambhu : la domination de la nature sauvage

Sous l'aspect de Shambhu, Shiva est souvent envisagé dans son rôle d'époux ou de chef de famille. Il représente ainsi la force divine qui prend soin du monde, symbolisé par son épouse et ses enfants, et vit avec lui dans la paix et l'harmonie. Shambhu devient « le Bienfaiteur » lorsque les hommes commencent à canaliser sa force terrible et destructrice, souvent imprévisible. Le dieu qui autrefois errait dans la jungle, nu et barbouillé de cendres, est de plus en plus souvent représenté dans son cercle familial. Il est assis sur une peau de tigre, signe qu'il a appris à maîtriser son agressivité, et est paré de cobras, pour indiquer qu'il sait utiliser les forces de la nature à son profit. Dans cette *mudra*, Shiva sous la forme de Shambhu symbolise la faculté de l'être humain à apprivoiser lui aussi les forces impétueuses et déchaînées qui le gouvernent, et à s'en rendre maître. Ce que nous apprenons à maîtriser dans *shambhavi mudra*, c'est le sens visuel, qui exerce souvent une forte influence sur notre esprit et notre humeur. Dans cet exercice, nous avons les yeux ouverts sur le monde mais sans rien considérer en particulier. Nous regardons sans voir. Nous nous libérons ainsi de la domination de l'un de nos sens les plus importants. Les yeux grands ouverts, nous nous détachons de l'obligation de réagir à tout ce qui est vu. Nous sommes comme Shiva contemplant l'agitation du monde, calme, détendu et bienveillant. Nous avons conscience de notre environnement, mais sans réagir instantanément ou interférer avec ce qui est vu. Dans *shambhavi mudra*, nous sommes dans le monde mais pas de ce monde. Nous incarnons ainsi une attitude intérieure essentielle que le yoga nous aide à développer.

Sambhavi mudra *nous guide vers la paix profonde et infinie de Shiva, qui agit dans ce monde sans pourtant être de ce monde.*

L'expérience de *shambhavi mudra*

Si vous apprenez cette *mudra* dans le cadre de votre pratique du yoga, vous disposerez bientôt d'un outil grâce auquel vous échapperez à toutes les situations désagréables en toute discrétion. Par exemple, si vous vous sentez oppressé par la cohue dans un bus ou une rame de métro bondés, vous parviendrez à passer votre regard « en mode *shambhavi mudra* » pour rester intériorisé sans devoir fermer les yeux. Et si vous vous trouvez dans un environnement inamical, vous pourrez ainsi vous retirer sans vous écarter ostensiblement. Dans *shambhavi mudra*, vous êtes présent mais pas partie prenante. Vous êtes un observateur, un témoin. Vous vous exercez à ne plus être le jouet de vos perceptions. Vous vous apercevrez bien vite que posséder une telle technique est un véritable bienfait, car avant de vous exciter ou même de vous mettre en colère, vous aurez acquis la possibilité de vous retirer dans votre paisible espace intérieur. *Shambhavi mudra* apaise l'esprit sans le fatiguer ni l'abrutir. Cette *mudra* est donc une étape très importante vers la stabilisation du mental (*chitta*) et la véritable équanimité. L'esprit en paix, calme et détendu, nous y voyons clair en nous-mêmes et nous savons ce qui doit être fait ou pas.

Point d'anatomie
Stimulus et réponse

Notre cerveau réagit à tous les stimuli extérieurs. Le cerveau analyse, traite et stocke tout ce que nous percevons, sans notre volonté consciente. Ainsi, par exemple, il nous arrive de nous souvenir de choses que nous avons vues ou entendues incidemment.
Selon les textes anciens du hatha-yoga, nos émotions et nos sentiments procèdent de nos sens. Ceci est corroboré par la recherche moderne : lorsque nous percevons un objet extérieur, nous lui attribuons immédiatement une valeur émotionnelle. Il nous plaît ou nous déplaît. Selon les mêmes textes, les émotions précèdent les pensées. C'est donc après-coup que nous justifions intellectuellement les émotions liées à l'objet. La publicité l'a bien compris, qui joue sur l'émotionnel. La rationalisation ne vient qu'après.
Chaque stimulus sensoriel déclenche des traitements d'information en cascade. S'il y a moins de stimuli extérieurs, le nombre d'opérations baisse en conséquence. Nous trouvons le calme, sur le plan mental et émotionnel. *Shambhavi mudra* est donc une technique efficace pour mettre le cerveau au repos pendant un moment et finalement entrer dans une profonde méditation

Précautions et contre-indications

- Trouble du déficit de l'attention, hyperactivité, instabilité psychomotrice. Le calme qui s'établit peut produire l'effet inverse, provoquant un regain d'agitation.
- Maladies de la cornée ou insuffisance lacrymale. La cornée peut s'assécher en raison de la diminution des clignements de paupières.

Mise en place de la *mudra*

Asseyez-vous bien droit et confortablement : sur le sol, sur un coussin, un petit banc ou même une chaise.

Regardez droit devant vous, sans rien fixer en particulier. Détendez complètement votre visage. Dites-vous que vous regardez en vous même, alors que votre regard reste dirigé vers l'extérieur.

Observez le ralentissement progressif du clignement de vos paupières. Constatez que vous voyez le monde qui vous entoure, mais que votre regard ne saisit rien en particulier. Gardez les yeux ouverts et tranquilles en respirant calmement.

Revenez à la détente du visage. La mâchoire inférieure est décontractée et la bouche fermée sans crispation. Les épaules se relâchent sur les côtés. Tout en restant complètement détendu, maintenez la colonne vertébrale droite et en équilibre. Représentez-vous que le milieu de votre palais s'envole vers le haut. Sentez alors l'arrière de votre tête grandir vers le haut et en même temps un espace se dégager sous le menton. Demeurez en *shambhavi mudra* pendant quelques minutes. La tension musculaire diminue dans tout votre corps tandis que votre souffle se fait calme et léger. Observez cela.

Les bienfaits

- *réduit la pression intra-oculaire ;*
- *améliore la faculté de concentration ;*
- *nous apprend à nous intérioriser au beau milieu de l'agitation ;*
- *favorise la détente et la clarté mentale ;*
- *apaise l'esprit.*

Le retournement de langue
Khechari mudra

KHECHARI se mouvoir dans l'espace du plus haut niveau de conscience

MUDRA posture de yoga dans laquelle nous exprimons notre état intérieur

Dans cette *mudra*, on presse le bout de la langue à l'arrière du palais. C'est pourquoi on l'appelle parfois la *mudra* du palais.

Symbolique et mythologie

Kechari mudra est l'exercice central du hatha-yoga. La *Hatha-Yoga Pradipika*, un des textes fondateurs, la considère comme la plus importante de toutes les *mudras* (HYP I, 43) et lui consacre, avec 46 *sutras*, plus de versets qu'à aucune autre pratique.
Cette *mudra* symbolise tout ce qui est essentiel dans le yoga :

- la victoire sur la maladie, la vieillesse et la mort ;
- la maîtrise des sens et des pulsions pour concentrer l'énergie vitale (*prana*) ;
- la conservation de la force vitale symbolisée par *amrita*, le « nectar d'immortalité » ;
- l'obtention de l'invulnérabilité du corps et de l'esprit ;
- l'expérience de l'état d'Unité par le dépassement des polarités, symbolisées par le soleil (*Ha*) et la lune (*Tha*) ;
- la transformation de notre conscience ordinaire en un état de conscience hors du temps et de l'espace.
- l'expérience du plus haut niveau de conscience, c'est-à-dire la fusion du Soi avec le Divin ou dans l'Absolu (*laya*).

Se fondre dans l'Absolu

Les versets concernant *khechari mudra* nous affirment que celui qui la pratique assidûment, appuyant longuement la langue contre le palais mou, atteindra tous les buts du hatha-yoga. Il devient un yogi dont « l'esprit se déploie dans l'espace (*Khe*) » (HYP III, 41). Ainsi l'esprit se libère de toutes les impressions, souvenirs et influences qui façonnent notre conscience ordinaire.
Cette forme de conscience déterminée par nos expériences et notre personnalité est appelée « manas » dans le yoga. L'une des fonctions essentielles du *manas* est d'évaluer toutes nos expériences en

Les maîtres de yoga sont des khecharis *: « ceux qui évoluent dans l'espace (céleste) ». Dans cette immensité, ils font l'expérience de la transcendance suprême.*

termes de : agréable/désagréable, bon/mauvais, bénéfique/nocif, etc. Cette évaluation perpétuelle exprime pour les yogis l'enfermement dans la conscience des polarités, symbolisée par l'activité des deux canaux d'énergie, les *nadis* : *Ida* (la lune) et *Pingala* (le soleil).

Voici ce que dit la *Hatha-Yoga Pradipika* : « Le vide qui se trouve au centre, entre *Ida* et *Pingala*, engloutit la conscience. Là est établie *khechari mudra*. Entre le soleil et la lune se trouve un espace intérieur sans support (*niralamba*).» (HYP IV, 44, 45). La suite du texte précise : « Après avoir ôté à son esprit chacun de ses supports, le yogi ne pense plus à rien. » (50) « Vide à l'intérieur, vide à l'extérieur, comme est vide un récipient dans l'espace. Plein à l'intérieur, plein à l'extérieur, comme est plein un récipient dans l'océan. Le yogi ne doit alors plus se préoccuper de ce qui est extérieur et interieur à lui-même. » (56, 57) « C'est par le renoncement à la perception de tout objet de connaissance que le mental, le *manas*, se dissout. Lorsque cette dissolution est complète, il ne reste plus que l'Absolu. » (62).

L'Absolu est la conscience suprême, pure, immaculée et non conditionnée. Dans cet état, nous nous sentons intacts et entiers, reliés à la source de Tout ce qui est. C'est ce que veut dire le texte lorsqu'il évoque « la dissolution dans le Divin ou dans l'Absolu ». Étant totalement vides et libérés de notre conscience ordinaire, le Divin ou l'Absolu peut nous emplir complètement. Ainsi comblés, nous nous sentons véritablement invulnérables, reliés à la vie éternelle et en paix avec tout ce qu'il nous est donné de vivre.

L'expérience de *khechari mudra*

Au bout d'un certain temps en *khechari mudra*, vous remarquerez que le fait d'enrouler la langue en arrière en appuyant sa pointe vers le haut produit des effets significatifs sur votre état de conscience. Tant que vous maintenez la pression, votre attention est complètement absorbée et vos pensées habituelles cessent. Ceci signifie aussi que dès que votre pensée s'évade, la contraction du muscle de la langue disparaît et votre état de conscience ordinaire reprend le dessus.

Lorsque vous êtes en *khechari mudra*, votre regard se porte sans doute automatiquement vers le milieu de votre front. Au bout d'un certain temps (trois minutes environ), se manifeste un état de conscience libéré de toute préoccupation quotidienne : il s'agit du « quatrième état » (*turiya/chaturtha*) mentionné par la *Hatha-Yoga Pradipika*. Il vous permet de vous intérioriser comme vous ne l'avez probablement jamais fait.

Vous éprouverez un sentiment de vacuité et de plénitude dans votre espace intérieur comme dans l'espace qui vous entoure et vous aurez la sensation que votre espace intérieur ne fait qu'un avec l'espace extérieur et que toutes les barrières de votre Soi tombent.

Précautions et contre-indications

- Après une opération de la langue ou de la zone buccale.
- Hypotension, insuffisance circulatoire ou diminution drastique de la fréquence cardiaque.
- Sensation de corps étranger dans la gorge, peur de déglutir et réflexe de haut-le-cœur violent.

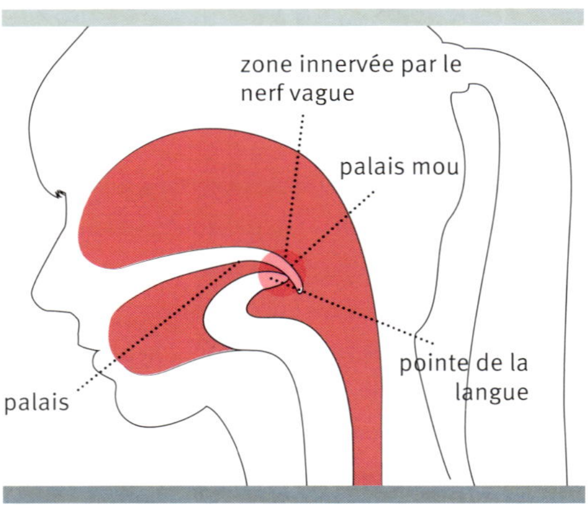

Dans khechari mudra, *la pointe de la langue s'enroule loin vers l'arrière, jusqu'au palais mou. Cette région est innervée par le nerf vague, dont la stimulation déclenche un réflexe de détente.*

Point d'anatomie
Un réflexe de détente

Dans *khechari mudra*, la langue s'enroule le plus loin possible vers l'arrière pour atteindre le palais mou. Avec la pratique, certains parviennent même à toucher la luette ou, si la longueur de la langue est suffisante, à glisser la langue plus loin, en haut vers l'arrière.
L'adepte qui pratique *khechari mudra* avec sérieux et assiduité confirmera aisément l'effet décrit dans les textes fondateurs : l'esprit se calme et devient plus clair. L'origine de cet effet se trouve au niveau du palais mou, de la luette et à l'arrière, une zone richement innervée par le nerf vague. Celui-ci fait en effet partie des nerfs crâniens, qui transmettent directement les stimuli au cerveau. Le nerf vague appartient au système nerveux parasympathique, qui aide l'organisme à se détendre. La stimulation du nerf vague induit le calme et le silence intérieur.
C'est exactement ce qui se passe dans *khechari mudra*. En enroulant la langue loin vers l'arrière, nous stimulons un réflexe de détente inconscient. Le corps et l'esprit trouvent le calme. Nous entrons ainsi dans une profonde méditation.

Mise en place de la *mudra*

Asseyez-vous bien droit et confortablement : sur le sol, sur un coussin, un petit banc ou même une chaise. Sur une expiration, retournez la langue avec la pointe vers le haut et glissez-la aussi loin que possible vers l'arrière.

Les yeux fermés, dirigez le regard entre les sourcils en inspirant. Veillez à ne pas plisser le front et à garder les yeux aussi détendus que possible.

Demeurez ainsi aussi longtemps que vous parvenez à maintenir la contraction de la langue et continuez à respirer calmement.

Reprenez *khechari mudra* environ six fois. À chaque fois, essayez de tenir un peu plus longtemps, mais sans forcer. Pour finir, accordez-vous un temps de méditation ou d'assise silencieuse.

Utilisation de *khechari mudra*

- Avec une certaine pratique, vous arriverez à maintenir une légère *khechari mudra* dans tous les *asanas*, comme pour *mula bandha* et *jalandhara bandha*. Ceci vous aidera à rester concentré et détendu dans les postures et les mouvements.
- Une *khechari mudra* subtile augmente aussi la concentration et le calme dans les techniques de *pranayama*.

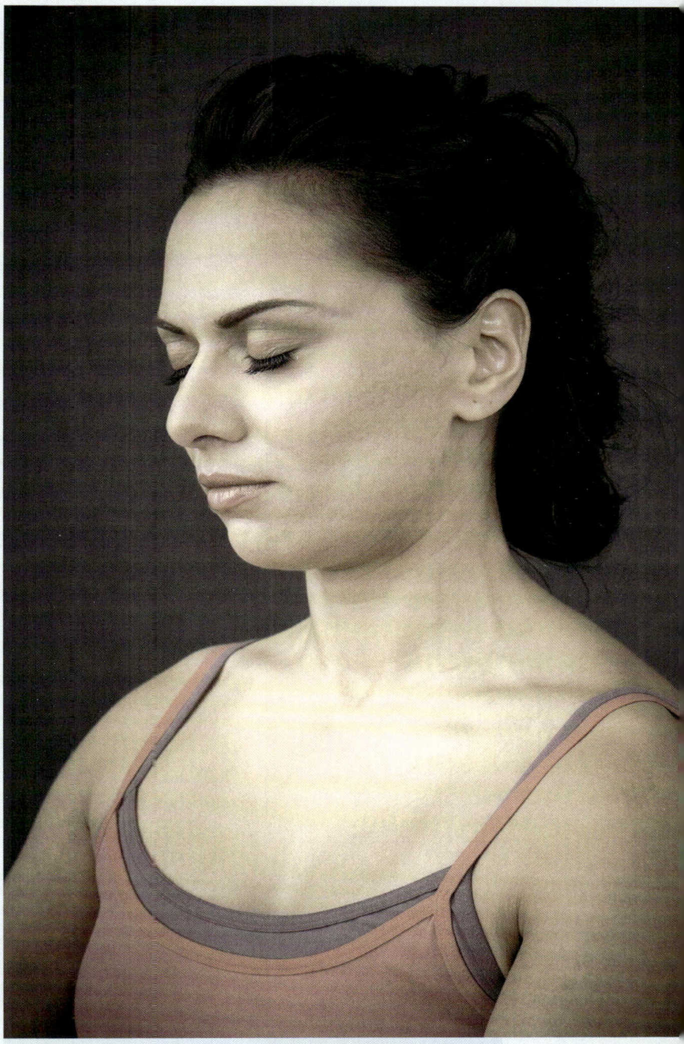

Les bienfaits

- *fait baisser la tension artérielle et ralentit le rythme cardiaque ;*
- *active la digestion ;*
- *favorise la détente et la clarté d'esprit ;*
- *aide au retrait de tous les sens, favorisant l'intériorisation ;*
- *procure le calme et une paix profonde.*

Diriger le regard
Drishti

DRISHTI la vision, le regard, la direction du regard

Les *drishtis* sont des points de concentration ou de fixation du regard qui permettent de recentrer et de diriger son attention. À chaque posture de yoga correspond traditionnellement un *drishti* spécifique.

Symbolique et mythologie

Il y a environ 3500 ans, les yogis essayaient probablement déjà de se concentrer en dirigeant leur regard, comme en témoignent d'anciennes représentations de yogis en profonde méditation, le regard tourné vers le bout du nez ou le milieu du front.

Concentrer son esprit sur un point précis symbolise un objectif important de la pratique du yoga. Si nous définissons cette dernière comme une action consciente, elle est en opposition avec nos pensées, comportements et sentiments ordinaires, qui eux, obéissent généralement à des schémas inconscients, voire mécaniques. Tiraillé par les perceptions sensorielles, l'esprit est sans cesse distrait. Toutes les voies du yoga vont à l'encontre de cette dispersion en nous apprenant à recentrer notre mental pour l'amener sur un seul point (*ekagrata*).

Concentrer l'esprit sur un seul point

Selon de nombreux textes du yoga, un mental dispersé reste toujours à la surface des choses. De ce fait, il est incapable de les appréhender pleinement. En revanche, si nous concentrons notre mental sur un seul point, il peut à loisir s'absorber et s'immerger dans ce qu'il tente de saisir. Une réelle compréhension n'est possible qu'à cette condition. La concentration sur un seul point est donc un élément tout à fait essentiel de la pratique du yoga.

Le point, *bindu* en sanscrit, a une haute valeur symbolique dans le yoga. Il représente tout ce qui est, a été et sera, condensé en un seul point. *Bindu* est le point zéro, le point de départ à partir duquel toute création a pu se déployer. Il est aussi le point

Fixer son regard sur point précis permet d'atteindre ekagrata, *considéré comme le niveau le plus subtil de la concentration. Pour y parvenir, on choisit généralement le* drishti *dans lequel les yeux se tournent vers le haut et vers l'intérieur, comme pour diriger son regard vers le milieu du crâne.*

d'arrivée, dans lequel tout se rétractera à nouveau. *Bindu* est donc le symbole de l'Absolu. D'après les textes fondateurs du hatha-yoga, l'esprit, en se concentrant sur *bindu,* quitte la dualité pour retrouver l'expérience de l'Unité. Ainsi, les anciens textes fournissent souvent des indications exactes sur le point (*drishti*) sur lequel fixer notre attention dans telle ou telle posture du yoga.

L'expérience de *drishti*

Drishti invite l'esprit à vivre clairement et consciemment la véritable signification d'un exercice, postural ou autre.
Drishti vous donne le moyen de diriger votre conscience et d'approfondir votre ressenti dans une posture ou une *mudra*. Entièrement présent à ce que vous faites, votre esprit se calme et se recentre. Bien plus qu'un simple effort de concentration, *drishti* est le rassemblement de l'énergie et l'orientation de toutes les pensées et de tous les ressentis dans une seule et même direction. *Drishti* vous permet ainsi de vous intérioriser profondément. La répétition de cette expérience vous aidera également, dans la vie de tous les jours, à vous énerver moins rapidement.

Précautions et contre-indications

- Augmentation de la pression intraoculaire.
- Trouble du déficit de l'attention, hyperactivité, instabilité psychomotrice. Le calme qui s'établit peut produire l'effet inverse, provoquant un regain d'agitation.
- Maladies de la cornée ou insuffisance lacrymale. Par la fixation du regard, les clignements peuvent diminuer et la cornée s'assécher davantage.

Les bienfaits

- *renforce les muscles des yeux ;*
- *induit le retrait du sens de la vue, même en fixant le bout du nez, par exemple ;*
- *aide à concentrer et à maintenir son attention ;*
- *améliore la capacité à fixer son esprit sur un point précis (*ekagrata*).*

Les *drishtis* dans la pratique

Dans le hatha-yoga traditionnel, chaque *asana* est pratiqué avec une orientation bien précise du regard et de la concentration. Cependant ces points de fixation du regard varient selon les traditions, les enseignants et les élèves, et au sein d'une même tradition pour un exercice donné, d'une fois sur l'autre. Le choix peut sembler arbitraire, mais au fond, tout cela revient au même. L'essentiel est qu'en fixant notre regard sur un point précis, nous laissions les distractions extérieures pour nous recentrer sur notre pratique. C'est à cette condition seulement que notre énergie (*prana*) parviendra à s'élever. Car les textes anciens nous enseignent que « là où va l'attention, l'énergie va ».

Mise en place de la *mudra*

Dans les traditions actuelles du hatha-yoga, on utilise huit points de concentration, ou *drishtis*. Certains d'entre eux sont dans notre champ visuel, d'autres non. Ces derniers correspondent à la dynamique de la posture et nous indiquent la direction dans laquelle porter notre concentration.

Pour trouver le *drishti* qui convient à un *asana*, laissez vos yeux suivre la dynamique de la posture. Ensuite fixez votre regard intérieur ou extérieur sur ces points :

1 Les paumes des mains, lorsqu'elles se trouvent devant vous ou au-dessus de vous dans un *asana* : par exemple, *utthita trikonasana* (page 43) ou *virabhadrasana 2* (page 55).

2 Les pouces, lorsqu'ils sont joints : par exemple dans *virabhadrasana 1* (page 52).

3 Entre les sourcils, dans les postures en extension : par exemple, dans *bhujangasana* (page 135) ou *matsyasana* (page 141).

4 Le pied ou la direction du pied depuis le haut du crâne, si celui-ci se trouve juste devant vous : par exemple, dans *janu shirshasana* (Page 63).

5 Le nombril ou la direction du nombril depuis le menton lorsque celui-ci est rentré en *jalandhara* : par exemple, dans *adho mukha shvanasana* (page 147).

6 Loin devant vous, dans les postures en torsion et en l'absence de *drishti* naturel ou évident : par exemple, dans *ardha matsyendrasana* (page 129).

7 Vers le haut, dans le ciel, si telle est l'orientation de la posture, et en l'absence de *drishti* naturel ou évident ;

8 Le bout du nez, si vous ne trouvez pas d'autre point à fixer : par exemple dans *tadasana* (page 37), *natarajasana* (page 57) ou *virasana* (page 75).

Pranayama et méditation

Techniques respiratoires et méditation

Pranayama – *la circulation de l'énergie vitale*

Pranayama *a deux sens en hatha-yoga. D'une part :* prana ayama, *qui signifie « libérer l'énergie vitale et lui permettre de se déployer » ; et d'autre part :* prana yama, *« diriger le* prana ».

Dans les textes fondateurs, le terme de *khumbhaka* (*khumba* : récipient, jarre) est fréquemment utilisé comme synonyme de *pranayama*. Ce terme indique qu'il s'agit entre autres, dans ces exercices, de conserver le *prana* (l'énergie vitale) dans le corps, comme dans un récipient.

Faire circuler le *prana*

Comme les *bandhas* et les *mudras,* le *pranayama* est étroitement lié au concept d'énergie du hatha-yoga. Cette voie du yoga accorde une importance capitale à la libre circulation permanente du *prana* dans tout le corps, car à l'instar des praticiens de la médecine ayurvédique, les maîtres du hatha-yoga y voyaient une condition essentielle de notre santé physique et mentale.

Ceci est corroboré par la science moderne, puisque nous savons aujourd'hui que le fonctionnement harmonieux et précis d'un organisme n'est possible que parce que toutes ses cellules communiquent sans cesse entre elles à l'aide des hormones et des neurotransmetteurs. Les neurotransmetteurs n'ont pas seulement pour fonction d'orchestrer les actions d'un ensemble d'organes. Ils sont aussi responsables de notre humeur et surtout, de notre capacité à percevoir notre corps dans sa globalité et dans son unité. Si leur libre circulation est entravée, voire bloquée, ce flux de communication permanent se ralentit ou s'interrompt, avec généralement pour conséquence que nous ne nous percevons plus comme un organisme où tout est relié, mais que nous sentons en nous des séparations, par exemple entre notre ventre et notre tête, ou entre le côté droit et le côté gauche de notre corps.

Dénouer les blocages

Dès ses débuts dans l'Inde védique, le yoga considérait le travail du souffle comme LE moyen de déployer le *prana*, de le faire circuler puis de le diriger. Parmi les exercices utilisés traditionnellement pour libérer le corps des blocages, on trouve *ujjayi* (qui fluidifie la respiration et aide à coordonner respiration et mouvement), *pratiloma ujjayi* (qui rétablit l'équilibre énergétique entre les côtés droit et gauche du corps), *kapalabhati* (qui libère le mental de ses blocages) ou *bhastrika* (qui attise le feu digestif, principal moteur de la circulation du *prana*).

Éprouver la plénitude du *prana*

Chaque *pranayama* du hatha-yoga consiste en une manière spécifique d'inspirer et d'expirer, avec des pauses plus ou moins longues, poumons pleins ou poumons vides. La suspension du souffle, appelée *kumbhaka*, est d'une telle importance que son nom désigne aussi le *pranayama* dans son ensemble. Chaque type de suspension nous permet une expérience particulière.

- La suspension de souffle poumons pleins (*antara kumbhaka*) nous permet d'éprouver la plénitude du *prana*. Il est parfois proposé d'inspirer profondément et de retenir son souffle avec une telle intensité que le prana se déploie jusqu'au bout des doigts et des cheveux, pénétrant la totalité de notre espace intérieur. Alors empli de la présence de l'énergie divine du *prana*, nous faisons une expérience du Divin. La suspension est remplie de « ce qui est ».

La suspension de souffle à poumons vides (*bahya kumbhaka*) nous permet une profonde intériorisation et procure le calme mental. Lors de cette suspension, la vibration constante du *prana* s'interrompt un instant (le temps de la suspension). Nous pouvons alors faire l'expérience du vide (*shunya*), qui est considéré dans le yoga tantrique comme une manifestation de la pure conscience, donc de la nature de Shiva. Cette suspension est remplie du potentiel de « tout ce qui fut, est et sera », et de tout ce qui se trouve derrière la réalité perceptible à l'Homme.

Guider le *prana*

« Là où va le *manas* (le mental), le *prana* va de même. » , nous dit la *Hatha-Yoga Pradipika*. En d'autres termes, quelle que soit la direction prise par notre attention, l'énergie la suivra. Nous pouvons donc apprendre à utiliser notre attention pour diriger l'énergie vitale. Dans le hatha-yoga il est souvent question de faire monter le *prana* car du fait que la nature humaine tend vers l'inertie, le *prana* est enclin à descendre, ce qui entraîne une déperdition d'énergie et nous rend las et apathiques. Et lorsqu'il ne s'accumule pas vers le bas, le *prana* a tendance à se disperser. D'où la nécessité de le concentrer et de le guider vers le haut.

Prana et esprit

Comme dans presque tous les grands textes du yoga, on lit dans la *Hatha-Yoga Pradipika* que le mental se calme dès que nous parvenons à tempérer le mouvement du *prana* par l'intermédiaire du souffle. Ce n'est donc pas un hasard si l'arrêt du souffle naturel (*kevala pranayama*) figure en dernière position dans la liste des *pranayamas* de la *Hatha-Yoga Pradipika*. Plus le souffle se fait léger et subtil, plus l'esprit devient clair.
Nous accédons alors à un état modifié de conscience, le « quatrième état » (page 208), dans lequel, dit-on, disparaissent toutes les influences et opinions qui brouillent habituellement nos perceptions, nous permettant enfin de voir les choses telles qu'elles sont. Nous n'avons plus aucune connaissance sur nous-mêmes ni sur le monde extérieur : nous ne sommes plus que pure expérience. C'est l'état de yoga, que le *pranayama* doit nous aider à atteindre. Il nous amène au plus profond de nous-mêmes et nous fait ressentir la pulsation de la Vie, dont nous participons à tout instant, qui nous contient entièrement et qui, selon le hatha-yoga, compose la véritable nature de notre être.

L'attention au souffle

La pratique du yoga a toujours été indissociable du développement de l'attention au souffle. On peut même dire que sans l'attention au souffle, le yoga n'est plus du yoga. En raison des liens indissociables entre le corps, le souffle et la conscience, toute pratique de yoga est nécessairement une pratique respiratoire, ou « du yoga qui respire » (« *breathing yoga* »), comme le nommait si justement Pattabhi Jois, le grand maître de yoga récemment décédé.

La suspension du souffle Kumbhaka pranayama

KUMBHA récipient, jarre · KUMBHAKA la suspension de souffle, à plein ou à vide

PRANAYAMA exercice respiratoire destiné à rassembler et diriger l'énergie vitale (prana)

Kumbhaka, la rétention de l'air ou en d'autres termes, le fait de suspendre sa respiration, poumons pleins ou poumons vides, est une composante essentielle de tous les exercices respiratoires du yoga. Un exercice respiratoire ne devient un *pranayama* qu'avec *kumbhaka*.

Symbolique et mythologie

Notre respiration oscille sans arrêt entre deux états : le plein qui suit l'inspiration et le vide qui succède à l'expiration. Les yogis pensent que nous ne nous remplissons pas uniquement d'air en respirant, mais surtout de *prana*, l'énergie vitale subtile.

La magie du vide et du plein

C'est pourquoi le hatha-yoga a mis au point de nombreux exercices respiratoires, au cours desquels nous inspirons profondément de l'air et du *prana*. Nous essayons ensuite de le retenir le plus longtemps possible dans notre corps pour ressentir ainsi la plénitude de l'énergie vitale. Dans le hatha-yoga, le *prana* symbolise la force créatrice divine de Shakti (page 10), qui œuvre en nous avec intelligence et sollicitude. Lorsque nous nous emplissons complètement de *prana*, nous éprouvons un sentiment de plénitude et nous sentons entièrement parcourus par cette force divine. Les maîtres du hatha-yoga considéraient donc que toute expérience du *prana* est aussi une expérience du Divin. Pour eux, Dieu est avant tout plénitude inépuisable (*purna*). Ainsi nourris, nous accédons à un état de profond contentement et de béatitude, complètement indépendant de toute circonstance extérieure.

Parallèlement au concept de plénitude, les maîtres du hatha-yoga développèrent celui de vacuité (*shunya*). Pour eux, lorsque nous demeurons détendus, en suspension à vide après une profonde expiration, nous retournons vers le point zéro, vers l'origine de tout ce qui est. De même que l'état de plénitude nous permet de ressentir le déploiement total de la création, l'état de vacuité représente son repli complet, comme si un arbre se retirait dans sa graine. Dans ce temps de vacuité, nous pouvons nous vider de tout ce que nous avons accumulé en nous-mêmes, de tout ce qui nous pèse et nous encombre.

Pour les maîtres du yoga, l'inspiration qui suit cette suspension de souffle est un moment de vie entièrement nouveau, immaculé, dans lequel nous pouvons nous redécouvrir et nous restructurer. Pour eux, la suspension à vide est comme une petite mort, car nous expirons puis faisons une pause, interrompant ainsi momentanément la pulsation de la vie.

Les deux formes de suspension, *kumbhaka* à plein ou à vide, sont des moments magiques de la pratique du yoga. Elles nous ouvrent des expériences inaccessibles dans la respiration du quotidien qui enchaîne inspirations et expirations, nous faisant entrer, en toute conscience, dans le rythme cyclique infini du souffle et donc de la Vie.

L'expérience de *kumbhaka pranayama*

Selon que la suspension du souffle se fait à plein ou à vide, elle procurera des expériences tout à fait différentes.

Dans la suspension à plein, vous éprouverez d'abord la sensation d'être véritablement rempli d'air. Comme la respiration cellulaire se prolonge, renvoyant de l'air dans les poumons, vous aurez même l'impression de vous dilater et vous ressentirez une certaine montée de la pression dans la cage thoracique.

Il est fortement recommandé d'apprendre à l'accueillir et à la considérer comme une expérience de la plénitude d'énergie vitale. Avec le temps, le corps et l'esprit s'habitueront à ces suspensions de souffle et à cette pression.

L'art de la maîtrise du souffle est la plus ancienne pratique de yoga. Depuis lors, l'attention au souffle et son contrôle sont intimement liés à toute pratique de yoga.

L'expérience du vide est tout autre. Immanquablement en lien avec le dernier souffle que nous rendrons un jour, à savoir une expiration non suivie d'inspiration, cette suspension évoque la mort. Si vous sentez monter en vous un sentiment de panique, contentez-vous d'inspirer calmement. Prenez conscience que tant que vous serez en vie, le centre de la respiration, dans la profondeur du cerveau, fera toujours en sorte que vous ayez assez d'air. Apprenez ainsi à accueillir le vide et à faire

Les bienfaits

- *augmente la capacité du sang à transporter l'oxygène ;*
- *combat la migraine en améliorant le mécanisme de régulation des vaisseaux sanguins du cerveau ;*
- *apaise l'esprit ;*
- *renforce la volonté.*

confiance : le souffle viendra vous emplir à nouveau exactement au bon moment.

Dans les deux types de suspensions, il s'agit de faire l'expérience consciente d'un état très éloigné de notre quotidien. Vous vous apercevrez que marquer un arrêt de temps en temps vous fait un bien énorme. Avec le temps, la pratique des suspensions de souffle calme et stabilise l'esprit, et ce durablement. « Quand la respiration est agitée, le mental est agité ; quand la respiration est stable, le mental est stable et le yogi atteint l'immobilité. C'est pourquoi l'on doit suspendre la respiration. » (HYP II, 2)

Précautions et contre-indications

- Excès pathologique d'hémoglobine dans les globules rouges (hémochromatose, par exemple).
- Hypertension.
- Pathologies chroniques ou aiguës des poumons.

Point d'anatomie
L'oxygénation du cerveau

Lorsque nous sommes en apnée, le taux d'oxygène dans le sang baisse lentement et le taux de dioxyde de carbone augmente. Les récepteurs chimiques des gros vaisseaux sanguins enregistrent ces modifications. Afin d'assurer un apport d'oxygène suffisant au cerveau, les artérioles qui l'alimentent se dilatent. L'alimentation en oxygène du cerveau reste donc stable, même lors d'une suspension assez longue de la respiration, tandis que le débit sanguin augmente. Notre cerveau reçoit ainsi davantage de nutriments et les déchets métaboliques sont évacués plus rapidement.

Lors de la profonde inspiration qui suit la suspension de souffle, les vaisseaux sont encore dilatés. Une grande quantité d'oxygène arrive donc au cerveau, nous rendant éveillés et alertes. Par la suite, les vaisseaux se rétrécissent à nouveau. Par cette alternance de dilatation et de rétrécissement, *Kumbhaka* nous aide à préserver l'élasticité et le bon état de nos vaisseaux.

Technique du *pranayama*

Asseyez-vous bien droit et confortablement : sur le sol, sur un coussin, un banc de méditation ou même une chaise. Respirez calmement et régulièrement par le nez. Prenez la même durée pour l'inspiration et l'expiration, en émettant le léger son *ujjayi* (page 225). Maintenez de légers *mula bandha*, *uddiyana bandha* (variante 2) et *jalandhara bandha* (pages 183, 187 et 191) pendant tout l'exercice.

Après une expiration, suspendez le souffle un moment. Intensifiez toutes les *bandhas*, en particulier *uddiyana bandha* (passez à la variante 1, page 186). *(Fig. 1)*

Déglutissez et inspirez à nouveau lentement par le nez en émettant le léger son *ujjayi*. En fin d'inspiration, suspendez à nouveau le souffle un instant. Là aussi, portez une attention accrue aux *bandhas* et intensifiez en particulier *jalandhara bandha*. *(Fig. 2)*

Déglutissez à nouveau et recommencez à respirer lentement et régulièrement par le nez en émettant le léger son *ujjayi*.

Répétez plusieurs fois ce cycle, inspiration et expiration de même durée. Revenez à une simple respiration *ujjayi* avant de mettre fin à l'exercice.

Pratique avancée

Par la suite, vous pourrez progressivement allonger les temps de suspension. Commencez en comptant jusqu'à six après expiration et jusqu'à neuf après inspiration. Gardez ce rapport de deux sur trois avec l'allongement des suspensions. Avec suffisamment de pratique, vous parviendrez à un rythme de 12 (battements de cœur ou temps comptés) à l'inspiration et expiration, 24 pour la suspension à vide et 36 pour la suspension à plein.

Le souffle victorieux Ujjayi pranayama

UJJAYI la victorieuse

*PRANAYAMA exercice respiratoire destiné à rassembler et diriger l'énergie vitale (*prana*)*

Ujjayi est le *pranayama* de base du hatha-yoga, car il est l'un des seuls à pouvoir accompagner la pratique des *asanas* et des enchaînements. Il est aussi appelé « souffle de l'océan », car l'air au passage du pharynx rétréci produit un petit bruit de frottement, à l'inspiration comme à l'expiration.

Symbolique et mythologie

Ujjayi représente la victoire sur notre manière habituelle de respirer. Le souffle est toujours le reflet fidèle de notre mental et de notre humeur. En temps normal, il est inconscient, irrégulier et grossier (ce que le yoga appelle *shvasaprashvasa vikshepa*). Nous apprenons de nouveaux modes respiratoires dès le début de la pratique du yoga. Lorsque nous respirons consciemment, le souffle se fait généralement plus régulier, plus lent et plus profond. *Ujjayi* accentue encore ces effets en rétrécissant l'orifice de la glotte dans la zone du larynx. Le passage de l'air, freiné par la résistance des muscles, produit alors un bruit qui évoque le bruissement de l'océan, avec ses vagues qui vont et viennent.

Victoire sur les schémas quotidiens

Le bruissement d'*ujjayi* rend notre souffle audible. Nous entendons s'il est régulier ou non, s'il y a des à-coups ou même des arrêts. Nous pouvons alors, autant que possible, nous mettre à respirer régulièrement.

Par cette écoute attentive et par la conduite du souffle, ce n'est pas seulement notre respiration qui se transforme, mais également notre mental. Le bruissement de la respiration *ujjayi* recouvre toute l'agitation du mental, dirigeant l'attention vers l'intérieur. Voilà la victoire !

C'est la victoire sur la distraction et la dispersion, schémas habituels de notre mental.

Ujjayi, la victorieuse, est l'exemple même de toutes les méthodes du yoga qui nous permettent de rompre avec nos schémas quotidiens inconscients pour les remplacer par des schémas conscients, souvent tout à fait différents. C'est la victoire des *asanas* sur nos attitudes corporelles inconscientes, des *bandhas* et des *mudras* sur la dispersion perpétuelle de l'énergie et celle de la méditation sur notre agitation intérieure et notre humeur inégale.

Les maîtres du yoga considèrent le souffle comme le lien fondamental entre le corps, l'esprit et l'humeur. Il est donc tout à fait compréhensible que ce soit un *pranayama* qui symbolise toutes les victoires obtenues au cours de la pratique du yoga. En effet, les yogis estiment que c'est toujours par le souffle qu'on triomphe de l'agitation du mental : un souffle tranquille, profond et régulier, qui rend perceptible le bruissement de notre océan intérieur.

L' expérience d'*ujjayi pranayama*

La première expérience que vous procure *ujjayi* est la perception consciente de votre souffle, car aspirer et repousser le flux d'air par l'orifice rétréci de la glotte demande un certain effort. Si vous y prêtez attention, vous remarquerez que votre diaphragme descend bas dans le ventre à l'inspiration et se relâche et se soulève très lentement à l'expiration.

Vous sentirez votre souffle s'approfondir et vos voies respiratoires se libérer.

Mais surtout vous apprendrez à être attentif au son de votre respiration. Vous entendrez votre souffle se faire plus lent, plus ample et plus régulier, ce qui apportera à votre esprit toujours plus de calme et de stabilité.

Vous vous sentirez à la fois calme et éveillé si vous intégrez *ujjayi* dans votre pratique, par exemple dans la salutation au soleil. Et il vous apparaîtra que le rythme de ce *pranayama* recouvre toute l'agitation mentale. Votre cerveau suivra

Le yogi voit dans la maîtrise du souffle une victoire sur l'agitation et la dispersion du mental.

bientôt le rythme de ce souffle tranquille, ce qui vous procurera un profond sentiment de repos et de régénération spirituelle dont, bientôt, vous ne voudrez plus vous passer.

Précautions et contre-indications

- Après une opération dans la zone abdominale ou thoracique.
- Déchirure du diaphragme, car la force de la respiration *ujjayi* serait susceptible d'aggraver la lésion.

Point d'anatomie
La résistance dans la gorge

Pour produire le son caractéristique de la respiration *ujjayi*, nous commençons par articuler le son : « Haaa », un son « non voisé », c'est-à-dire sans vibration des cordes vocales. Le palais mou se soulève et les cordes vocales, détendues, se rapprochent. Ce rétrécissement dans la gorge oppose une résistance à l'air, induisant le léger bruit de respiration audible lors de la pratique. Cette résistance dans la gorge a deux effets sur le souffle. On peut faire la comparaison avec un tuyau d'arrosage que l'on obstrue à moitié à l'aide du pouce : l'eau gicle alors plus loin et plus vite, tandis que le tuyau se durcit.
Lorsque nous expirons bouche fermée, l'air passe plus rapidement par les narines, les écartant. De plus, la résistance au dessous des cordes vocales a pour effet de maintenir l'ouverture des bronches. C'est ainsi que la respiration *ujjayi* permet aux personnes souffrant d'asthme ou de bronchite chronique d'expirer plus profondément et plus facilement. Il reste moins d'air résiduel stagnant dans les poumons.
À l'inspiration, en revanche, le souffle plus rapide pénètre plus profondément dans les poumons et la résistance au dessous des cordes vocales maintient à présent les narines ouvertes. La prochaine fois que vous aurez un léger rhume, vous serez étonné de constater que vos voies nasales se libèrent après à peine quelques respirations. Au-dessus et en dessous du rétrécissement, vous pouvez sentir un tourbillon d'air qui provoque un effet d'aspiration. Ainsi intensifié, le flux d'air évacue rapidement vers le haut mucus, poussières et autres particules encombrant l'épithélium pulmonaire (page 232). De ce fait, vous éprouverez de temps en temps le besoin de vous racler la gorge. En effet, *ujjayi* est aussi une respiration purifiante.

Les bienfaits

- *permet la ventilation complète des poumons, prévenant ainsi les pneumonies et autres pneumopathies ;*
- *facilite l'expiration, avec un effet bénéfique sur les maladies respiratoires comme l'asthme et la bronchite chronique ;*
- *soulage les rhumes légers ;*
- *renforce la musculature respiratoire ;*
- *améliore la statique corporelle en tonifiant la musculature respiratoire ;*
- *apaise et régénère l'esprit.*

Ainsi, à l'inspiration comme à l'expiration, *ujjayi* favorise un souffle long, profond et complet. C'est à juste titre que dans de nombreuses traditions du yoga, *ujjayi* est utilisé comme technique respiratoire de base dans les postures statiques et les enchaînements.
Cependant, on évitera d'exagérer ce rétrécissement des cordes vocales, car une pression trop forte risquerait de les surmener, pouvant entraîner enrouements et diverses pathologies de la voix. Veillez donc à toujours pratiquer *ujjayi* avec une décontraction suffisante. Pour cela, formez votre bouche comme pour bailler.

Technique du *pranayama*

Asseyez-vous bien droit et confortablement : sur le sol, sur un coussin, un banc de méditation ou même une chaise.

Commencez par expirer bouche ouverte et observez le flux du souffle le long de la voûte du palais. Accompagnez l'expiration d'un son « Haaa ». Répétez ceci plusieurs fois jusqu'à vous familiariser avec la forme que prennent votre palais et votre gorge. *(Fig. 1)*

Ensuite, fermez la bouche au milieu d'une expiration, et continuez à expirer sans cesser de produire le même son. Maintenant émettez à nouveau le même son tout en inspirant par le nez. Essayez de garder le palais mou légèrement soulevé à l'inspiration comme à l'expiration.

Continuez à respirer par le nez, calmement et régulièrement. Concentrez-vous sur le doux bruissement de votre souffle. Équilibrez l'inspiration et l'expiration, qui doivent être de même intensité et de même longueur. Pour cela, comptez selon votre rythme intérieur les durées d'inspiration et d'expiration. *(Fig. 2)*

2

1

Soyez attentif à ne pas trop contracter la gorge. Vous produiriez alors un son exagérément fort et rauque, alors que le doux passage de l'air doit surtout être perceptible par vous-même.

Observez le calme de votre souffle amener le calme dans vos pensées et un équilibre profond s'installer en vous.

La respiration à contre-courant
Pratiloma pranayama

PRATILOMA à contre courant

PRANAYAMA exercice respiratoire destiné à rassembler et diriger l'énergie vitale (prana)

Le terme de « respiration à contre courant » pourrait suggérer qu'il s'agit d'un mode respiratoire freinant l'énergie. Bien au contraire, ce *pranayama* procure rapidement un équilibre énergétique durable. On l'appelle souvent *pratiloma ujjayi pranayama* parce qu'il consiste en une respiration alternée, associant le souffle silencieux par une narine au souffle *ujjayi* par les deux narines.

Symbolique et mythologie

Pratiloma agit fortement sur les polarités énergétiques de l'Homme, symbolisées par la lune et le soleil. À chaque pôle correspond un canal d'énergie : les *nadis ida* et *pingala* (page 17). *Ida* est associée au côté gauche, à la narine gauche et à la lune, tandis que *pingala* l'est au côté droit, à la narine droite et au soleil.

Percevoir l'Unité des polarités

Les textes du hatha-yoga ne cessent de nous le répéter : la pratique vise à nous amener dans l'espace du milieu (*madhya*), situé entre les deux *nadis*. Les maîtres du hatha-yoga disaient qu'à chaque fois que notre conscience nous ramène au milieu, nous nous rendons compte que toute expression de polarité, comme une médaille, comporte deux faces. Comme l'Unité contient les deux pôles, c'est elle que le yogi doit s'attacher à percevoir. L'un des buts de sa pratique devrait être d'ancrer fermement son Soi dans l'expérience du milieu et à partir de ce lieu, d'observer le jeu constant des polarités sans que son esprit rejoigne l'une ou l'autre. Les deux *nadis* « meurent » alors, selon les textes, c'est-à-dire qu'elles perdent leur pouvoir sur le yogi dont l'esprit est établi dans l'Unité. En d'autres termes, le yogi vit toujours dans le monde des polarités, auquel son organisme continue d'être assujetti, mais son esprit s'en est libéré. Il ne nie pas les polarités, car elles sont la manifestation du vivant, mais il ne se laisse plus tirailler par elles. *Pratiloma pranayama* est réputée comme l'une des principales techniques du yoga permettant de trouver le milieu pour s'y ancrer solidement et durablement.

L'expérience de *pratiloma pranayama*

La circulation du souffle dans *pratiloma* évoque la forme d'un trident : on entre par la gauche, on sort par le milieu, on entre par le milieu, on sort par la droite, on entre par la droite, on sort par le milieu, on entre par le milieu, on sort par la gauche et ainsi de suite. La forme extérieure que vous suivez est donc parfaitement équilibrée sur le plan énergétique.

Conduite du souffle par une narine ou par les deux, en respiration *ujjayi* ou non, par la gauche, la droite ou le milieu : à travers ces changements continuels, la compensation progressive des déséquilibres constamment générés par le quotidien devient perceptible. Ce retour à l'équilibre se manifeste d'abord par les fonctions corporelles : rythme cardiaque, transpiration, sensations de chaud ou de froid, car *pratiloma* stabilise le système neuro-végétatif. Par la suite, vous remarquerez que votre mental et votre humeur retrouvent aussi l'harmonie, qui s'exprimera par la sensation d'être calme et éveillé, équanime et serein.

Au bout de quelques semaines de pratique régulière de *pratiloma*, vous observerez que vous pouvez atteindre la sérénité par la seule conduite du souffle. La raison en est l'effet remarquablement bénéfique de cette forme de respiration sur le système neuro-végétatif, dont elle satisfait pleinement les besoins.

Comme *pratiloma* ne demande pas de préparation particulière, il est facile de l'intégrer dans la vie quotidienne et d'y avoir recours si vous éprouvez un besoin de calme, de clarté et de sérénité.

Précautions et contre-indications

- Après une opération dans la zone nasale.
- En cas de respiration nasale très difficile.

Point d'anatomie
Le cycle nasal

Les fosses nasales sont tapissées d'une muqueuse délicate, dont le rôle est d'humidifier l'air et de le réchauffer à l'inspiration. Pour cela, elle régule le flux de l'air par les narines. Quand la muqueuse nasale est gonflée, respirer par le nez est difficile. Lorsqu'elle revient à un état physiologique, en revanche, l'air circule librement par les narines. Sans que nous en ayons conscience, en général, la muqueuse d'une narine enfle pendant que l'autre désenfle, et ce en alternance. Nous respirons majoritairement par la fosse nasale dégagée. Au bout de deux à trois heures, l'état de la muqueuse s'inverse et la plus grande partie de l'air passe alors par l'autre narine.

Cette alternance entre les narines est en lien avec l'activité du cerveau. Lorsque nous respirons essentiellement par la narine gauche, la partie droite du cerveau est plus active. Nous sommes alors plus près de notre intuition et de nos émotions. À l'inverse, la respiration par la narine droite stimule la partie gauche du cerveau, responsable de la pensée rationnelle.

Cela fonctionne dans les deux sens : quand l'activité cérébrale passe d'un hémisphère du cerveau à l'autre, la narine dominante se modifie en conséquence ; d'autre part, nous pouvons stimuler l'un des hémisphères cérébraux en fermant la narine qui se trouve du même côté. Le choix de la narine par laquelle nous respirons a donc une influence sur l'équilibre du cerveau.

Le yoga nous transmet d'innombrables techniques de respiration qui font usage de ce phénomène.

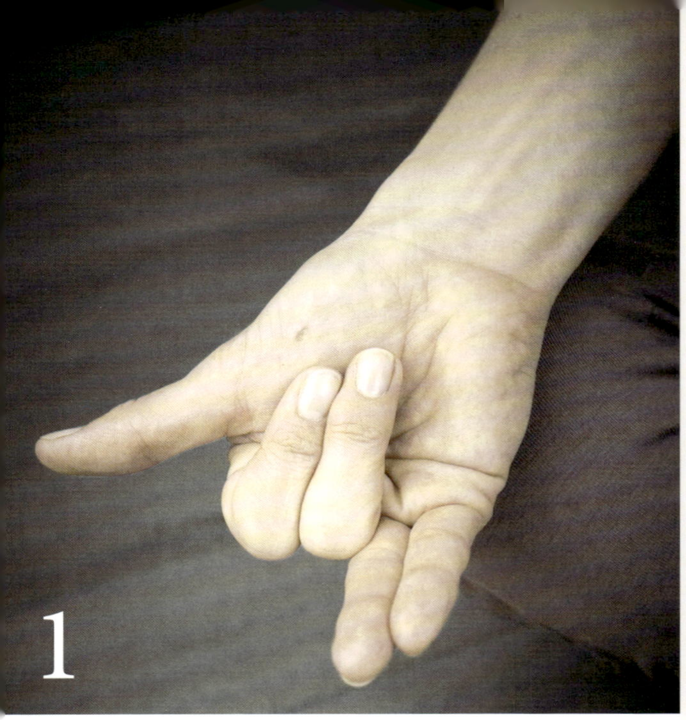

Technique du *pranayama*

Asseyez-vous bien droit et confortablement : sur le sol, sur un coussin, un banc de méditation ou même une chaise.

Repliez l'index et le majeur de la main droite. L'annulaire et l'auriculaire doivent rester tendus et joints pendant tout l'exercice. *(Fig. 1)*

Fermez les yeux et posez les mains sur les cuisses, la gauche détendue et la droite en *mudra*. Respirez plusieurs fois profondément et régulièrement par le nez, en produisant le léger son *ujjayi* (page 225). Inspiration et expiration doivent être de même durée.

Selon le rythme du souffle et sa répartition entre les deux narines, différents effets sont recherchés. En changeant de narine à chaque respiration, *pratiloma pranayama* nous propose une alternance très équilibrée : l'activité passe sans cesse d'un côté du cerveau à l'autre, ce qui favorise la communication entre les deux hémisphères cérébraux, un facteur important pour l'équilibre entre raison et émotion.

Les bienfaits

- *favorise la respiration nasale ;*
- *améliore l'interaction entre intuition et intellect ;*
- *aide à trouver un meilleur équilibre entre activité et détente ;*
- *aide à atteindre le calme éveillé, l'équanimité et la sérénité.*

À la fin d'une inspiration, fermez la narine droite à l'aide du pouce de la main droite. Expirez par la narine gauche, lentement, à fond et sans bruit. Videz les poumons aussi complètement que possible sans forcer. Inspirez ensuite par la narine gauche, profondément et toujours sans bruit. Veillez à ce que les coudes soient légèrement écartés du corps, pour permettre les mouvements respiratoires de la cage thoracique. *(Fig. 2)*

Lorsque les poumons sont remplis, abaissez la main droite et expirez régulièrement et lentement par les deux narines en produisant le son *ujjayi*, puis inspirez de même. *(Fig. 3)*

Lors de l'expiration et de l'inspiration suivantes, fermez la narine gauche à l'aide de l'annulaire de la main droite. Reprenez pour la narine droite la même respiration lente et profonde que pour la narine gauche. *(Fig. 4)*

Avant d'expirer, baissez à nouveau la main droite. Expirez par les deux narines lentement et profondément en *ujjayi*, puis inspirez de même. *(Fig. 5)*

Répétez ce cycle plusieurs fois. Pendant tout l'exercice, veillez à accorder la même durée à l'inspiration et à l'expiration. Poursuivez *pratiloma* pendant cinq minutes au moins, jusqu'à quinze si possible. Observez le calme s'installer en vous et l'équilibre intérieur se rétablir progressivement.

5

3

4

Le crâne qui brille
Kapalabhati

KAPALA crâne · BHATI briller

*PRANAYAMA exercice respiratoire destiné à rassembler et diriger l'énergie vitale (*prana*)*

Kapalabhati ne fait pas partie des techniques de *pranayama* au sens strict. Il s'agit plutôt d'un exercice de nettoyage pour les poumons, capable cependant de provoquer un changement radical de notre état mental. Dans ce *pranayama*, c'est l'expiration qui est accentuée tandis que l'inspiration est passive.

Symbolique et mythologie

Dans le hatha-yoga, *kapalabhati* est une respiration de purification autant qu'un pranayama à part entière. Son nom signifie : « faire briller le crâne ». En d'autres termes, sa respiration rapide et rythmée amène le cerveau à un état de grande clarté d'esprit, perçu par le pratiquant (ou la pratiquante) comme un rayonnement ou une lumière émanant de l'intérieur du crâne et qui se diffuserait à travers le cuir chevelu dans tout l'espace environnant. Cet exercice est donc particulièrement indiqué pour les personnes stressées intellectuellement, dont le cerveau sans cesse sollicité fonctionne à plein régime et n'arrive plus à trouver le repos. Elles éprouvent une sensation de compression au niveau de la tête, entre les tempes, à l'arrière du front, dans la cavité buccale et surtout tout autour des articulations des mâchoires. Toute pratique de yoga se veut une application de la maxime : « Là où tu te sens étroit, élargis-toi ! », et *kapalabhati* est l'exercice respiratoire approprié pour y parvenir.

Diffuser la lumière de l'esprit dans l'espace infini

On pratique traditionnellement *kapalabhati* pendant plusieurs minutes, suffisamment longtemps, selon les textes fondateurs, pour sentir l'espace de la tête s'agrandir vers le haut comme si le crâne allait s'ouvrir. Les pratiquants évoquent souvent la sensation d'une lumière intérieure qui se diffuse à travers le haut du crâne pour se fondre avec la lumière du ciel.

Parvenus à ce stade, nous faisons l'expérience de

l'espace infini et de la quiétude absolue, dont les maîtres du yoga tantrique disent qu'ils reflètent la véritable nature de notre esprit. L'immensité symbolise la conscience pure présente en chacun de nous, libre de toute influence, mémoire ou conditionnement. L'immensité nous ouvre l'espace incommensurable dans lequel notre esprit et tout notre être peuvent s'étendre au fur et à mesure que nous osons développer tout notre potentiel intérieur. Dans l'immensité, tout est sans forme et ce qui nous apparaissait auparavant comme séparé, nous le percevons à présent comme la vibration de l'énergie omniprésente, Une et universelle. Dans l'immensité, tout est lié, tout est Un. Le yoga est immensité et *kapalabhati* nous en montre le chemin.

L'expérience de *kapalabhati*

La première chose que vous remarquerez en commençant à pratiquer *kapalabhati*, c'est que vous utilisez de nombreux muscles peu sollicités au quotidien, comme par exemple les muscles de l'abdomen. Cette sensation sera sans doute dominante au début.

Avec une pratique mesurée mais régulière, vos muscles s'habitueront à l'effort demandé. Vous vous apercevrez que cet exercice modifie la conscience de votre corps dans son ensemble, votre souffle et votre mental. Vous observerez à de légers picotements que *kapalabhati* vous rafraîchit et vous revitalise.

Après la pratique, votre souffle sera très calme. Vous observerez peut-être de longues pauses respiratoires s'installer, en raison des grandes quantités de dioxyde de carbone évacuées. Votre tête vous semblera de plus en plus légère, libre et vaste. Certains ont parfois l'impression que leur crâne émet une lumière douce et claire dans toutes les directions. Parfois, il semble que le crâne devient perméable et que la séparation entre la tête et le ciel disparaît. Ces sensations se dissipent d'elles-mêmes au bout d'un moment. Elles persistent à peu près aussi longtemps qu'a duré la pratique.

Kapalabhati *modifie rapidement et profondément notre état de conscience habituel, nous procurant tranquillité et clarté.*

Après *kapalabhati*, vous aurez peut-être l'impression de vous fondre complètement dans l'espace qui vous entoure. Restez alors tout à fait tranquille et détendu, savourez cette sensation et observez-la se dissiper lentement. À moins de reprendre un cycle de *kapalabhati*...

Précautions et contre-indications

- Après une opération dans la zone abdominale ou thoracique.
- Emphysème du poumon. Cette respiration intense pourrait faire éclater une alvéole pulmonaire dilatée par la maladie.
- Déchirure du diaphragme, car cette respiration rapide et vigoureuse serait susceptible d'aggraver la lésion.
- Tendance à l'hyperventilation.

Point d'anatomie
Le nettoyage des poumons

Les anciens textes fondateurs recommandent tout particulièrement *kapalabhati* pour nettoyer les poumons.
La muqueuse bronchique est pourvue de minuscules poils, les cils vibratiles, dont les constantes ondulations ont pour rôle de transporter les impuretés hors des poumons. Les rapides expirations de *kapalabathi* renforcent ce phénomène.
Kapalabathi expulse l'air vicié du plus profond de nos poumons pour le remplacer par de l'air frais. Par réflexe, l'irrigation sanguine augmente dans ces zones des poumons fraîchement ventilées. L'afflux de sang amène au tissu pulmonaire un apport de nutriments frais et en évacue les déchets métaboliques. Ceci représente une importante contribution à la bonne santé des poumons.

Les bienfaits

- *procure une ventilation complète des poumons, prévenant ainsi efficacement pneumonies et autres pneumopathies ;*
- *renforce la musculature respiratoire ;*
- *détoxifie et désacidifie le sang ;*
- *calme et clarifie le mental ;*
- *nous aide à mettre en place une suspension du souffle spontanée (*kumbhaka*) ;*
- *rend la respiration légère et subtile, induisant naturellement* kevala pranayama.

Technique du *pranayama*

Asseyez-vous bien droit et confortablement : sur le sol, sur un coussin, un petit banc ou même une chaise. Placez une main sur le ventre et l'autre sur les côtes flottantes, par exemple. Respirez naturellement par le nez. Observez les côtes s'écarter à l'inspiration et revenir à l'expiration. De même, soyez attentifs au mouvement de l'abdomen qui se gonfle au-dessus du nombril à l'inspiration et rentre à l'expiration.

Après l'inspiration suivante, expirez énergiquement par le nez. Contractez pour cela la musculature latérale de l'abdomen et les muscles intercostaux. Sous l'effet de cette expiration, observez le ventre rentrer vers le bas et les côtes s'abaisser fortement.

L'inspiration est passive : laissez simplement l'air entrer par le nez. Constatez que votre cage thoracique revient d'elle-même à sa position initiale et que la zone au-dessus de votre nombril se gonfle à nouveau. *(Fig. 1)*

Poursuivez ainsi pendant plusieurs expirations de plus en plus rapides. Commencez par dix expirations, puis, au bout de quelques semaines de pratique régulière, augmentez progressivement. Vous pourrez aussi accélérer le rythme.

Pour finir, expirez complètement et énergiquement, en prenant le temps cette fois de vider vos poumons le plus possible. Inspirez ensuite profondément pour remplir vos poumons au maximum.

Suspendez à présent le souffle aussi longtemps que cela vous est aisé. Engagez en même temps *mula bandha*, *uddiyana bandha* et *jalandhara bandha* (pages 183, 187 et 191). Après quelques semaines de pratique régulière, vous pourrez commencer, lors des phases de suspension, à compter en suivant votre rythme intérieur ou les battements de votre cœur. Lentement et prudemment, allongez ainsi la durée de ces phases.

Lorsque se fait sentir le besoin d'expirer, videz vos poumons. Respirez plusieurs fois calmement et régulièrement. Reprenez ensuite quelques cycles de *kapalabhati*.

L'effet purifiant peut se manifester dès le premier cycle. Mouchez-vous pour respirer à nouveau librement lors du cycle suivant. Ayez donc un mouchoir à portée de main.

Si vous ressentez le besoin de tousser au bout d'un moment, cela peut être le signe d'une accumulation de pression dans les bronches au cours des expirations. Veillez alors à expirer librement, sans forcer et surtout sans émettre le son *ujjayi* (page 225) au passage de l'air dans la gorge.

La respiration du soufflet
Bhastrika pranayama

BHASTRIKA soufflet

PRANAYAMA exercice respiratoire destiné à rassembler et diriger l'énergie vitale (prana)

Bhastrika est considéré comme le *pranayama* le plus important du hatha-yoga, car il est le seul capable de réveiller l'énergie de conscience endormie (*kundalini*, page 10). Des huit *pranayamas* présentés dans la *Hatha-Yoga-Pradipika*, il figure en cinquième position et en est le point d'orgue énergétique, de même que dans le présent ouvrage.

Symbolique et mythologie

Dans le yoga, le feu a toujours été le symbole de la Transformation. Dans la culture védique, il y a environ 3500 ans, Agni, le dieu du feu, était vénéré comme le transformateur et l'intermédiaire entre les hommes et les dieux. Lui seul, croyait-on, était à même de transformer par sa force les offrandes de beurre clarifié (ghee), de céréales et de fruits, afin qu'elles puissent monter au ciel et servir de nourriture aux dieux. Vers 800 av. J.-C., à l'époque des *Upanishads* (grands textes sacrés du yoga), les offrandes alimentaires furent remplacées par l'offrande du souffle, considéré comme une nourriture spirituelle. Le feu resta néanmoins un intermédiaire indispensable.

La force transformatrice du feu *(agni)*

À l'époque des Vedas, les yogis voyaient dans le feu une force transformatrice et purificatrice, car il était capable, selon les expériences d'alchimie, de brûler toutes les impuretés tandis qu'il laissait l'or intact. En conséquence se développèrent alors d'innombrables exercices destinés à attiser le feu intérieur et à procurer au pratiquant une sensation de chaleur aussi intense que s'il était lui même la proie des flammes purificatrices. Ce que celui-ci cherche ainsi à brûler, ce sont les parties de son ego et les conditionnements qui le brident, bornent son esprit et masquent le véritable noyau de son être, c'est-à-dire l'or. Ces techniques furent perfectionnées en particulier au Tibet sous le nom de « yoga du feu intérieur » (*tummo*). Puisque le yoga s'entend toujours comme une

voie de purification et de nettoyage, on comprendra qu'un yoga sans chaleur est inconcevable.
À partir du VIe siècle apr. J.-C. , vint s'ajouter dans le tantra (page 9) l'aspect énergétique du feu. Dans toutes les voies d'application du Tantra, y compris celle du hatha-yoga, *agni* est la force qui maintient en mouvement toutes les énergies du corps, comme le ferait un moteur. *Agni*, aujourd'hui synonyme de « feu digestif », est considéré par le hatha-yoga comme l'énergie centrale (*vayu*, page 14) dont le siège se trouve à l'arrière du nombril. Ses flammes se nourrissent de nos déchets métaboliques (*mala*) que *mula bandha* (page 180) fait remonter de la zone du bassin (siège d'*apana-vayu*), ainsi que du flux d'air (*prana-vayu*) dirigé vers le bas par *jalandhara bandha* (page 189).
Attisées par des *pranayamas* comme le souffle de feu (autre nom de *kapalabhati*) ou *bhastrika*, les flammes d'*agni* s'orientent progressivement vers le bas grâce à l'engagement des *bandhas*. On dit qu'alors la *kundalini* sort de son sommeil et se met en mouvement. Réveillée en sursaut par la chaleur du feu, elle se retire dans la *sushumna*, le canal qui passe au plus profond de la colonne vertébrale et s'y élève, sous forme de pure énergie. Cette ascension graduelle, de *chakra* en *chakra*, représente la transformation de la conscience matérielle en conscience divine. Ce chemin nous ramène à la source de Tout ce qui est, où se réalise l'union au Divin.
Pour mettre en route ce processus, nous devons ranimer en nous le feu intérieur de la Transformation, faute de quoi nous persisterions inéluctablement dans nos schémas habituels et nous resterions enchaînés au monde des polarités et au passé. Seul *agni* peut détruire ce carcan d'inertie et *bhastrika* est le *pranayama* idéal pour l'attiser.

L'expérience de *bhastrika pranayama*

Lorsque vous commencerez à pratiquer *bhastrika*, vous vous apercevrez probablement que jusqu'ici, vos muscles abdominaux avaient rarement travaillé avec une telle intensité. Même ceux qui sont dotés de la fameuse « tablette de chocolat » peinent ou fatiguent vite sous l'effet de cette respiration rapide et rythmée. Votre feu intérieur vous fournira alors la stimulation indispensable pour continuer et développer la forme d'endurance spécifique que nécessite *bhastrika*.
Si vous persévérez au-delà de ce premier obstacle, vous éprouverez une sensation de chaleur intense, dans votre ventre en particulier, et vous vous mettrez probablement à transpirer. C'est le signe que vous êtes sur la bonne voie.
Après plusieurs cycles consécutifs de *bhastrika*, votre niveau d'énergie se modifiera. Vous vous sentirez très éveillé, stimulé et revitalisé. Cet effet se prolonge souvent pendant plusieurs heures et peut, à la longue, réduire votre besoin de sommeil. *Bhastrika* agit aussi fortement sur le mental. Cette technique respiratoire exige une telle attention qu'elle rend quasiment impossible tout bavardage du mental. Après la pratique ou l'exercice, le souffle et l'esprit parviennent souvent d'eux-mêmes à une grande quiétude.
Apprendre *bhastrika* demande beaucoup de pratique mais vous ne regretterez pas vos efforts, car bientôt vous observerez que ce *pranayama* met en action un moteur interne qui vous donne de l'élan et favorise votre épanouissement intérieur.

Technique du *pranayama*

Asseyez-vous bien droit et confortablement : sur le sol, sur un coussin, un petit banc ou même une chaise.

Posez les mains de chaque côté sur le ventre et les côtes flottantes.

Respirez calmement par le nez. Observez les côtes s'écarter à l'inspiration et se resserrer à l'expiration. Soyez attentifs au mouvement de l'abdomen qui se gonfle au dessus du nombril lorsque vous inspirez et se creuse lorsque vous expirez. *(Fig. 1)*

Après l'inspiration suivante, expirez énergiquement par le nez. Contractez pour cela la musculature latérale de l'abdomen et les muscles intercostaux. Sous l'effet de cette expiration, observez le ventre rentrer vers le bas et les côtes s'abaisser fortement. *(Fig. 2)*

Prenez à présent une inspiration rapide et énergique par le nez. Observez l'élargissement de la cage thoracique et le soulèvement du ventre au-dessus du nombril. Continuez ainsi en accélérant le rythme, sur plusieurs respirations. Commencez par dix respirations. Vous pourrez augmenter progressivement leur nombre et leur cadence au bout de quelques semaines de pratique régulière.

Expirez enfin complètement et avec force, plus longuement que pour les respirations rapides. Contractez la musculature du tronc pour expulser le dernier souffle d'air de vos poumons.

À présent, repliez l'index et le majeur de la main droite. L'annulaire et l'auriculaire sont tendus et se touchent. De l'annulaire de la main droite, fermez la narine gauche et inspirez lentement par la narine droite. Remplissez complètement vos poumons. *(Fig. 3)*

Ensuite, fermez les deux narines à l'aide du pouce et de l'annulaire de la main droite et suspendez votre respiration. Engagez en même temps *mula bandha*, *uddiyana bandha* et *jalandhara bandha* (pages 183, 187 et 191). Au début, comptez jusqu'à dix, en suivant vos battements de cœur par exemple. Au bout de quelques semaines de pratique régulière, vous pourrez progressivement suspendre votre respiration plus longtemps. *(Fig. 4)*

Ouvrez la narine gauche et quand le besoin s'en fait sentir, expirez lentement et régulièrement. *(Fig. 5)*

Respirez plusieurs fois calmement et régulièrement par les deux narines. Répétez ainsi *bhastrika* sur plusieurs cycles. Inspirez toujours par la narine droite avant la suspension et expirez par la narine gauche après. Selon les principes du hatha-yoga, ceci renforce l'énergie réchauffante du soleil (côté droit) et atténue l'énergie rafraichissante de la lune (côté gauche).

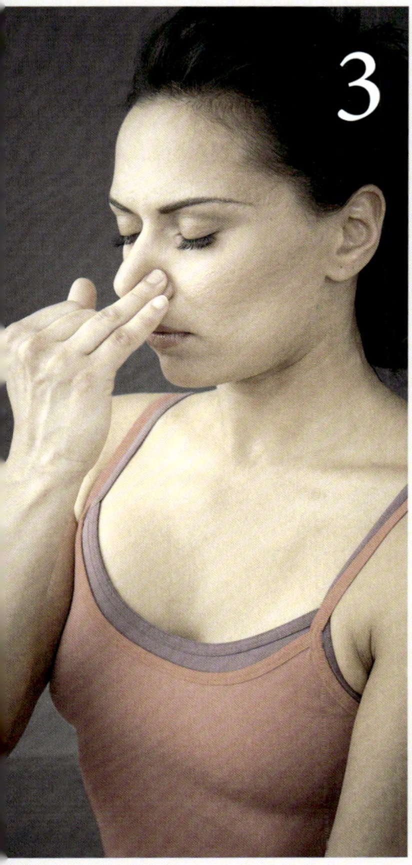

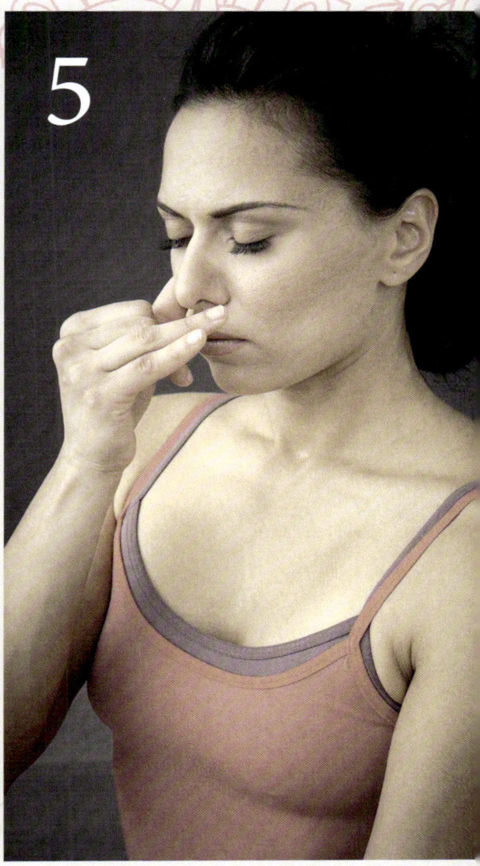

Précautions et contre-indications

- Après une opération dans la zone abdominale ou thoracique .
- Emphysème du poumon. Cette respiration intense pourrait faire éclater une alvéole pulmonaire dilatée par la maladie.
- Déchirure du diaphragme, qui pourrait être aggravée par cette respiration rapide et vigoureuse.
- Tendance à l'hyperventilation.

Point d'anatomie Hyperventilation

En respirant, nous rejetons du dioxyde de carbone et absorbons du dioxygène. Quand la respiration est normale, le taux de saturation du sang en dioxygène est d'environ 97 %. La respiration rapide de *bhastrika* ou de *kapalabhati* a essentiellement pour effet d'éliminer davantage de dioxyde de carbone. Une réaction chimique se produit : le sang devient plus basique.

Les bienfaits

- *procure une ventilation complète des poumons, prévenant ainsi efficacement pneumonies et autres pneumopathies ;*
- *améliore l'équilibre acido-basique du sang ;*
- *renforce la musculature respiratoire ;*
- *attise le feu digestif ;*
- *active le flux d'énergie vitale* (prana)*, rechargeant tout le corps en énergie ;*
- *favorise l'ascension du* prana *;*
- *active et revitalise tout l'organisme.*

Ceci peut déclencher les désagréables symptômes de l'hyperventilation. Sur les protéines d'albumine circulant dans le sang, des sites de liaison se libèrent pour accueillir des particules (ions) chargées positivement. Les ions de calcium, dont la charge est positive, peuvent donc s'y fixer, induisant une diminution de la quantité de calcium disponible dans le sang. L'équilibre du sang en électrolytes est alors perturbé. Nous ressentons des picotements dans les mains et les pieds, suivis de crampes.
On se limitera donc à quelques respirations seulement au début de la pratique de *bhastrika* et de *kapalabhati,* pour permettre au sang d'accroître sa capacité de pouvoir tampon et ainsi de mieux maintenir son équilibre acido-basique. Avec le temps, on pourra augmenter le rythme des respirations et la durée de l'exercice sans provoquer d'hyperventilation.
Il est possible d'observer cette adaptation à l'occasion, par exemple, d'une randonnée en montagne. En haute altitude, la pression du dioxyde de carbone est moindre : nous éliminons donc davantage de dioxyde de carbone par la respiration, ce qui provoque là aussi des modifications de l'équilibre électrolytique. Dans le pire des cas, c'est le mal des montagnes. La pratique régulière de *pranayamas* comme *bhastrika* et et *kapalabhati* augmente la résistance à ce syndrome.

Le souffle tari
Kevala pranayama

KEVALA entier, complet, absolu, pur

PRANAYAMA exercice respiratoire destiné à rassembler et diriger l'énergie vitale (prana)

Dans *kevala pranayama*, le souffle se tarit presque entièrement et spontanément : le pratiquant reste dans de longues pauses respiratoires qui se mettent en place d'elles-mêmes, sans recours aux *bandhas*. *Kevala* est considéré comme le *pranayama* le plus abouti. Figurant en dernier sur la liste des huit *pranayamas* de la *Hatha-Yoga-Pradipika*, il induit tout naturellement l'état de méditation.

Symbolique et mythologie

Dans le yoga, la suspension de la respiration symbolise un état résultant d'une pratique prolongée, assidue mais toujours détendue, des exercices respiratoires. *Kumbhaka* (page 218) décrit les pauses respiratoires que nous mettons en place délibérément, que nous maintenons à l'aide des *bandhas* et auxquelles nous mettons fin consciemment. Dans *kevala*, au contraire, il s'agit surtout de totale non-action.

Le tarissement naturel du souffle est l'un des grands buts de la pratique du hatha-yoga. « Dans sa pureté, ce *kumbhaka* est le seul véritable *pranayama*. Une fois que le yogi est devenu expert dans *kevala pranayama*, sans *rechaka* (expiration) ni *puraka* (inspiration), il n'existe plus pour lui aucune chose difficile à obtenir dans les trois mondes (c'est-à-dire dans tout l'univers).... » (HYP II, 73-74). Selon la *Hatha-Yoga-Pradipika*, ce yogi a atteint le but suprême du hatha-yoga.

Le calme parfait

Le tarissement naturel de la respiration du yogi montre que son esprit s'est totalement libéré de l'emprise des sens et que plus rien ne le perturbe ni ne l'atteint. Toutes les activités mentales sont arrêtées : son esprit repose, immobile comme la surface d'un lac en l'absence totale de vent. Cet état est appelé « *chitta nirasraya* » (HYP II, 77) dans le hatha-yoga, ce qui signifie que l'esprit,

désormais sans support (*niralamba*) ni objet, ne peut plus se référer à des connaissances, des idées ou des concepts. De ce fait, toute relation entre sujet et objet disparaît, il n' y a plus ni dualité, ni polarités et par conséquent plus aucun processus de pensée.
« C'est l'état parfait, où l'esprit est dissocié de tous les phénomènes et demeure seul (*kevala*), sans contact (*asparsa*), absorbé dans l'atman » selon le commentaire de HYP II, 77 de l'indianiste Tara Michaël, auteur d'une traduction de référence de la *Hatha-Yoga-Pradipika.*
Celui qui a atteint cet arrêt complet du souffle et de l'esprit (raja-yoga) est un raja-yogi : il est établi dans l'état de conscience le plus élevé du hatha-yoga.

L'expérience de *kevala pranayama*

Kevala pranayama décrit un état qui s'installe spontanément mais qui est presque toujours le résultat d'un long processus. Toutes les méthodes du hatha-yoga – *asanas*, enchaînements, exercices respiratoires, *mudras* et méditation – y participent, contribuant à apaiser le mental et l'émotionnel. Il s'agit d'un calme éveillé, où l'on ressent une profonde béatitude et l'absence de tout désir.
Quand l'état de *kevala kumbhaka* s'installera, vous passerez un long moment sans presque respirer, tout en ayant l'impression d'être pleinement nourri. Vous n'atteindrez jamais une telle sensation de satiété en vous remplissant au maximum d'oxygène et de *prana* par une respiration profonde et délibérée. Vous remarquerez que la vibration de l'énergie vitale dans *kevala pranayama* est infiniment plus fine et plus subtile et en même temps plus puissante et plus substantielle.
Dans le hatha-yoga, les yogis ne voient là aucun paradoxe, bien au contraire. D'après eux, nous ne sommes jamais aussi bien nourris que par le *prana* le plus subtil, car il s'apparente au nectar d'immortalité et donc à la pure essence de Vie.
Lorsque vous aurez appris à vous détendre complètement alors que vous respirez à peine, vous éprouverez un sentiment de paix profonde, qui vous mènera vers une indescriptible félicité (*ananda*). Complètement intériorisé, vous vous sentirez intimement relié à tout ce qui vit.

Précautions et contre-indications

- Phobie de l'étouffement ou autre affection psychique.
- Hypotension grave ou diminution drastique de la fréquence cardiaque.
- Insuffisance circulatoire.
- Tendance aux attaques de sommeil diurnes (narcolepsie).

Point d'anatomie Métabolisme et respiration

La respiration et le métabolisme sont étroitement liés. Le corps transforme en énergie le glucose sanguin ou les réserves de glycogène stockées dans les muscles. L'acheminement du dioxygène nécessaire à cette opération et l'évacuation du dioxyde de carbone produit sont assurés par le sang. L'inspiration pourvoit à l'approvisionnement du sang en dioxygène frais et l'expiration permet l'élimination du dioxyde de carbone.
Plus nous nous activons, plus nous brûlons nos réserves d'énergie. La circulation du sang s'accélère alors pour transporter davantage de dioxygène vers les cellules du corps sollicitées. Obéissant à un système d'autorégulation, le rythme de la respiration augmente également afin de pourvoir à la consommation croissante de dioxygène. À l'inverse, la circulation sanguine et la respiration se calment lorsque le corps est au repos.
De même que les muscles, le cerveau a besoin de

beaucoup d'énergie. Même lorsque le corps est complètement immobile, le cerveau continue à consommer de l'énergie et du dioxygène. Si nous mettons aussi le mental au repos, le souffle ralentira encore davantage. Il suffit pour cela d'adopter une position assise détendue et de laisser nos pensées se calmer. Mais ce n'est pas toujours facile ! Fort heureusement, comme la plupart des systèmes d'autorégulation, celui-ci fonctionne dans les deux sens. Si nous diminuons la cadence de notre respiration, volontairement et progressivement, le mental suivra et se calmera peu à peu. Cette méthode s'avère souvent plus aisée, car en nous concentrant sur l'apaisement progressif de la respiration, nous parvenons généralement à laisser de côté les pensées qui nous perturbent.

Les bienfaits

- *fait baisser la tension artérielle et ralentit le rythme cardiaque ;*
- *aiguise toutes les sensations, nous rend plus sensibles et plus bienveillants ;*
- *calme le mental, lui apportant paix et silence ;*
- *procure la sensation d'être complètement nourri par une respiration extrêmement subtile.*

Technique du *pranayama*

Asseyez-vous bien droit et confortablement : sur le sol, sur un coussin, un banc de méditation ou même une chaise. Observez votre souffle entrer et sortir par votre nez, apparemment de lui-même. Il rafraichit légèrement les narines à l'inspiration et les réchauffe à l'expiration. Essayez de ne pas exercer la moindre influence sur votre respiration mais plutôt prenez conscience du ralentissement progressif du flux de l'air dans les narines.

Savourez l'état de calme intérieur et extérieur qui s'installe en vous pendant quelques minutes.

Pour finir, amplifiez à nouveau progressivement votre respiration, avant de vous replonger dans les activités du quotidien.

La méditation dans le hatha-yoga

*Sans la méditation (*dhyana*), le hatha-yoga serait incomplet et même difficilement concevable. En effet, toutes les formes de yoga qui se sont développées sur plusieurs millénaires ont pour dessein d'atteindre par la méditation un état de discernement, de connaissance supérieure et surtout d'Unité parfaite appelé* samadhi.

Le *samadhi* (littéralement : recueillement, communion) est la finalité de la voie du hatha-yoga, qui appelle cet état « raja-yoga » (littéralement : yoga royal). Dès les premiers vers de la *Hatha-Yoga-Pradipika*, l'auteur prévient qu'il ne décrit le hatha-yoga que comme un moyen d'accéder au raja-yoga. Plus loin, il remarque que « sans le raja-yoga, les *asanas*, le *kumbhaka* et les *mudras* ne sont d'aucune utilité, quel que soit leur degré de perfection. » (HYP III, 126)

Le hatha-yoga emploie plusieurs synonymes pour l'état de *samadhi*. Ils expriment tous ce qu'est le but ultime du hatha-yoga :

- *manonmani* : l'état de dépassement de notre mental ordinaire conditionné ;
- *laya* : la dissolution de l'individu dans l'Absolu ou le Divin ;
- *advaita* : la non-dualité, c'est-à-dire la conscience que le noyau de notre être et l'Absolu ou le Divin ne sont pas séparés ;
- *niralamba* : l'état sans support, où le mental, lié à l'ego, se détache du monde extérieur.

Dans la méditation, il devient évident que le hatha-yoga est une voie mystique vers la connaissance de soi. Les méditations du yoga visent à nous faire ressentir que le Divin est en nous, conscience infinie, sans forme et intemporel, et qu'il a toujours été à l'œuvre en nous, ce que nous fait pressentir le fonctionnement des cellules de notre corps. Les yogis du hatha-yoga considèrent que tout est divin. Les méditations élaborées par leurs maîtres n'ont donc pas seulement pour but d'élargir notre mental (*manas*) mais elles vont jusqu'à viser de le dissoudre car nos conceptions, résultant de nos conditionnements, nous empêchent de percevoir notre véritable nature dans son immensité et sa lumière et de mener notre vie selon elle.

Le noyau divin de l'être

Dans le hatha-yoga, le reflet de notre véritable nature est appelé *atman*. Il s'agit du noyau le plus profond de l'être, qui est l'expression de notre participation au Vivant, à la Conscience et par là, au Divin. La méditation en hatha-yoga signifie l'union en un mariage mystique de l'être humain, qui est une partie de la création (*shakti*), avec la pure conscience dont elle est issue (*shiva*). En état de profonde méditation, le pratiquant abandonne son ego pour se fondre totalement (*laya*) en shiva, la conscience pure et vide.

« Comme un grain de sel jeté dans l'eau se mélange et ne fait plus qu'un avec l'eau, une similaire unification du *manas* (le mental individuel) et de l'*atman* (l'âme) est appelée *samadhi*. » (HYP IV, 5)

La méditation sur le son intérieur
Nada anusandhana

NADA le son, le son primordial

ANUSANDHANA écouter à l'intérieur

Dans le hatha-yoga, la voie royale de la méditation passe par le *pranayama* (*kevala* en particulier : page 239) et les *mudras* (*khechari* en particulier : page 206). Sous l'effet de *kevala pranayama* et de *khechari mudra*, le mental se résorbe « comme le camphre dans le feu, et comme le sel dans l'eau » (HYP IV, 59). En d'autres termes, le mental oublie complètement, pendant un temps, sa propre existence et ses conditionnements.

Mais les maîtres du hatha-yoga n'ignoraient pas que pour certaines personnes à l'esprit trop agité, l'abandon de tout support du mental, le vide intérieur et dans une certaine mesure l'oubli de soi pouvaient s'avérer difficile. C'est en pensant à eux qu'ils ont mis au point *nada anusandhana* : la méditation sur le son intérieur.

Dans le tantra, dont est issu le hatha-yoga (page 9), tout ce qui a trait au son, à la tonalité – et donc à la vibration – revêt une importance toute particulière.

Symbolique et mythologie

C'est du mythe tantrique de la création que vient cette place centrale du son (page 10). En effet, ce que *shakti*, la force créatrice, produisit en premier fut la vibration du son primordial (*nada*). Celui-ci se propagea dans tout l'univers, totalement vide jusque là, le remplissant de sa vibration (*spanda*). Ainsi naquit l'origine de la matière.

Nada anusandhana nous propose une méthode pour nous ramener vers cette origine. L'écoute attentive de notre son intérieur doit nous aider d'abord à maîtriser notre esprit agité et dispersé et, plus tard, à le laisser se fondre dans le silence, auquel tout son laisse place. Ce silence est celui du Divin, éternel et sans forme : c'est le silence précédant le début de la création, lorsque tout reposait encore en *shiva*, la pure conscience.

*Le retrait des sens (*pratyahara*) ne nous aide pas seulement à fuir l'agitation du monde. Il nous permet aussi de percevoir la richesse de notre univers intérieur.* Paran mukhi mudra*, la « fermeture des sept portes », nous permet de laisser derrière nous le monde extérieur et d'écouter au plus profond de nous.*

Le silence de la pure conscience

Dans le texte fondateur de la *Hatha-Yoga-Pradipika* de nombreuses images décrivent ce processus (HYP IV, 89 à 92) : « Quel que soit le son sur lequel le mental se focalise au départ, il doit rester fixé sur celui-ci et ensuite se résorber en même temps que lui. Comme l'abeille qui boit le suc de la fleur ne prête pas attention à son parfum, de la même façon le mental absorbé dans le son intérieur (*nada*) n'a aucun désir de jouir des objets des sens. *Nada* est le croc acéré capable de contrôler l'éléphant ivre de l'esprit habitué à parcourir librement le jardin des objets des sens. Capturé dans les rets du *nada*, l'esprit se défait de sa turbulence : il atteint la stabilité complète, tel un oiseau aux ailes coupées. » La concentration ininterrompue sur le son (*nada*) est une méditation (*dhyana*). Le texte décrit précisément les transformations que connaît alors l'esprit : « *Nada anusandhana* est le verrou qui permet d'enfermer le mental du yogi. C'est pourquoi le yogi doit s'adonner continuellement à la méditation sur le *nada*. Le mercure du mental se transforme sous l'effet du soufre qu'est le *nada*. Il se stabilise, abandonnant son agitation, et circule dans l'espace appelé *niralamba* (sans support). Tel un serpent qui file se fige au son de la flûte, ainsi l'esprit oublie toutes ses préoccupations et s'absorbe dans l'écoute de ce son. Comme le bois qui prend

feu se consume dans les flammes, ainsi *chitta* est dévoré par le son qui s'est emparé de lui. » (HYP IV, 95 à 98)
En d'autres termes, le mental (*chitta*) se fond dans le *nada*. Dès que le son s'éteint, le mental disparaît lui aussi car plus aucun mouvement ne l'agite. Il se replie totalement sur lui-même et retourne ainsi à l'origine de la création pour se fondre à nouveau dans l'Absolu et la pure conscience. On pourrait dire aussi qu'à l'écoute de ce son intérieur, le mental se déconnecte, devenant transparent. Il permet ainsi au regard de découvrir l'Éternel et l'Universel toujours présent derrière le mental et qui désire œuvrer à travers lui.

L'expérience de *nada anusandhana*

La *Hatha-Yoga-Pradipika* décrit précisément les diverses phases de cette méditation. Pour commencer, nous prenons conscience de nos bruits intérieurs. Ils nous paraissent forts, en raison de leur nature relativement grossière. La pratique se prolongeant, nous parvenons à entendre des sons de plus en plus légers et subtils. Parmi eux, nous décelons *anahata* (le son « non frappé »), une forme particulière de silence qui est le *mantra* du *chakra* du cœur. *Anahata* est le son primordial de la création. Il est la vibration de tout ce qui est, qui ne cesse de s'engendrer à partir de lui-même, au-delà du monde tangible et des polarités. Cette vibration primordiale de l'amour qui relie tout est à l'œuvre partout, dans le microcosme comme dans le macrocosme. Elle fait partie depuis toujours de la « grande symphonie de la Vie », au rythme de laquelle danse chaque atome, à tout instant. Pour permettre à la pulsation de la Vie de se diffuser dans tout le corps, il faut dénouer les blocages énergétiques appelés *granthis* (littéralement : nœuds). Les *granthis* sont des domaines dans lesquels le mental (*manas*) s'est matérialisé avec tant de densité qu'il freine et atténue la pulsation de la Vie. Il s'agit de toutes nos crispations mentales, de nos conceptions, nos points de vue, nos peurs et nos névroses, en bref, tout ce qui nous bride et nous empêche d'avancer. Le son est le moyen le plus efficace de défaire ces nœuds. Dans sa vibration, l'esprit trouve le repos. Dans le calme de l'écoute, les pensées s'estompent. La perception du son ne se produit que dans le moment présent. Tout ce qui encombre l'esprit, venant du passé ou de l'avenir, disparaît dans la présence, instant après instant, du son.

Les bienfaits

- *détend les yeux ;*
- *régénère et harmonise le système nerveux végétatif ;*
- *affine la perception de soi ;*
- *calme l'agitation et la nervosité ;*
- *apaise et adoucit le mental ;*
- *favorise l'état de méditation ;*
- *amène à un état de détente, de sérénité et de paix intérieure.*

Technique de la méditation

Asseyez-vous confortablement dans la position de votre choix. Placez les extrémités des auriculaires sur la lèvre inférieure, celles des annulaires sur la lèvre supérieure, celles des majeurs sur les ailes du nez, celles des index sur les paupières (yeux fermés) et celles des pouces à l'entrée des oreilles. À l'aide de vos doigts et sans appuyer, vous fermez ainsi toutes les portes des sens : les oreilles, les yeux, le nez et la bouche. Ce geste a pour nom *paran mukhi mudra* : la *mudra* dans laquelle on détourne le visage (du monde extérieur). *(Fig. 1)*

Veillez à garder un espace entre les coudes et la cage thoracique et décontractez bien les épaules. Concentrez votre attention sur tous les bruits de votre espace intérieur. Soyez particulièrement à l'écoute du son rythmé de votre respiration et laissez-la se faire de plus en plus fine et légère. Demeurez dans cette position jusqu'à ce que vous sentiez que vos bras commencent à fatiguer.

Posez les mains sur les genoux. À présent, retirez-vous en pensée au centre du crâne (à l'endroit que vous percevez comme son centre) et relâchez complètement le sens de l'ouïe. En vous détendant le plus possible, tournez-vous vers l'intérieur : vous êtes pleinement présent, dans une perception attentive, mais sans nommer ni évaluer ce que vous percevez. Plongez-vous dans le profond silence de votre espace intérieur et prenez conscience que votre esprit se fond totalement dans ce silence. *(Fig. 2)*

Lorsque vous éprouverez le besoin de mettre un terme à l'exercice, prenez d'abord le temps de diriger à nouveau votre ouïe vers l'extérieur. Laissez la respiration redevenir ample petit à petit, jusqu'à ce que vous vous sentiez prêt à ouvrir les yeux et à retourner dans le monde extérieur.

Répétez quotidiennement cet exercice en allongeant progressivement sa durée. Vous remarquerez que vous percevez des sons de plus en plus subtils et légers.

Index

À noter :

▲ *les noms des postures et autres exercices sont en italique*

▲ *f signifie « page # et suivante » ;*

▲ *ff signifie « page # et suivantes »*

Remerciements

Nous remercions nos professeurs de nous avoir communiqué leur enthousiasme et incité à suivre la voie du yoga tout au long de notre vie. Nous remercions nos élèves de nous donner la possibilité de partager avec eux nos connaissances.

Nous remercions Ilona Daiker des Éditions GU et notre relectrice Felicitas Holdau pour sa collaboration fructueuse, Stephan Winkler pour la précision de ses illustrations, Nicolas Olonetzky entouré de sa remarquable équipe pour la qualité de la photographie, et enfin et surtout nos modèles Tanja Launicke, Svenja Wilke et Franziska Agrawal pour l'éxécution sensible, précise et esthétique des postures et techniques de hatha-yoga que nous décrivons.

Crédits photos

Production photos : Nicolas Olonetzky, München (couverture et intérieur)

Illustrations : Stephan Winkler, München (pages 13, 14, 18 et les schémas anatomiques)

Autres photos : Agentur Bridgeman : pages 124, 192 ; AKG : 20, 22, 27, 44, 64, 70, 76, 94, 99, 100, 106, 112, 130, 136, 148, 154, 160, 172, 207, 211, 219, 223, 231, 245 ; Corbis : 50 ; culture-images: 87 ; Interfoto : 8, 38, 58, 118, 142 ; mauritius images : 181, 203 ; ullstein bild : 82

Remerciements : Nous remercions les sociétés suivantes pour leur soutien généreux à la production de photo avec des tenues de yoga : Wellicious (www.wellicious.com) Kamah Yoga (www.kamahyoga.com) et Mandala Mode (www.mandala-fashion.com).

Traduction et relecture technique

La traduction de l'allemand a été réalisée par Catherine Schiellein.

Merci à Yaël Bloch, enseignante diplomée de l'EFY (École française de yoga) spécialisée dans l'enseignement du yoga dans la lignée Iyengar, pour sa relecture technique de l'ouvrage.

Merci aussi à Adrien Bloch pour sa relecture des passages médicaux.

Note importante

Tous les lecteurs de ce guide sont encouragés à décider si, et dans quelle mesure, ils veulent mettre en œuvre les instructions et les suggestions proposées. Les auteurs et l'éditeur déclinent toute responsabilité en cas de blessures. Exécutez les exercices de yoga toujours dans le cadre de votre mobilité, ne forcez jamais. Si vous souhaitez approfondir le yoga, prenez un cours. Un livre ne peut jamais remplacer un professeur.

Pour être tenu au courant de nos publications, envoyez vos coordonnées à :

Éditions La Plage
60, rue Monsieur-le-Prince
75006 Paris
edition@laplage.fr - www.laplage.fr

Ronald Steiner

... est médecin, spécialisé en médecine du sport et en yoga thérapeutique. Il a étudié la pratique et la philosophie du yoga en Inde. Il est l'un des rares enseignants d'ashtanga-yoga certifiés à la fois par Sri K. Pattabhi Jois et par B.N.S. Iyengar. Profondément enraciné dans la tradition vivante de l'ashtanga-yoga, il représente celle-ci avec une authenticité dénuée de tout dogmatisme. Il se consacre essentiellement à la formation des enseignants de yoga et à leur formation continue. Il est le fondateur de ashtangayoga.info, la page web internationale pour l'ashtanga-yoga.

Anna Trökes

... est enseignante de yoga depuis 1974, elle participe depuis 1983 à la formation des enseignants de yoga dans le cadre de la fédération allemande des enseignants de yoga (BDY) et d'autres fédérations européennes. Elle a dirigé pendant de nombreuses années sa propre école de yoga à Berlin. Anna Trökes est naturopathe et formatrice dans les écoles du dos et dans les stages de la méthode « Rückenbraining » (entraînement mental contre les douleurs chroniques du dos). Dans son approche, elle associe les découvertes de la psychologie et de la recherche médicale à la philosophie du yoga et à la pratique du hatha-yoga. Au cours des douze dernières années, elle a publié 30 livres et CDs ainsi qu'un DVD sur le yoga.

Publication originale sous le titre *Yoga für Fortgeschrittene* par Anna Trökes (ISBN 978-3-8338-2355-8)

ISBN : 978-2-84221-368-8

Imprimé sur du papier issu de forêts gérées durablement, à Barcelone, sur les presses de Beta (ES), imprimeur labellisé pour ses pratiques respectueuses de l'environnement.

buenas prácticas ambientales

FSC MIXTE Papier FSC® C112206

Achevé d'imprimer en mars 2014